【記者目線でメディア露出100倍】

The Best Strategy of
Public Relations at Buisiness to Buisiness Companies

B to B 広報 最強の攻略術

日高広太郎
広報コンサル会社代表

すばる舎

A社（中堅BtoB企業）社長

A社 広報部部長

はじめに

……冒頭の漫画は、あるＢｔｏＢ企業のオフィスでの一コマです。この本を開いてくださった皆さんなら、多かれ少なかれ、同じような体験や苦労をされているのではないでしょうか？

報道増は企業の収益拡大につながる

企業経営者や広報担当者の方々の多くは、「もっとメディアに取り上げられたい」とおっしゃいます。しかしそもそも、なぜ自社についての前向きな報道を増やすことが、ビジネスにとって大事なのでしょうか？　単純に、自社の知名度を引き上げるためでしょうか？

知名度向上だけなら、テレビＣＭのほうが即効性があるでしょう。それにもかかわらず、報道のほうが有用であると私は考えます。知名度だけが上がっても、その会社の中身を知らないというケースが非常に多く、せっかくの知名度が売り上げにつながらないことがよくあるためです。また、テレビＣＭはかなりの資金が必要になりますし、ＣＭの期間が終了してしまえば、その効果は一気になくなってしまいます。

私は多くの営業担当者と対話してきましたが、彼らがほしがるのは単純な知名度よりも、認知度や信頼性の向上です。認知度とは、その企業が「どんな事業に携わっているのか」、あるいはその商品やサービスが「どんな内容で、どのように役立つか」などを潜在的な消費者に理解してもらえている状態です。「ただ企業名だけが知られるようになっても、なかなか売り上げには結びつかない」との声も多く聞きました。

メディアによる報道は、企業の中身を伝えます。読んでいる読者も、テレビCMでBGMのような形で「見えている」「聞こえている」のではなく、自分の意志で「読んでいる」わけです。このため、知名度だけでなく、認知度が上がり、新しい契約や売り上げにもつながりやすいのでしょう。

第三者が利害関係なく執筆している記事（報道）は、さらにその企業の信頼性も高めます。信頼性が向上すれば、企業を訪問して話を聞いてもらったり、契約をしてもらったりできる可能性が高まるわけです。これについては、第2章で詳しくお話ししたいと思います。

≫BtoB企業は取材してもらえない？

BtoBは「ビジネス・トゥ・ビジネス」の略で、企業向けに商品やサービスを提供している企業のことです。実は日本企業の約8割はBtoB企業とも言われています。しかし、新聞や雑誌、テレビ、インターネットメディアなどの読者・視聴者の多くは個人です。このため、メディアは個人がお客様である「ビジネス・トゥ・コンシューマー（消費者）」、つまりBtoC企業を取材したり、報道したりすることが多いのが実情です。私は時々、広報関連の講演をさせていただくことがありますが、その際に企業の広報担当者の方々から「BtoB企業だから、新聞やテレビなどのメディアになかなか露出できなくて困っています」という悩みを打ち明けられたことが何度もありました。

しかし、本当に記者たちは、ＢｔｏＢ企業にまったく興味がないのでしょうか？

私は日本経済新聞社で記者とデスクを20年以上にわたって経験しましたが、決してそんなことはないと思います。記者はあくまで「面白いネタ」「大きな記事を書けるネタ」を探しているだけで、「ＢｔｏＢ」か「ＢｔｏＣ」かという基準で、取材するかどうかを判断しているわけではないからです。優秀な記者は常に面白いネタ、大きく報道できるネタを必死に探しています。面白いネタを作って、あるいはネタを面白い視点から切り取ってみせて、誠実かつ上手にメディアに売り込めば、記者は必ず興味を示してくれるでしょう。こちらは第１章、第３章、第４章で詳しく説明したいと思います。

≫ＢtoＢ企業でも報道件数を1年で30倍、3年で80倍に急増させられる

もちろん、メディアの読者や視聴者のことを考えれば、サービスや商品がわかりづらく、個人からも遠い存在であるＢｔｏＢ企業が、ＢｔｏＣ企業に比べて取材されづらいのは確かです。しかし、それはあくまでも不利なだけであって、取材してもらうのが不可能ということではありません。

私自身もあるＢｔｏＢ企業で広報部を立ち上げた当初は非常に苦労しましたが、広報部発足後の1年で立ち上げ前の約30倍、2年で約60倍、3年で約80倍に前向きな報道の件数を増やすことができました。月別では１００倍以上にすることにも成功しています。もちろん広告記事ではなく、報道ですので、お金は１円もかかっていません。企業の知名度アップのためのコストパフォーマンスは抜群です。その上、記者にとっても面白いネタがもらえ、紙面に自分の記事を掲載できるという

メリットがあります。面白いネタを作り出せれば（嘘のない範囲でですが）、企業の広報担当者も記者も双方が利益を得られるウィン・ウィンの関係を築くことができるのです。逆に一方だけが利益を得る関係は、長続きすることはありません。

秘訣は「ネタづくりのコツ」と「記者との信頼関係づくり」

面白いネタづくりや記事掲載のための記者との関係づくりには、ある種のコツや記者のあり方への理解が必要です。いくら広報担当者に熱意があったとしても、やみくもにプレスリリースを送るだけでは、記者から興味を持ってもらえる確率は極めて低くなります。コツを知らず、記者への理解やそのための努力が不足している――。メディアから「相手にしてもらえない」と嘆くＢｔｏＢ企業の多くには、こうした欠陥があると私は考えており、それらを修正すれば広報活動は劇的に改善すると思います。

これまで私が目を通した広報関連の本は、記者経験のない、大企業の広報を長くやられてきた方々が原理・原則を記した「教科書」「学術書」に近いものが多く、必ずしも実践的ではなかったと思います。実際に新聞記者として、毎日のようにネタをひねり出す苦労をしてきた人が、記事化のコツを解説するような本はありませんでした。また、ＢｔｏＢ企業のように取材されにくい会社が、メディア露出を増やすために最も大事な「ネタづくりのコツ」や「記者の深層心理」などを掘り下げて書いたものも見当たりませんでした。

この本では、私の20年以上の記者、デスク経験と、上場企業の広報部部長としての経験で培ってきた、記事掲載のためのノウハウをできる限り具体的にお話ししたいと思います。特にＢｔｏＢ企業や中小企業を読者対象として想定していますが、大企業の広報や経営者の方々にも役立つと確信しています。また、独自の視点は、企業の営業担当者や個人事業主、就職活動中の学生の方々にも有益だと思います。

≫「BtoBは取材してもらえない」という固定観念は覆せる!

広報担当の皆さん、まずは「ＢｔｏＢ企業だから取材してもらうのは無理だ!」という固定観念を捨てて、面白いネタを作り、タダで前向きなメディア露出を爆発的に増やす「はじめの一歩」を踏み出してみませんか? 私は、メディア露出を増やすためには、広報経験の長さやメディア経験は必ずしも不可欠ではないと考えています。大事なのは広報担当者の熱意とネタづくりのコツ、記者との強い信頼関係です。ＢｔｏＢ企業でもＢｔｏＣ企業と同じように、無料で、多くのメディアに取り上げてもらえれば、会社の知名度は上がり、業績や信頼性の向上、投資家層の拡大、優秀な人材の採用力強化など多くのプラス効果を期待できるでしょう。

この本は、巷によくある自分の成功体験を集めた「自慢本」ではありません。また、広報の原理・原則を書いた「教科書」や「学術書」でもありません。記者としても、広報としても最初は素人から出発して、試行錯誤しながらひねり出してきた最良の方法や選択肢（ベスト・プラクティス）を提案し、日々の広報活動や営業活動を懸命にやられている読者の方々の一助にしていただきたいという、実践に役立つことを重視した本です。ですから、ここには私の成功だけでなく、失敗もたくさん書かれていると思います。この本を読んでくださった皆さんが、「ＢｔｏＢ企業はメディアから関心を持たれない」という寂しい固定観念を打ち破り、自社の「広報革命」を起こしてくださることを、心から祈っています。

≫目次

応用編

第3章　記者を惹きつけるネタづくり「最強の方法」

第4章 細部にこだわれ！ 時期、メディア、記事別の「攻めの広報」術

第5章 「良いリリース」、「悪いリリース」

【基礎編】

第1章

はじめの一歩
「思い込み」なんか捨ててしまおう

●　●　●

基礎編では、**記者の立場から見た、企業広報の方にどうしても知っておいていただきたいこと**をお伝えします。広報になりたての方や今一つ自信を持てていない方はもちろん、一定以上の経験のある方も、ぜひ読み飛ばさずに目を通してみてください。「記者はそんなことをやっていたのか」、「こんなことを考えていたのか」と、今後の広報戦略の構築や記者との信頼関係の強化に向けて、参考になることがきっとあると思います。

1 成功は「根拠のない自信」から始まる

私は広報活動を成功させるための第一歩は、「自分だってやれる！」という担当者の**希望と熱意、根拠のない自信**だと思っています。その上で、**広報業界に蔓延している固定観念や常識をいったん捨て去ることが重要**です。

≫思い込みｆｉｌｅ①　「経験豊富な広報ほど信頼される」↑記者は広報経験なんて気にしない！

「ＢｔｏＢ企業や中小・零細企業だから取材をしてもらえない」「広報経験が浅いと記者から相手にしてもらえない」「広報を長くやっていれば、メディア掲載は増えていく」――企業広報やメディアの世界には、いろいろな「常識」があります。しかし、こうした「固定観念」や「常識」は本当に正しいのでしょうか？　それとも単なる「思い込み」なのでしょうか？　私の経験から言いますと、半分は正しく、**半分は間違って**います。

その証拠に、私は新聞記者時代、「取材先が何年広報部に所属しているか」をこちらから聞いたり、気にしたりしたことは一度たりともありませんでした。「広報の経験が浅いのですが……」という謙虚な広報の方にはできる限り親切にし、必要な情報を共有するようにしました。むしろ、「広報経験が長いから、記者は自分の言う通りにしろ」という高圧的な態度を取る広報の方とは仕事をしないようにしました。

メディアからの取材を一通り経験し、報道について一定以上の知識を持っている広報担当者や経営者でも「自分は経験豊富だから、メディアのさばき方は心得ている」などと思っていると、その過信が知らず知らずのうちに態度に表れてしまうものです。広報担当者が高圧的な態度を取れば、記者にはすぐに見抜かれ、評判が悪くなります。

記者たちは新聞社や雑誌社、テレビ局などの名刺の特権で、非常に多くの人たちを取材しています。人への取材こそが記者の仕事の中心ですから、優秀な記者ほど、人に会う数は普通の会社員や公務員とはけた違いに多くなります。記者たちは、多くの人の話を聞いている間に「人を見る目」ができやすくなります（一方で、容易に人を信用しなくなる面もあるかもしれません）。**広報担当者の経験がどうあれ、「信頼できない」「不誠実」な人だと見られてしまえば、記者との関係は悪化し、前向きな記事を書いてもらいづらくなってしまう**のです。しかも、記者たちは取材先でうまく立ち回る術を知っていますから、仮に「信頼できない」と思っても、そのことを表情に出しませんし、親切に教えてくれることもありません。

もちろん広報経験が長くても、謙虚で丁寧な担当者もたくさんいらっしゃいます。取材の現場にいたころの私も、そういう方々には丁寧かつ誠実に対応するようにしました。これは私だけでなく、ほとんどの記者がそうしていることです。彼らも一人の人間ですから、嫌いな人よりも好きな人と一緒に仕事をしたいわけですね。**記者にとっては、信頼できる広報こそが最も重要な取材源**であり、担当者の経験の長さは、一緒に仕事をしたいかどうかにはほとんど関係ないのです。

≫≫記者側はBtoB企業であるかどうかを意外に気にしていない

私は取材をする際に「BtoB企業」だの「BtoC企業」だのといったことに配慮したこともありません。そもそも、日経新聞など大きなメディアには、それぞれの企業や業界の担当記者がいます。BtoB企業でも中小企業でも、少なくとも自分の会社が属する業界の担当記者は必ずいるわけです。

つまり、「自社の前向きな記事をたくさん掲載してもらいたい」という広報担当者は、まずは**自社あるいは自分の業界を担当している記者と強い信頼関係を築き、いかに前向きな記事ネタを売り込めるかが勝負**です。それには同業のライバル企業の広報よりも担当記者に食い込み、信頼されればよいわけです。小さなメディアの場合は、担当記者がいないので、自分たちに興味を持ってくれるメディアをどうやって探し、信頼関係を新たに築いていくかが課題となります。こうしたメディアへの食い込み方や信頼関係の強化の具体的なやり方については、第6章、第7章で詳しく述べたいと思います。

いずれにしても、「BtoB企業だから」「広報経験が浅いから」メディア露出は難しい、などというネガティブな考えは、今すぐゴミ箱にでも捨ててしまいましょう。それこそが、あなたが、そして御社が広報として成功する「はじめの一歩」になるはずです。

2 私もゼロからの出発だった

先ほどのお話をしたのは、記者から広報へと転職した当初の私自身も、経験がまったくなく、まさにゼロからの出発だったからです。**現在、広報活動に自信のない方、これから始めるため不安な方、企業の規模が小さかったり、メディアに売り込むべき自社の商品やサービスがわかりにくかったりする方。これらの方々は、まさに広報を始めたばかりのころの私です。**「熱意と誠実さを大事にし、ある種のコツさえつかめば必ず広報活動で成功できます」と私が申し上げるのは、広報担当者としては何も持っておらず「ゼロ」だった私ですら、お金を使わずにメディア掲載を急増させることができたからです。こうした私の経験も、読者の皆さんに多少役立つかもしれませんので、お話をさせていただきたいと思います。

≫記者は特ダネ競争と「暇ネタ」探しで大忙し

私は大学を卒業して20年超にわたり、日本経済新聞社の記者・デスクとして取材、執筆、編集に携わってきました。記者生活の大半は経済部（当時、部署の名前は会社の事情で経済金融部などいろいろと変わりました）に身を置き、記事を執筆してきました。私が在籍していたころの経済部は、日経新聞の中でも中心的な部署の一つで、私は財務省や経済産業省といった省庁、日銀、メガバンクなどをそれぞれ2〜3年ずつ担当させていただきました。経済部以外では、事業会社の担当も2年ほどやらせていただいたことがあります。

今となっては楽しかったようにも思いますが、記者時代は毎日が朝日新聞や読売新聞などの大手新聞、NHKなどの敏腕記者とのスクープ争い。他社の記者たちも朝晩なく政府やメガバンクの幹部などを懸命に取材していますから、いつ特ダネ（他社にさきがけたニュースのこと。「スクープ」とも言います）を書かれてもおかしくありません。

最近は新聞社でもワークライフバランスが考慮されるようになり、少し雰囲気が和らいでいるようですが、当時の記者クラブには常にピリピリした雰囲気が漂っていました。他社の記者が電話でデスクと激しくやり取りしているのが聞こえてくる夜などは「明日の○○新聞の朝刊に大きな特ダネが掲載されているのではないか……」と疑心暗鬼になり、気が気ではないということもしばしばありました。そんな時には、夜遅くに取材先（情報源の幹部）や広報担当者らに「何か大きな動き、ありましたっけ？」などと迷惑な電話をかけ、確認させていただくこともありました。

他社から特ダネを先に書かれてしまうことを、新聞社では「抜かれる」などと言います。抜かれると上司から叱られますし、取材先が他社の記者を自分より信頼していたことが如実にわかるため、精神的なダメージもあります。私も抜かれるのだけは避けたいため、他社が何やら動いている日の翌朝は朝5時くらいからそわそわして、他社の紙面をびくびくしながら開いたものです。同僚の中には朝5時過ぎまで会社のソファーで寝て、他社のホームページの更新を見て、抜かれていないことを確認してからようやく帰宅するような人までいました。

一方で自分が「抜いた」スクープ記事を新聞の1面トップに入れる夜には、高揚感とともに「発表前の話を書いたことで、明日は取材先から怒られるかもしれない」「他社の記者は明日、デスクからたたき起こされるんだろうな。申し訳ないな」などという考えが浮かび、やはりそわそわしていたものです。要するに**常にピリピリし、本当に気の休まる時は、あまりありませんでした。**特に駆け出しの記者時代は、精神的にも肉体的にも厳しい日々でした。私自身は一部の良い先輩方や上司に恵まれ、家族にも支えてもらって、何とか頑張れたように思います。

≫新聞は土日も休みじゃない！「週末出番」原稿の義務がある

あまり知られていませんが、経済部の記者にとっての試練の一つが、他社の記者と激しい特ダネ争いを繰り広げながら、**定期的に1面に掲載されるような、長くキープしても他社に先に書かれることがない独自記事（記者の世界では「暇ネタ」とも言います）をできる限り多く発掘し、執筆すること**です。

官庁や民間企業は、土日祝日は基本的に休みですが、**新聞には原則、週末の休みはありません。**週末でも事件や事故、経済ニュースは休んではくれないからです。このため、記者には週末にも「出番」という制度があり、私が経済部の記者をやっていた時は、およそ1か月に1度は1面トップを埋めるための、月2回は経済面を埋めるための週末原稿の候補を金曜日までに提出しなければなりませんでした（新聞が発行されない「休刊日」が月に1回弱ありますが、最近は電子版が普及してきたため、記者は休刊日でも必ずしもゆったり休めなくなりつつあります）。

週末の出番原稿は、省庁や企業がすでに公開している「発表もの」ではなく、自分だけが取材し、他社が書いていない「独自もの」であることが条件となります。私が所属していた部署では、特ダネや大きな週末原稿をたくさん書いて認められなければ、半年～1年などの短期間で他部署への異動を言い渡されることも珍しくなく、私もほかの記者と同様、毎日、必死で他社と特ダネ競争をし、同時進行で面白い週末原稿を探していました。

ネタが見つかったら取材。取材が終わったら原稿執筆、社内のプレゼン、夜と早朝は特ダネを取るための官僚や企業経営者などへの自宅での取材……。特に、大手メディアの中心的な記者は業務量が多いと言えるでしょう。

他社との特ダネ競争に勝ちつつ、週末の1面に掲載されるような暇ネタを多く書くには、いかに要領良く、面白い独自ネタを見つけ出せるかが重要です。もちろん最初から効率良くできたわけではありませんが、そうした**厳しい日々を過ごす中で、私は、どんな記事のネタが大きく掲載されるか、どんなネタがボツ（掲載されないこと）になるか、そのコツのようなものを少しずつ理解できるようになりました**。仕事の厳しい経済部に長く在籍していたこともあり、入社して10年近く経つと、特ダネや独自記事を書く経験が急激に増えました。多い時では朝刊・夕刊合わせて1面トップの記事を年間で30回以上執筆したこともあります。

≫新聞社のデスクから企業の広報部長に

転機となったのは、シンガポール駐在を経て、東京本社で「デスク」になった時です。デスクという言葉は聞きなれないかもしれませんが、もちろん「机」という意味ではありません。いわゆる編集者です。現場の記者の記事を取りまとめて紙面を構成し、若手記者の上手とは言えない原稿を直して紙面を作っていきます。記者が所属する編集局の局長や局次長、部長らとの調整もデスクがやります。記者が執筆した原稿を紙面に反映させ、読者の皆さんに届ける非常に大事な役割をしています。

私は、デスクに格上げになったことで、記者として取材をしたり、記事を執筆したりすることをいかに自分が好きだったのか思い知らされました。会社としては、一定の実力のある社員が一定の年次に達したら、デスクを経験してもらい、記者たちを指導していく立場になってもらうのは当然です。記者とはいえ、サラリーマン。部長、局長と出世していく人たちは、ほぼすべてデスクを経験しています。もちろん私もそこは理解していました。このためデスクにしてもらった会社や上司に対して感謝する気持ちもありましたが、私の場合は「自分が好きな仕事を長く続けていきたい」という気持ちのほうが強く、「デスクとしてしっかりした仕事ができたら、会社を辞めてジャーナリストとして独立しよう」と決めました。

会社を辞める際に、東証プライム（当時は一部）上場のある企業から、「広報部長としてきてくれませんか」との話がありました。しかし、「広報部長をやってくれ」といきなり言われても、その時の私には広報の経験などまったくありません。もちろん、逆の立場である記者の経験は長かったのですが、やったことのない広報の仕事でいきなり部長を務められるとは思えませんでした。そこで私は「広報業務などやったこともないので、とても広報部長が務まるとは思えません。無理です。お断りします」と話しました。しかし、先方の「きっとできます」という強い熱意に押され、いろいろな経緯を経た上で、ひとまず同社に入社させていただくことになりました。

≫新聞社を飛び出し「看板なし」に

記者時代には、日経新聞という名前を出すと、相手が「ああ、日経さんですか。いつもお世話になっております」などと丁寧な言葉で対応してくださり、親切にしていただけることがほとんどでした。入社当時にも人事部の方から「日経の名刺は誇れる名刺です。大事にしてください」と言われた覚えがあります。これは事実だったと思います。

ただ、政治家や中央官庁、企業の方々が丁寧に対応してくれたのは、必ずしも私に価値があったからではなく、所属している会社が100年以上も培ってきた実績と信頼、そして知名度という金看板があったからです。日経新聞はBtoCの大企業ですから、特に都心部でのネームバリューは抜群でした。以前の私も含めて、大企業に所属している会社員の多くは、こうした「見えないけれど大きな看板」を利用して取材をしたり、営業をしたりしているわけです。

しかし転職先の会社は、東証プライムに上場しているとはいえ、BtoBの中小企業です。当たり前ですが、日経新聞のようなネームバリューはありません。私も記者時代には、自分が看板に助けられていることを意識していましたし、**新聞社を退職する際には、この看板がなくなることを覚悟していました。**

転職先の会社はBtoBの中小企業ということもあり、私の入社当時はメディア掲載数が非常に少なく、知名度が低いのが悩みの一つでした。かといって超大企業のように毎年毎年、何億～何十億円もの巨額の広告費をつぎ込むわけにはいきません。ご存じの通り、ＢｔｏＢ企業は商品やサービスがわかりにくいだけに、なかなか報道もしてもらえません。企業規模が小さければ、さらにそのハードルは高くなります。

転職先に入社した時、新しく立ち上げた広報部の部下に「引き継ぐ新聞・雑誌の記者や、テレビのプロデューサーなどの名刺はないですか？」と聞いたところ、にっこり笑って「ありません」と答えられたことは今も鮮明に覚えています。当時は「そんなものもないのか」と衝撃を受けましたが、今考えてみると、彼はもともと会社でセミナー運営を中心に担当していたわけですから、私の質問のほうが愚問だったような気がします。

「何もない、ゼロからの出発」。当時の私は、まさにそんな状況でした。

≫≫思い込みｆｉｌｅ②　元記者は簡単に記事を書いてもらえる→元記者にも必要な人脈なんてない！

元新聞記者だと言うと、企業広報の方々から「いいですねえ。マスコミにたくさん人脈があるでしょうから、知り合いに頼めば簡単に記事を掲載してもらえるでしょう」と言われることがあります。しかし、これは**まったくの誤解**です。

記者の多くは、自分が担当する省庁などの「記者クラブ」に常駐しています。記者クラブと言っても、何のことかわからない方もいるかもしれません。メディア業界の専門的な言葉ですから、わからなくて当然ですよね。記者クラブというのは、公的機関などを継続して取材するために、大手メディアが中心となって構成されている任意の組織です。新聞社や放送局などの記者によって構成されており、各省庁・政党、東京証券取引所や商工会議所などの中に専用の部屋があります。例えば、財務省の記者クラブは「財政研究会」と言い、最も有名なクラブの一つです。新聞やテレビの財務省の担当記者たちはこちらに常駐し、いつでもすぐに大臣や高官の記者会見に出席したり、取材したりできるようにしています。

私の場合は経済部の所属が長かったために、東京・霞が関の省庁にいる大臣や次官といった高官や、永田町の議員会館にいる国会議員、日銀やメガバンクの幹部などを取材するのが大半でした。事業会社の担当記者だった時も、大半の取材先は大企業でした。ベンチャー企業の担当になったことは一度もありませんでした。

当然、友人でもありますがライバルでもあった記者クラブの他社の記者が、転職先の企業を取材してくれるはずもありません。頼みの同僚や後輩記者も、残念ながら中小企業やベンチャー企業などを担当している記者はほとんどいません。大メディアの記者は、他部署や自分の担当以外の企業などへの取材は、担当記者への配慮もあり、二の足を踏むのが一般的です。このため私は、**一人でほぼゼロベースから、自社を取材してくれるメディアを開拓するしかありませんでした**。しかし、今になって思えば、こうした「生みの苦しみ」は広報活動を深く理解する上で、極めて良い経験になったと考えています。

≫経験なし、看板なし……元記者の私も当初は苦労の連続だった

私の入社前の転職先には、広報担当者はいたものの、広報部という組織はありませんでした。1年間のメディア掲載数（報道）は10件前後にとどまっていたことから、会社の知名度や認知度が低いことが弱点でした。メディア露出は1か月に1件あるかないか、しかも、どのメディアに掲載されるか決まっているわけでもありません。これでは知名度や認知度が上がるはずがないと思いました。

そこで私は、入社直後に広報部を立ち上げ、メディアへの記事掲載数を増加させることと、それを通じた知名度向上を目標に掲げました。そして「メディア掲載を1年で今の10倍の100件以上に増やすことができなければ、僕はこの仕事に向いていない。その時はこの仕事に向いている人か、PR会社を改めて探してもらおう。自分は今の会社を辞めて、ジャーナリストに戻ろう」と決めました。

不退転の決意で自分なりの目標を決めたものの、最初は名刺の引継ぎがほとんどないために、各メディアの電話番号さえもわからない状況でした。そうした意味では、私の入社時の広報部は、現在の読者の皆さんの会社よりもずっと遅れていた、と言って良いかもしれません。

私は「ダメでもともと。立ち止まっていても仕方がない」と考え、ひとまず新聞社に入社した時から先輩に教えられて使っていた『マスコミ電話帳』という本を購入し、掲載されている新聞社の代表電話にかたっぱしから連絡をして、アポイントをお願いすることにしました。この手の本には、

多くの新聞社や雑誌、テレビ、インターネットメディア、芸能事務所などの連絡先が掲載されていますので、私は以前から利用しています。

しかし、**広報担当になった当初は、代表電話から現場の記者に電話をつないでもらうのは容易ではありませんでした**。私が所属している企業が有名であれば、簡単に記者につないでもらえるのかもしれませんが、当時の転職先は「知る人ぞ知る」企業、言い換えれば「マスコミ業界では無名企業」だったからです。

B社（BtoB企業）広報部部長〈元新聞記者〉

前ページの漫画は、転職直後の私が行っていた広報関連の営業電話の一場面です。当時はこのような形で、冷たく電話を切られることは日常茶飯事でした。「こんなことで大丈夫なのだろうか」「広報みたいな仕事、受けなきゃよかった」。話を聞いてもらえずに電話を強引に切られた時には、こんなふうに不安や自分の力不足への情けなさばかりが頭をよぎりました。もとより覚悟していたこととはいえ、元・大手新聞の記者だった私も、無名の会社に転職し、**広報という自分にとってはじめての仕事についてみて、「看板なし」の洗礼を受けた**わけです。

≫成功のカギは「相手の立場に立って考えられるか」

代表電話から、なかなか記者につないでもらえないので、**私は「自分にも非があるのではないか」「やり方を間違えているのではないか」と反省**してみました。思い返してみると、私は電話をつないでもらおうとする際に、「新しく広報部長になったので挨拶をしたい」と説明していました。しかし、新聞社などメディアにとっては、新任の広報部長などはごまんといます。毎日の取材や記事の執筆などに忙しい中で、親しい間柄ならいざ知らず、**聞いたこともない企業の広報部長の新任挨拶などは、記者にとっては煩わしいだけ**ですよね。私は記者だったにもかかわらず、「記者の立場に立って考える」ことを忘れ、自分の都合だけを相手に押しつけていたのです。

このため、「自分が記者の立場だったらどうか」ということを何よりも優先して考えることにしました。**自分が記者であれば、ほしいものは何よりも面白い記事ネタです**。そこで私は、まずは記事ネタを作って、「こんなネタがありますのでつないでください」とお願いすることにしました。

代表の受付の方も、「ネタがあるのであれば、記者側にもメリットがあるからつないであげたほうが良いのではないか」「つながないと、かえって怒られるかもしれない」などと思ってくれるのかもしれません。実際に、この方式を採用してからは、つないでくれることが格段に増えました。

記者に電話をつないでさえもらえば、あとは自分の経歴を話したり、どんなネタを提供できるのかを説明したりしているうちに、打ち解け合える人が見つかるものです。私はこれまでの経験を通して、大半の記者の方々は「こちらが誠実に対応し、ちゃんと話せばわかってくれる」と思っています。

「相手の立場に立って考える」「相手を思いやる」というのは、家族や友人などプライベートでは多くの人が気にしていることでしょう。ところが仕事になると、とたんに自分が成果を上げることばかりを考えてしまい、メディアに自分の都合を押しつける——ということはないでしょうか。広報活動がうまくいかない、と感じている方は、広報担当になったばかりのころの私のように「自分の仕事が独りよがりになっていないか」「相手の立場で物事を考えているか」を、改めて考えてみると良いと思います。

自分では「私に限って、自分の都合を押しつけることなんて絶対ない」などと思っていても、外部の人から見ると、その人の言い分は独りよがりだった——という事象はよくあることです。私の場合も、自分のことを客観視して行動を変えたことが、はじめて携わった広報という仕事を前に進めるきっかけとなりました。

≫記者につないでもらえなかったら、冷却期間を置いて再チャレンジ

もちろん、新方式を採用したからといって、私の広報活動のすべてが成功したわけではありません。無名の企業の広報部長が「記事ネタがある」と言って電話をかけても、信用されないことがあるからです。特に大手新聞やキー局など大きなメディアの場合は、リスクマネジメントがしっかりしているため、そのままブツッと電話を切られることもありました。こんな時は、私は2週間後など日を置いてかけ直すことにしました。少し冷却期間を置くと悪い記憶が薄れますし、受付の担当者が違う人に代わることもあるからです。実際、2週間後には受付が親切な別の方に代わっていて、電話を記者につないでくれたこともありました。

あきらめずに**粘って努力すれば、事態が好転することがある**ものですね。これらは記者時代に経験した苦労や、その解決法とも通じるものがあり、自分のこれまでの経験は広報という新しい仕事でも役に立つと気づかされました。これは私が記者だったからというわけではなく、営業や経理、秘書など記者以外の仕事であったとしても、それぞれに人との調整などの仕事があり、苦労もあるでしょう。どんな仕事でも、かつて自らが経験した苦労は、うまく活かせば広報活動にも必ずプラスになると私は思います。

A社（中堅BtoB企業）社長
A社 広報部部長
A社 広報部新人社員
私は今月5枚も
プレスリリースを
書きました
ほう！
それはすごいね
大変だっただろう
ええ
それはそれは
大変でした
リリースを
書くための
事実確認
文章づくり
社内外の関係者
との調整
さらにリリース前の
正誤確認など
PC
残りの仕事たち…
1枚のリリースを
作って発表する
だけなのに大変な
努力がいることが
わかりました
今月はそれに
かかりっきりで…
大変そうだな…
カタカタ…
そうか
これからも
がんばってくれよ
人事考課でも
たくさんリリースを
出しているのを
評価するからな
そうじゃないでしょ!!

3 広報はただプレスリリースを出せばいいってもんじゃない

≫≫思い込みｆｉｌｅ③　リリースをたくさん出せば良い→記事にならなければほぼ無意味！

……漫画に示したような会社経営者や広報担当者はいらっしゃらないでしょうか？　この男性広報担当者が言うように、１か月という短期間に５枚もリリースを書くのは大変ですよね。関係者との調整は神経を使うため、リリースの執筆以上に面倒な時もあるでしょう。

「担当さん、お疲れさまでした」と言いたいところですが、ちなみに、**そのプレスリリースはどんなメディアに、何度掲載されたのでしょうか？**

プレスリリースを書くことに一生懸命で、どのくらい記事掲載やテレビ放映されたかを、あまり気にしていない会社も多いのではないでしょうか？

「広報部は、プレスリリースを書くことが仕事。何枚書いたかが大事」。これは、広報担当者の中ではびこる間違った思い込みの一つです。**万が一、プレスリリースの数などを広報担当者の評価基準にしている会社がありましたら、今すぐ、そんな無意味な基準は廃止することをおすすめします。**

≫プレスリリースのほとんどは「記者クラブ発　ゴミ箱行き」

なぜプレスリリースを出しただけではダメなのでしょうか？　それには複数の理由があります。
まず一つ目は、そもそも広報活動の目的がズレているからです。広報・PRの目的の一つは、**メディアでの前向きな記事の掲載を通じて、自社の知名度・信頼度を向上させたり、イメージアップを図ったりすること**です。

しかし、プレスリリースの多くはせいぜい自社のホームページや、各社のリリースを集めた一部の発表サイトに掲載される程度で、必ずしも多くの人たちの目には触れません。記者は、ホームページや企業のリリースを集めたサイトを毎日見ていると期待している方々もいらっしゃるかもしれませんが、前述のように**独自ニュースがほしいのが記者の習性**です。もう、おわかりですよね？　**インターネットのサイトに掲載されたり、記者クラブに配布されたりしたプレスリリースは、記者にとっては独自ニュースではなく、既知の情報にすぎないのです。**私自身も取材活動のために、そうしたサイトを見たことはほとんどありません。何もしないよりはもちろん良いのですが、プレリリースを出すだけで自社の知名度や信用度は十分に上がるのでしょうか？　答えは「否」です。

超大企業の場合は、広く発表した情報でもニュース価値が高い場合があり、プレスリリースの中身次第では記事が大きくなることがありますが、そんな企業は数百万社もある日本企業の中で数十社しかないでしょう。残念ながら、一般的なＢｔｏＢ企業や中小企業がやみくもにリリースを出しても、記者はあまり見ていません。前述したように、毎日の特ダネ競争や独自記事の発掘などの仕事に追われていて、中小のＢｔｏＢ企業が出したリリースなどを入念にチェックする時間がないためです。さらに言えば、企業が出したプレスリリースは全メディアにとって既知、共通の情報です。ホームページなどで掲載する場合は、一般の人までがすでに見ている可能性があり、さらにニュース価値がなくなります。多くの記者は独自ニュースがほしいわけですから、彼らのニーズに基本的に合致していないのです。

私の経験から言わせていただくと、特にＢｔｏＢ企業や中小企業の広報担当者が一生懸命に書いて、社内調整したリリースは、ちょっと記者の目を通っただけでダメだと判断されます。残酷なことを言うようですが、実際、**記者クラブに配布されたほとんどのリリースは記者の手で丸められ、ゴミ箱へ直行しています。**もちろん、記事が掲載されるわけがありません。

≫思い込みｆｉｌｅ④　プレスリリースにはまったく意味がない↑紙面づくりに不可欠！

逆に広報関係者の一部には**「プレスリリースにはまったく意味がない」**と主張される方々もいらっしゃいます。こうした意見は、真剣に広報活動に向き合っている方の中に時々見られるようです。そのご意見には、私も一部同意できる面があります。

それでは、プレスリリースを出すのは本当にまったく意味がないのでしょうか？　私はそうは思いません。「リリースが記事にならなければ意味がない」と言いましたが、逆に言えば、「リリースが記事になれば意味がある」わけですよね。つまり、**企業広報の方が「良いリリース」を出せるようになれば、効果や意味が出てくる**のです。

記者は独自ニュースがほしいと言いましたが、面白い独自ニュースなど「いつでも、たくさんある」はずがありません。つまり、**独自ニュースだけでは毎日発行される紙面のすべてを埋めることはできない**のです。**その時に活躍するのが、BtoB企業や中小企業などのプレスリリースです。**

例えば新聞記者には自分の担当の紙面が必ずあります。紙面は記者が何もしなくても自動的に埋まっていくものではありません。しかも、新聞や雑誌、テレビには必ず締め切りの日や時間があります。新聞や雑誌は輪転機にかけなければなりませんし、テレビは放映時間がちゃんと決まっているからです。記者たちは、それまでに何とか紙面や放送枠を埋めなければなりません。

≫「良いプレスリリース」は記者のピンチを救う「神」!?

日経新聞でも、複数の記者が一定の紙面を毎日、あるいは毎週、埋めています。私自身も若いころ、事業会社担当で日経新聞本紙に出稿するかたわら、日経関連の専門紙の2面を割り当てられ、毎週三人程度で埋めていたことがあります。取材がうまくいっている時は良いのですが、計画通りにいかなかったり、紙面づくりの見通しが甘かったりすると、紙面を埋めるだけの行数が足りなくなり、締め切り直前に「ひえー、どうしよう!」と慌てふためくことになります。これは多くの記者が直面するピンチで、締め切りが近づくと、現場の責任者（キャップ）が「あと100行足りないぞ。候補を早く出して」などという声がそこかしこから聞こえてきます。だから、広報担当者が夕方以降に記者に電話すると、記者が非常に焦っていたり、いらいらしたりしていることがあるわけです。

御多分に漏れず、若いころの私も「紙面を白紙で出しかねない」ピンチに陥ることがしょっちゅうありました。我ながら「もう少し計画的にできなかったものか」と情けなく思いますが、20代で記者になりたての私はそれでも必死にやっていたのです。ともかく、当時の私に計画性がなかったとしても、記者としての能力が足りなかったとしても、紙面づくりについては何とかしなければなりません。

そこで私は、そんな**ピンチに陥った時、机に積み上がったプレスリリースを必死になって熟読し、記事に使える「良いリリース」を選び出そうとしました。いったんゴミ箱に入れてしまったリリースを漁って記事化する**のです。それでも記事が足りない時にも、最後の手段がありました。こうしたやり方は、何も私が編み出したわけではなく、先輩記者から脈々と受け継がれてきた方法です。つまり、みんなやっていることなのです。

こんな時、企業が発表してくれた「良いプレスリリース」は、記者にとって「神」になります。良いリリースを見つけ出すことができれば、それを見ながら記事化し、何とか紙面を埋めることができました。その企業や広報担当者には本当に感謝したものです。しかし、記者にとって「悪いプレスリリース」は、こんな状況ですら、やはりゴミ箱に残ったまま、後日、焼却処分される運命にあります。

それでは、記者にとっての「良いリリース」と「悪いリリース」とは、具体的にどんなリリースのことを言うのでしょうか？　これについては、応用編の第4章で詳しくお話しします。

≫リリースはコミュニケーションが得意でない広報担当者には最強ツール

広報関係者の中には「プレスリリースはやめて、自分で記者に電話をかけたり、訪問したりして口頭で売り込んだほうが良い」と言う人もいます。私も、その通りだと思います。ただし、**それができるのは「広報部員が記者と強い信頼関係を構築している場合、あるいはそうしたことができるほどの高いコミュニケーション能力を持っている広報部員の場合に限る」**のではないでしょうか。百戦錬磨の記者たちと信頼関係を深めて、電話や面談だけで報道してもらうのは、そんなに簡単なことではありません。「とてもそんなことできそうにない」としり込みする方々もいるのではないかと思います。

一部の方々が持っている広報担当者のイメージは、高いコミュニケーション能力があり、明るく、多くの人に好かれるさわやかさや華やかさを併せ持つ「キラキラ広報」かもしれません。確かにそうした人の割合は、広報部ではほかの部門よりも多少高い可能性がありますが、そんなイメージが本当に広報担当者の全員に当てはまるでしょうか？ そんなことはないですよね。

当たり前ですが、広報部員も十人十色で、いろいろな性格の人がいます。中にはコミュニケーション能力に不安を持っていたり、よく知らない人に電話をかけるのが苦手な人もいるでしょう。人によっては「あまり人に営業するのは好きではないのに、会社の事情で広報担当をする羽目になってしまった」「ほかにできそうな人がいないから、君やってくれ、と社長に言われた」などというケースもあるかもしれません。中小企業では、ほかの部門を兼務している広報担当の方もそれほど珍しくありません。いずれにしても、広報を担当されている全員が、人との交流が好きで得意な方々というわけではないはずです。

しかし、仮にあなたが記者とのコミュニケーションについて得意ではない、あるいは好きではないと思っていたとしても、「文章を書くのは割と好き」「プレスリリースを書くのは苦にならない」などという方もいるのではないでしょうか？　そんな人は、プレスリリースを「良いリリース」にするよう努力すれば良いと私は思います。**「良いリリース」をたくさん出すことができれば、最低限のコミュニケーションで、自社のメディア掲載数を増やせる可能性が高まる**からです。そうです、良いプレスリリースは、コミュニケーションが得意でない広報担当者の「魔法のつえ」になる可能性を持っているのです。

≫記者の「リリース見逃し」を避けるためには

「記者たちは、プレスリリースを紙面繰りがきつい時に使うことがある」と先ほどお話ししました。しかし、なかなか目立たないＢｔｏＢ企業や中小企業のリリースは、記者が見逃してしまうリスクがあることも否定できません。企業ニュース担当の記者は、数百社以上の会社を担当しているため、すべての会社を平等に取材していてはとても仕事が追いつきません。このため、**自分や会社にとって重要視する企業が決まっています。大事なのは超大企業や目立つ業界のことが多いです。**注目企業の大きな特ダネを抜かれてしまうと、その担当をクビになって、異動を言い渡されることすらあるため、記者たちはメリハリをつけて取材しています。

上記のような理由で、記者たちは自分の担当の超大企業のリリースは目を皿のようにして熟読し、取材しますが、**残念ながら特にＢｔｏＢの中小企業のリリースは見逃されがち**と言えるでしょう。大新聞やテレビの記者もしょせんは一人の人間です。保身もありますし、名誉欲もあるのです。この点は理解する必要があるでしょう。

とはいえ、企業広報の担当者としては、せっかく努力して「良いリリース」を書いて発表したにもかかわらず、記者側の事情で無視されるのではあまりにも残念です。それでは、そのリスクをどう回避すれば良いのでしょうか？

私の場合は、**記者が締め切りに追われる夕方など、忙しい時間帯以外に電話をして、自社のリリースを出したことを伝え、簡単に内容を説明させていただく**ようにしています。

ただし、**電話でこちらが話す時間は、2分程度に限定してお話しする**ようにしています。また、リリースの内容説明の前に、「忙しい時間帯ではないですか？」などと相手の都合を必ず聞くようにしています。忙しい記者を邪魔しないようにしたいためです。

もちろん、記者側が興味を持って質問をしてきた場合は、時間を気にせず丁寧に答えるようにしています。有用な情報であれば、記者もうるさがるどころか、むしろ「リリースを出していたのですね。電話がなかったら見落とすところでした」と感謝してくれることが多いです。

先ほど「コミュニケーションや広報関連のメディア営業が得意ではない広報担当者もいる」とお話ししました。しかし、そんな方々でも**事前にリリースを作っておけば、記者に電話する勇気が少しは湧く**のではないでしょうか。電話をする前にポイントをまとめておき、短い時間に限定して説明すれば良いわけです。

「そういう電話ですらも自分は苦手で、できればやりたくない」という広報担当者の方にも、まだ方策はあります。**リリースを出したことをメールなどで連絡してあげれば良い**のです。忙しくて電話に出られないと主張する記者でも、メールは頻繁にチェックしているものです。

また、「連絡は電話ではなく、メールや携帯電話のSMSなどにしてほしい」などと記者側が要請してくることもあるかもしれません。その場合は、相手に必ず返信するようにお願いした上で、ひとまず記者の要望に沿ってあげるのも一つの手だと思います。

インサイダー情報でなければ、発表前にリリースの内容を一部の記者だけに限定して連絡してあげれば、独自ネタになります。電話やメールなどのツールを駆使して記事ネタを「リーク」してあげるということも、記事掲載には非常に効果的です。こうした記者との信頼関係の作り方や、ネタの具体的な売り込み方については、第6章、第7章で詳しくお話ししたいと思います。

≫記者のリリース利用は電子版になっても続く

インターネットが急速に普及し、新聞などメディアにも電子化の波がやってきています。日経新聞も将来の紙の新聞の大幅な縮小を見込んで、電子版に優先的にニュースを配信するように努めています。このため、広報担当者の中には「新聞の紙面を埋める、なんて前近代的だ。電子版になったら、そんな状況はなくなるのではないか?」といぶかしむ方もいるかもしれません。

しかし、簡単にそんなことにはならないでしょう。**電子化されても、記者がそれぞれの担当分野の記事を一定以上書かなくてはならないということに変わりはありません**。新聞や雑誌の電子版も含めて、インターネットのニュースサイトは、たくさんの記事を掲載して1日に何度もの更新を続けなければ、読者にあきられ、購読してもらえなくなるためです。

仮に新聞や雑誌の電子化を受けて、将来、ストレートニュース（企画や調査報道以外の通常のニュース）の掲載が減少したとしても、その分、記者は企画や調査関連の記事を多く書かなければなりません。企画記事の場合は、多くの企業の具体的な事例が必要です。こうした**企画記事は、リリースが出ている複数のネタ（リリースが出ていないものを取材する場合もあります）を取材して、業界の動き全体をまとめることがほとんど**です。広報担当者が面白い記事ネタを「良いリリース」でたくさん出していれば、それが記者の目にとまり、取材を申し込まれる可能性が高まります。

もちろん、時代は刻刻と変化していますので、メディアの動きは常にウォッチしていかねばなりません。大新聞社では中期的に、ＡＩ（人工知能）がリリースを自動的に記事化する時代が本格的に到来する可能性もあります。記者の仕事の効率化やコスト削減に向けて、細かいストレートニュースはＡＩに任せて、記者が企画記事や大きなストレートニュースなどをしっかり取材して執筆するという方式です。

こうした時代がきたら、広報のリリースや売り込みを企画記事向け中心にする、などの対応が必要になる可能性もあります。新聞社が変わっていくようであれば、中小企業の広報も柔軟に変化し、最も効率的な広報活動をしていかねばなりません。現状では記者の取材手法に大きな変化は見られませんが、**広報担当者や企業経営者は今後メディアがどうなるのかを常にウォッチし、柔軟に対応していく必要がある**と思います。

新しいサービスを始めるので昨日メディアにアプローチしてみましたけど忙しいからって電話を切られちゃいました
はぁ〜〜…
キミの努力が足りないのだよ！
…と言いたいところだけど私がお願いしてもダメだったことも多いからね仕方ないな…
広報をやるだけ無駄かと思い始めているのですけどメディアが掲載してくれるようなネタは考えつかないし別の部門に人を配置したほうが効率的なんじゃないですかね
BtoC企業なら別だがうちの会社では広報をいくらやっても無駄なのかなあ…広報部が直接商品を販売するわけじゃないしコストセンターにしかならない
会社の知名度は低いままだけど仕方ないですよね我々に広報は無理なんだから
いや!!
無名なのは営業に不利だけど大事なのは一人ひとりの根性
営業担当者が昼夜なく頑張れば会社の知名度は関係ない！
ウオォォォオオオ
やっぱり売り上げを伸ばすには
社員の根性だよ!!

A社（中堅BtoB企業）社長

A社 広報部新人社員

4 BtoBと中小こそ広報をやれ！

≫思い込みfile⑤ BtoBや中小に広報は無理 →やらないのはもったいない！

右の漫画のような中小企業やＢｔｏＢ企業、意外に多いのではないでしょうか？ どんな仕事でも根性や熱意、根気が大事な部分があるのはその通りかもしれませんが、根性だけで会社は拡大していけるのでしょうか？ 私には「メディア掲載に向けた方法がわからない」ことの言い訳をしているようにも見えます。なぜなら、会話からもわかる通り、この二人だって本当はメディアに自社の記事を掲載してもらって、営業との相乗効果を高めたいからです。でも、**やり方がわからず、できないと思い込んでいる**のです。もったいないと思いませんか？

≫広報強化は同業のライバルに差をつけるチャンス

私に言わせれば、**「BtoBや中小企業こそ広報をやるべき」**です。商品やサービスがよく知られていないからです。ＢｔｏＣ企業の商品やサービスであれば、店頭で多くの個人の目にさらされるわけですから、それほど広報をしなくても意外に知名度が上がっていきます。口コミなどで商品の名前が紹介されて、商品やサービス、会社名までが有名になることもあるかもしれません。

しかし、ＢtoＢ企業はそうはいきません。ＢtoＣ企業と違って、商品やサービスが身近ではないからです。知名度を上げるには前向きなメディア露出をたくさんすることが必須です。逆に言えば、**他社が知名度向上に向けた努力をしていない場合も多いので、ＢtoＢ企業が効果的な広報を実行できると、営業活動やＩＲ（投資家向け広報）、採用活動など自社に関わるあらゆる仕事で、ライバルと比べて有利な位置に立てます。**もちろん、自社がうかうかしている間に、同業の他社が努力して知名度を上げてくれれば、その分、営業や採用などの現場はどんどん不利になっていきます。

こうした事情は中小企業も同じです。**知名度に乏しい中小企業がメディア露出でライバルに差をつけるか、あるいは差をつけられてしまうかは、その会社の中期的な成長に大きく関わってきます。**同じ業界でも、メディアと上手に付き合ってきた企業が知名度を上げて、業界でトップの地位を築き、メディアとの関係をおざなりにしてきた（あるいは取材を拒否してきた）企業が、無名なままでいるために本業でもどんどん差をつけられていく、という状況を、実際に私は記者として目の当たりにしてきました。自らをメディアに対して効果的にアピールし、記事掲載やテレビへの露出などを通じて知名度を上げていくことが、ＢtoＢや中小企業にこそ大事だと私が考える大きな理由の一つは、この経験によるものです。

≫思い込みｆｉｌｅ⑥　広報は非生産部門にすぎない　↑誤解したままなら優秀な広報が転出！

これまでお話ししたことから、「広報部は売上高を計上しない非生産部門だから、大事な部署じゃない。お金ばかりを食うコストセンターだ」などと言う人の話がいかに不合理で、無知・無理解なものかがわかるでしょう。

広報部門を軽視する会社は、その背後にあるメディアや、さらにはメディアの背後にいる多くの読者や視聴者を軽視していることになります。忘れてはいけないのは、**会社にとって大事なお客様も、その読者や視聴者の中の一人だ**ということです。

広報はまさに「会社の顔」です。会社が、社会とつながっているメディアというチャネルに、直接関わるのが広報担当者だからです。記者たちは広報の担当者を見て、会社全体を判断することも少なくありません。あなたは、広報担当者がいきいきと仕事をできていない会社を信用できるでしょうか？　広報担当が「明るい顔で、はきはきとした声で会社をアピールしてくる」か、「暗い顔をして、仕事のやりがいのなさを嘆いている」のか……その違いは、会社のイメージを大きく左右します。**広報担当の方々は、「自分たちが極めて大事な役割を負っている」自覚を持ち、「会社に貢献している」という誇りを持って仕事をしていただきたい**と私は考えています。それが会社のイメージに大きなプラスをもたらすのです。

また、**経営者もきちんと広報の重要性を理解し、広報戦略を考えていく責任があると思います。**経営者が無理解な会社では、広報は決して育ちません。いくら頑張っても評価されない会社に、優秀な広報はいつまでもとどまってはくれません。広報がどんどん退職していくような会社は、メディアから信用されません。そうなれば、前向きな記事を増やすどころか、ネガティブな記事がどんどん出ていくリスクすらあります。この点については、第8章でも詳しく説明します。

5 まずは行動、立ち止まっていては何も進まない

≫広報担当になったら、大きな書店に行ってみよう

広報部には「広報担当を長年やっているけれど、全然向いていない」と思い込んでいる人も、「経験がないのに広報担当になっちゃった。どうしよう」と考えている人もいるでしょう。不安で何も手につかず、立ちすくんでいる方もいるのではないでしょうか。私も名刺の引継ぎがほとんどない「ゼロからの出発」だっただけに、そんな方々の気持ちは痛いほどわかります。

しかし、そこで立ち止まっていても何も始まりません。前に進めば必ず何らかの課題が見つかり、広報という仕事も動き始めます。「いや、でも、何をはじめにやればいいのかわからないんだよ」という人もいるかもしれませんね。そんな時は、**まず大きな書店に行って、雑誌や新聞が置いてある棚を見てみませんか?**

もちろんインターネットでいろいろと調べてみるだけでも結構ですが、書店の場合は多くのメディアが本棚に並んでいます。つまり、新聞や雑誌といったメディアの実物を目で見て、触って実感できるわけです。その中には、ぜひこのメディアに自社の記事を掲載してもらいたいと感じるものもあるでしょう。新聞や雑誌を実際に目で見たら、「このメディアに記事を掲載してもらおう」

というイメージを持つことです。

≫自分の業界に関連するメディアを正確に把握しよう

さて、最初のステップとして、メディア掲載のイメージを膨らませることができましたね。立ち止まっていただけのあなたから、少しだけではありますが進歩したはずです。もちろん、イメージを持っただけではメディアに掲載してもらえません。では、どうするか？　**書店で次に行くべきところは、メディアの電話番号や住所などの連絡先が掲載されている本が置いてある棚です。**

前述した『マスコミ電話帳』をはじめ、多くの出版社から新聞社や出版社、テレビ局、インターネットメディアといったマスコミ関連企業の代表電話番号、住所などを掲載したハンドブックが出版されています。こうした本には、テレビのキー局や大手新聞社はもちろん、業界紙や地方紙、大手メディアの地方局、マニアックな雑誌などまでかなりのメディアが網羅されています。官公庁などの連絡先も入っています。メディア全体を把握するのにとても便利です。

次の一歩は、その本を（購入して）開き、**自分の会社が属する業界に関係しそうなメディアがどれだけあるのかを把握すること**です。有名・無名を問わなければ、自社に関連する業界紙が意外に多いことに気づくでしょう。自分では読んだことも、目にしたことすらない新聞や雑誌もたくさんあるはずです。

≫事前に情報を仕入れ、効果的、効率的な努力を始めよう

自社のネタにどの業界紙や雑誌、テレビといったメディア関係者が興味を持ってくれそうかを調べたら、記者や編集者へのアプローチを始めます。「案ずるより産むが易し」という言葉がありますが、実際に行動を始めれば、意外に「自分にもできそうだ」という自信が生まれてくるかもしれません。あるいは次々に課題が見つかり、それを解決していくことにやりがいを見出すことができるかもしれません。

もっとも、やみくもに努力しても徒労に終わり、後悔するリスクがあります。それで広報活動をあきらめたり、「自分には能力がない」などと思い悩んでしまったりするのは、あまりにもったいないと思います。**広報活動のはじめの一歩を踏み出す前に、この本を一通り読んでいただければ、同じ量の努力をしても、より多くの成果と高い効率性を期待できる**でしょう。

【基礎編】

第2章

相手（メディア）を知り、己（自社の立ち位置）を知る

● ● ●

「敵を知り、己を知れば百戦危うからず」。孫氏の兵法にあるこの戦略は、広報担当者がメディアに対する時にもあてはまります。メディアは必ずしも敵ではありませんが、まず相手の状況を的確に知らなければ仕事になりません。また自分が置かれた立場を知らなければ、適正な行動や対策を講じることもできません。第2章では、**広報活動を成功させる上で知っておいたほうが良いメディアの知識や、記事の優先度など**についてお伝えします。

A社（中堅BtoB企業）社長
A社 広報部新人社員
社長！朗報です 先日記者に話した 我が社の 新サービス開始の記事 『ワキ』か『段もの』で 使ってくれるそうです！

記者から連絡がありました!!

そうか！

…って 『ワキ』って何だ？ 『段もの』？ キミが言っていることは ワケがわからないよ 落ち着いて ちゃんとした 日本語で話しなさい
WA KI?

DAN MONO?

記者が言ってました…

それで 結局『ワキ』って何だい？ どういう意味なの？

WA KI?

DAN MONO?

どういう意味ですかね？

私が キミに聞いて いるんだよ！

しゅん…

記者に聞いてみます…

1

【相手を知る編】記事の種類をご存じですか？（大きさについて）

相手が専門用語で連絡をしてきて、ついわかったふりをしてしまう。ある程度の経験を持つ広報担当者でも、よくあることですよね。どこの業界でも同じかと思いますが、新聞などメディアにも専門用語が多くあります。広報担当者としては知っておいたほうが、記者とのコミュニケーションが円滑になり、記事掲載を狙う際も有利になりやすいでしょう。また専門用語を知っていると、社内で「さすが広報担当者だね」と評価されたり、尊重されたりすることがあるかもしれません。

ただ、こうした専門用語は、業界人以外にはあまり知られていないのが実情です。仮に企業の広報担当者が「ぜひ知っておきたい」と思っても、「何を知っていれば記者とのやり取りをうまくできるようになるのか？」「記者がどの程度、広報の方々に知っておいてもらいたいと思っているのか？」「そんな業界用語を、どうやって知ったら良いのか？」――といった疑問が次々に湧いてくるのではないでしょうか。ここでは、多くの広報担当者が自社の記事を掲載してほしいとされる日経新聞を主な題材に、専門用語を解説したいと思います。まずは、大きさによる「記事の呼び方」の違いについてお話しします。

≫最も大きな記事は「アタマ」または「トップ」

新聞記事の中で一番目立つ面はどこでしょうか？　もちろん**1面**ですね。読者が新聞を読もうとする時、最初に目に入るのが1面です。このため新聞社は1面に、その日、「最も大事だ」と判断したニュースを詰め込んでいます（**1面以外の面は総称して「中面《なかめん》」**などと呼ばれます）。1面の中でも一番大事なニュースと判断したものは、一般に右上の最も大きな見出しがついた記事になります。新聞記者の世界では、これを通称**「アタマ」**記事と言います（左図参照）。これは「トップニュース」「トップ」などとも呼ばれます。「1面アタマ」「1面トップ」は、最も大きく、目立つ、その日の「新聞社一押し」の記事ですので、ここに前向きな記事が掲載されれば、非常に知名度が上がるわけです。

ただ、ここに入る記事は朝刊で1本、夕刊で1本しかありません。企業ニュースだけではなく、マクロの政治経済、国際、社会ニュースなど他のジャンルが入ることも多いので、特にBtoB企業や中小企業が1面アタマで取り上げられるのはまれで、難しいと言えるでしょう。一般に、BtoB企業が1面アタマで扱われるのは、「超大企業同士の合併」や「超大型の投資」「大きな不祥事があった時」など限られたケースだけだと思います。

ちなみに、**アタマ記事は1面だけではなく、すべての面にあり、原則として右上にある最も大きな記事**のことを言います。ですから、経済面のトップニュースは「経済面アタマ」、ビジネス面の場合は「ビジネス面アタマ」、社会面の場合は「社会面アタマ」などと呼ばれます。どの面であれ、それぞれの面で最も大きく、目立つ記事がアタマであることに変わりはありません。BtoB企業や中小企業は、1面に比べれば競争率の低いビジネス面のアタマであれば、掲載されるチャンスは

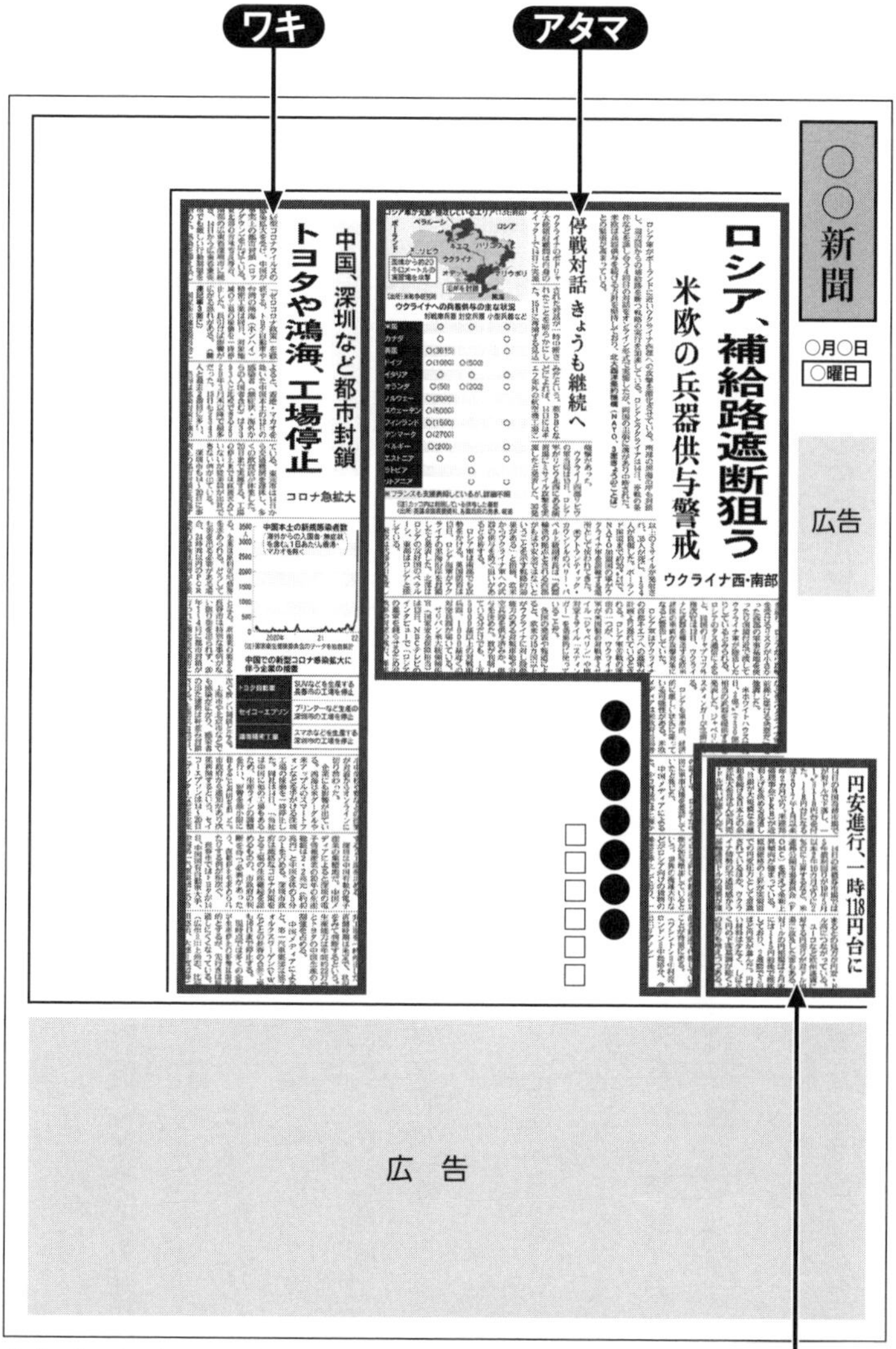

出典：［アタマ］2022年3月15日・日本経済新聞・朝刊／1面
［ワキ］2022年3月15日・日本経済新聞・朝刊／1面
［段もの］2022年3月15日・日本経済新聞・朝刊／1面
※日本経済新聞社許諾済み／記事の無断複写・転載禁止

あると言えるでしょう。

≫アタマ記事は記者にとっても大事

ちなみに、**記者にとっては面のアタマ記事を書くのは、自らの評価にとっても非常に大事**なことです。新聞社にとっては、アタマが「一押し」の記事ですから、ここにどんな記事を入れるのかを決めるのは、毎日の最も大事な仕事です。アタマがつまらなければ、読者はだんだんと離れてしまいますから、ただ長い文章で埋めるだけの記事ではダメなのです。このためキャップ、デスク、部長が議論しながら記事を選び、内容を詰めていきます。部長から「こんな記事ではダメだ」と突き返されることもしばしばです。私も記者時代、1週間に1回は経済面のアタマ記事を書くようにキャップから指示されていました。

時代の変化で、小さなネタの情報はインターネット上でも容易に手に入るようになってきたことから、アタマ記事を重要視する傾向はどんどん強まっているように思います。つまり、記者はいくら小さな記事をたくさん書いても、あまり評価されません。評価されなければ、その担当や部署から異動になったり、それが続けば記事を書くことができない部署に異動になったりすることすらあります。なかなか厳しい世界です。

こうした状況を考えると、**広報担当者がアタマになるような記事ネタを出すことができれば、あるいはそうしたアイデアを出すことができれば、記者からは感謝され、その後も頼りにされる**ようになります。

≫二番目に大きな記事は「ワキ」　広報にとって「小囲み」は狙い目

記者にとってはアタマ記事が最大の評価を得られると伝えましたが、広報担当者としては、アタマではなくても、記事を掲載してもらえれば十分ありがたい、ということが多いと思います。まったくその通りで、**知名度向上を目指す企業広報にとっては、年に1回、アタマ記事を掲載してもらうよりも、アタマ以外の記事を年20回掲載してもらったほうが良い**と私も思います。

また、アタマ記事の場合は、複数の同業他社のニュースと一緒にまとめた「まとめ記事」になっていることも多いです。単独の会社のニュースはよほど大きなネタでなければなかなかアタマにはなりませんから、自社単独の記事を望む場合、広報にとっては「まとめ記事になるくらいなら、アタマ以外の記事のほうがありがたい」ということもありえます。それでは、アタマ記事以外の記事を解説していきましょう。

アタマ記事の左側にある二番目に大きな記事は何でしょうか。日経新聞では「ワキ」と呼ばれています（55ページ図参照）。ほかの新聞では「カタ」「準トップ」などと呼ぶ場合もあります。「ワキ」などと言うと、「ワキに追いやる」などの言葉のイメージからか、小さな記事、扱いの良くない記事を想像してしまうかもしれませんね。しかし、実際には二番目に大きな記事ですから、扱いはとても良いと言えるでしょう。

皆さんは、新聞の面の真ん中付近に、四角の太枠で囲んだ記事があるのを見たことがあるでしょうか。この記事を**「小囲み」**と呼びます（左図参照）。ここには、通常のニュースに比べて内容がややややわらかい読み物風の話題や、新しく要職についた重要人物、統計の分析などを扱った記事が入る傾向にあります。

小囲みは、記事の大きさはアタマやワキより小さい三番目ですが、黒線などで四角に囲んでいるため、「むしろアタマやワキの記事よりも目立っている」と言われることもあります。ですから、私はこの**小囲みは、自社の知名度向上を目指す広報担当者にとっては狙い目の記事**ではないかと思います。

ちなみに、小囲みはビジュアル重視です。記事に写真やグラフなどの「仕掛け」がついていることが多いので、**この場所を狙うのであれば、関連するデータやグラフ、写真などをいつでも記者に提供できるようにしておくと重宝される**と思います。

≫「段もの」「ベタ」「レッチ」とは（ベタでも掲載されたら記者に感謝しよう）

新聞をよく見ると、1ページの縦幅が15に分割されていることがわかると思います。この一つひとつを段と言います。つまり、一般に新聞の一つの面は全部で15段ということですね。日経新聞を見ると、横方向に線がひかれています。上下2本の線に囲まれたものが1段です。**「段もの」**（55ページ図参照）というのは、ワキより小さいものの、記事（または見出し）が2段以上にわたって掲載されている、ある程度の大きさの記事のことを言います。見出しが3段にまたがっている記事は**「3段」**の記事などと呼びます。

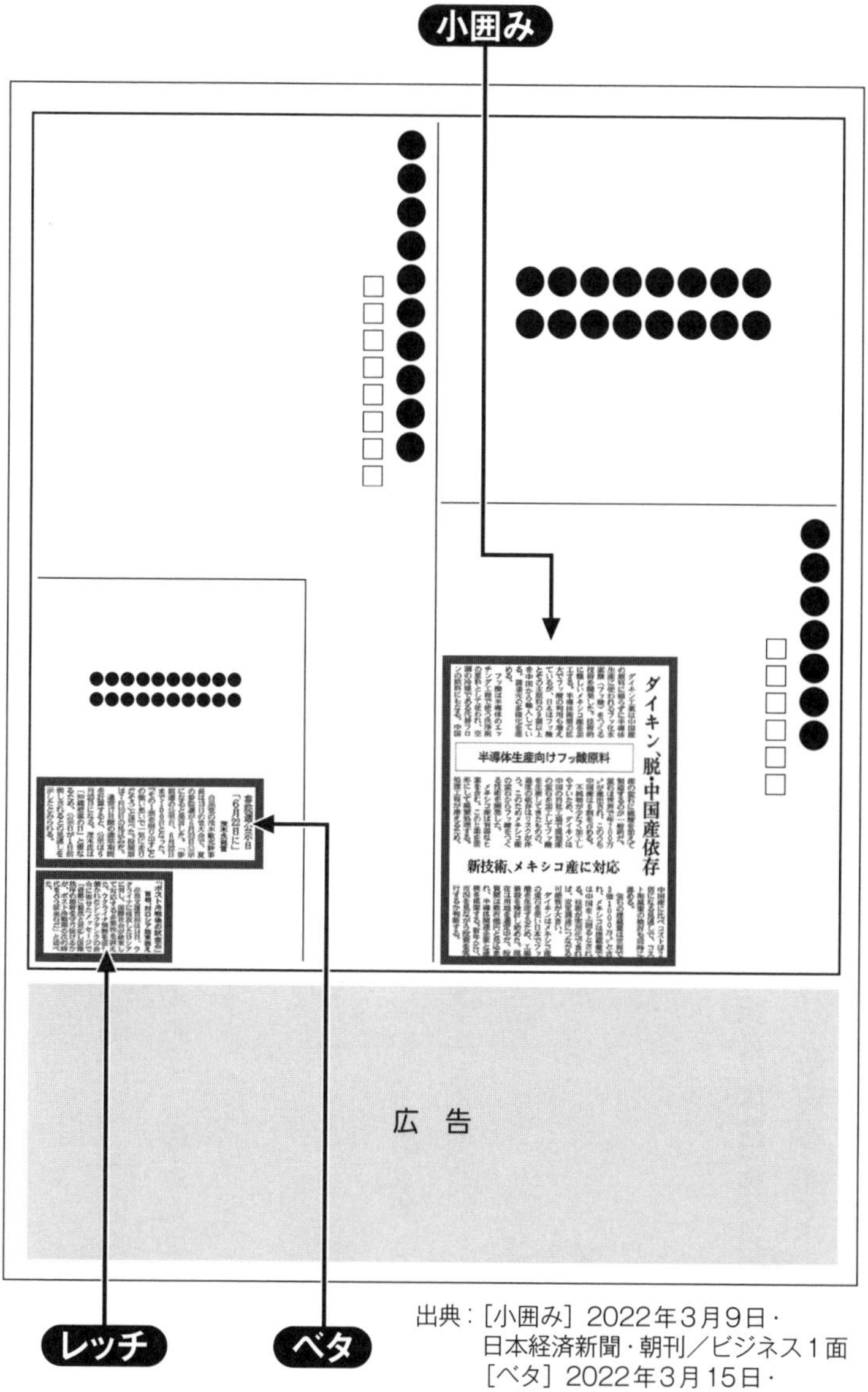
小囲み
ダイキン、脱・中国産依存
半導体生産向けフッ酸原料
新技術、メキシコ産に対応
広　告
レッチ
ベタ

出典：［小囲み］2022年3月9日・
日本経済新聞・朝刊／ビジネス1面
［ベタ］2022年3月15日・
日本経済新聞・朝刊／政治・外交面
［レッチ］2022年3月15日・
日本経済新聞・朝刊／政治・外交面
※日本経済新聞社許諾済み／記事の無断複写・転載禁止

記者は、自分の記事をできる限り大きくしたいため、「この記事は内容が面白いので、最低でも段は立ててください」などとデスクに要請することがあります。また、第1章の②でお話しした週末の**「出番原稿」では、最低、中面の「段もの」以上の大きさ**になるような、ニュース価値のある独自原稿が求められます。このため、広報担当者が一定のニュース価値のある独自の記事ネタを記者に提供できれば、週末の出番原稿に使ってもらえるケースが出てきます。**何も大ニュースでなくても記事掲載をしてもらえる**わけですね。仮に紙面に掲載してもらえない場合でも、電子版だけ記事を配信してもらえることがあります。

段ものよりも小さい記事は**「ベタ」**記事（59ページ図参照）と言われます。基本的には記事は1段だけです。文字数も200字以内のことが多く、あまり目立つ記事ではありません。

さらに小さな記事を**「レッチ」**と言います。レッチは文字の大きさ（フォント）が少し小さくなっています。また、レッチにすらならずに記事が掲載されないことを「ボツ」と言います。記者にとっても、企業広報にとってもボツだけは避けたいとことです。

なお、自社のニュースがベタやレッチの記事になった時でも、記者には感謝の気持ちを伝えたほうが良いでしょう。**間違っても、「なぜうちの会社のニュースがベタ記事なんですか！」などと苦情を言うのはやめましょう。**ベタ記事とはいえ、記者が何とか記事を紙面に載せるために、「ネタがつまらないから（または当日の記事が多すぎるので）ボツにする」と主張するデスクと、喧々諤々の口

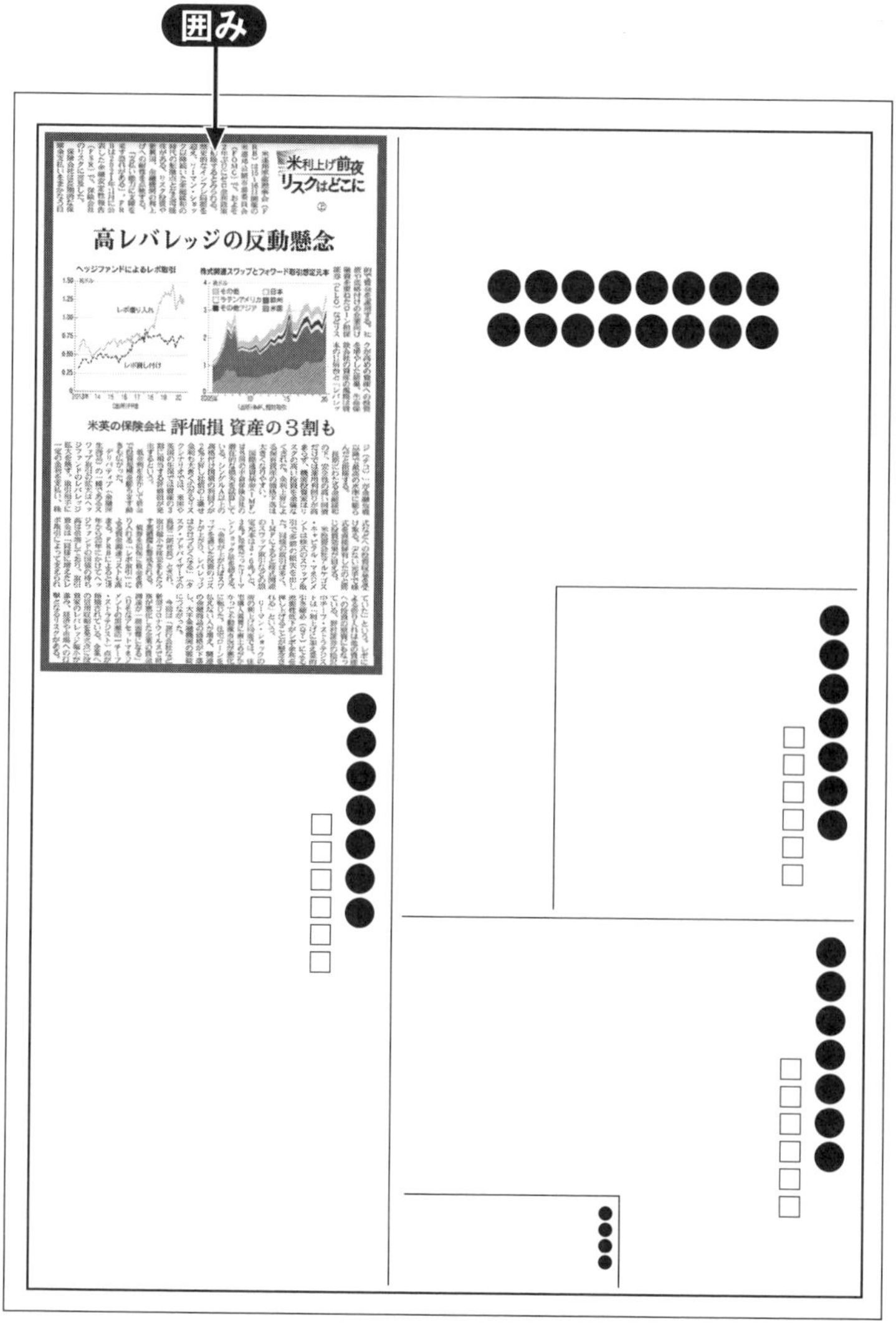

出典：［囲み］2022年3月15日・日本経済新聞・朝刊／グローバル市場面
※日本経済新聞社許諾済み／記事の無断複写・転載禁止

論をしている場合もあります。こうした状況を理解していないと、結果的に記者から、「無料で前向きな記事を掲載してもらっているのに、無知で非常識な人だ」などと反感を買い、関係を悪化させてしまうのがオチです。**広報が理解していても、取材を受けた他部署の担当者や経営者が理解しておらず、失礼な態度を取ってしまうこともあります**ので、取材を受ける人にはしっかり周知しておきましょう。記者やメディアを敵にまわして、良いことなど何一つありません。

≫「囲み」は左端にある分析記事

ＢｔｏＢや中小企業も取り上げてもらいやすい大きな記事が**「囲み」**記事（61ページ図参照）です。面の左端に位置し、周囲を枠で囲まれています。アタマ記事と同じくらいの分量があるため、とても目立ち、読まれやすい記事です。その面の担当記者や担当デスクは、アタマと囲みの二つを最も力を入れて企画・取材・執筆しますし、出稿されてからも推敲を繰り返して改善していきます。囲み記事は、あるテーマに沿って現状や課題などを深く掘り下げて書くことが多いので、読み応えがあります。

囲み記事は単発、つまり1回だけで終わる場合もありますが、長期間にわたって連載することもあります。例えば、上下の2回続き、上中下の3回続き、5回続き、さらに長いものでは1年間続ける「年間企画」もあります。

ある業界の囲み記事であれば、複数の会社を取材して、業界の傾向や課題を分析することもよくあります。**1社だけでなく、複数の企業を取材するということは、自社が業界Ｎｏ１《ナンバーワン》企業でなくて**

も、取材してもらえる可能性が高まるということです。広報担当者は、記者が業界を特集する前向きな囲み記事を執筆する際に、自社を入れてもらえるような関係づくりをしておくと良いと思います（ただし、ネガティブな記事の場合は、あえて外してもらうという選択肢もあります）。

≫そのほかの知っておきたい業界用語

そのほかの業界用語も、広報担当として知っておいて損はありませんので、簡単に説明しておきましょう。

例えば、新聞の右上に、「○○版」と書いているところがありますが、こちらは何のことでしょうか？　販売店が新聞を配達する読者の自宅は、印刷工場から遠い地域や近い地域がありますよね。このため、新聞では**「版建て」**というシステムがあります。印刷工場から遠い地域は締め切りを早くして、早く新聞を印刷しないと、朝までに配達が間に合わないためです。締め切りが早いものが「早版」、遅いものが「遅版」などと呼ばれます。例えば11版、12版、13版、14版があるとすると、数字の小さい11版が最も早い締め切り、14版が最も遅い締め切りの版（最終版）です。14版は最終版とも呼ばれます。

もちろん、締め切りが遅いほど、最新のニュースが入りやすくなります。このため、早版の地域と遅版の地域では、1面アタマの内容が違っていたりします。かつては記者が、情報が他社の記者に洩れるのを恐れて特ダネ記事を最終版だけに入れるといったこともありましたが、最近は電子版重視の流れが強まっていますので、こうしたことは減ってきているようです。

次に見出しの作り方です。「縦見出し」、「横見出し」という言葉を聞いたことがあるでしょうか？通常は縦に見出しが入っていると思いますが、1面などでは、まれに横に見出しがついている場合があります。しかも、見出しの文字も白抜きになっています。こちらのほうが目立ちますよね。新聞社は特大ニュースの場合、この「横見出し」を使って、いかにそれが重大な価値を持つものかが読者にわかるようにしているのです。

見出しの大きさもそれぞれのニュースによって違いますし、見出しの大きさによって文字の大きさも違います。1面アタマ記事の見出し文字が最も大きく、ワキ、段もの……とだんだん小さくなっていきます。

「オフレコ」という言葉は、皆さんもお聞きになったことがあるかもしれません。英語の「off the record（記録しない）」が語源になっており、報道業界全般で用いられます。例えば、政府高官などが「オフレコであること」を事前に告知し、それに了承した人のみが、発言を聞くことができます。基本的にメモは許されません。ただ、オフレコと言っても、名前を出さずに発言だけを報道して良い場合もあります。すべての情報を公開してはいけない場合は「完全オフレコ（完オフ）」と言います。ただ、オフレコは、あくまで情報源と記者との口約束です。**広報担当者や経営者など被取材者がオフレコのつもりで話した時でも、内容によっては報じられてしまうことがある点は意識しておいたほうが良い**でしょう。

2 【相手を知る編】記事の種類をご存じですか？（内容の違いについて）

≫ストレートニュースにも「独自」「発表もの」がある

記事にはいろいろな種類があります。新聞で最も多く見かけるのが**ストレートニュース**です。ストレートニュースというのは、事実を淡々と伝える通常のニュース記事のことです。あらゆる分野の旬の話題を扱いますが、読者に直接影響を与え、関心も高い政治や経済、事件・事故などが大きく取り扱われる傾向があります。超大企業同士の資本提携や買収といった新しい戦略が大きく報じられることもあります。一方で**中小企業やBtoB企業などのストレートニュースは、なかなか報じられにくいのが実情**です。つまり、メディアは、読者の関心の高さや多くの人への影響を考えながら、記事の大きさや掲載の可否を決めているわけです。

ストレートニュースにも**「独自ダネ（独自ネタ）」**、**「発表もの」**の違いがあります。発表ものというのは、その名の通り政府や企業などが発表した情報です。記者会見などで公表された情報も、「発表もの」または「共通もの」などと言われます。こうした情報は、記者にとっては当然フォローするべきものですので、これらの情報をストレートニュースにすることは、ある意味では記者の最低限のノルマとも言えます。公表されたニュースは全社の記者が知ることができるものですから、他社も当然フォローして記事化します。発表元の政府や企業などがホームページに掲載している場合は、その気になれば、一般の読者も新聞を読む前に一定の情報を得られます。つまり、いくら発表ものの記事を書いても、記者は上司から高い評価は得られません。

一方で**独自ダネは、政府や企業などが発表していないニュース**のことです。つまり、その記者だけが取材を通じて知っているニュースです。他社の新聞やテレビには掲載されないわけですから、一般に発表ものより情報の価値が高くなります。そのため**発表もののニュースよりも、記事の扱いは大きくなる**傾向があります。つまり、発表ものなら段ものやベタ記事だったとしても、独自ダネならアタマやワキに格上げになることが頻繁にあるわけです。特に日経新聞は、独自ニュースを重視する傾向があったように思います。

読者も、多くの人が情報を得やすい「発表もの」しか掲載していない新聞よりも、深く取材して独自ニュースを多く掲載している新聞を読むほうが「お得」だと感じるのではないでしょうか？つまり記者は、発表ものの記事をノルマとして書きながら、より価値の高い独自ニュースを取材して、大きな記事を書くことが自らの評価につながるわけです。**企業広報は、こうした発表ものと独自ダネに対するメディアや記者の立場の違いをよく理解した上で、広報戦略を立てる必要があります**。このことについては、4〜7章でも詳しくお話しします。

ちなみに、独自ダネの中でも、読者の多くが関心を持つような政治・経済の大きな動きや大企業の合併などのニュースは**「特ダネ」**と呼ばれます。記者の多くは、この特ダネを取ることを目指しています。一方で、他社の新聞などには掲載されているのにもかかわらず、自社だけが大きなニュースの記事を掲載できていないことを**「特オチ」**と呼びます。私は経験がありませんが、特オチをしてしまうと、記者は上司に叱責される上、それが重要なニュースだった場合は異動になることすらあります。

≫「企画」「特集」も読まれやすく大きな記事で、BtoB企業にもチャンスあり

新聞記事には、**「企画記事」**と呼ばれるものもあります。原則として事実のみを伝える「ストレートニュース」と違い、一定のテーマに沿って、深く掘り下げて書く読み物のことです。企画記事は、①で紹介した、「囲み記事」になることが多いですが、場合によっては、アタマ記事になる場合もあります。政府高官や著名な財界人などの話を聞く**「インタビュー記事」**も囲み記事になりやすいです。**「特集記事」**は、あるテーマについて紙面を大きく割き（1面まるごとの場合もあります）、その内容や意味、関係者の話、関係する動きなどをまとめて掲載する企画記事のことです。

企画記事や特集記事で企業や業界を取り上げる場合、記者は多くの企業や官庁、アナリストなどを取材することが必要です。テーマを深く掘り下げるためには、多くの取材源の話を聞いて傾向をつかまなければならないためです。つまり、**テーマに沿った記事ネタがあれば、ストレートニュースではなかなか取り上げてもらえない中小企業やBtoB企業でも、企画記事の中で言及してもらえる可能性が出てくる**ということです。企画や特集は、BtoB企業の広報担当者にとっては、自社の名前やコメントなどを記事で出してもらえるチャンスのある記事と言えるでしょう。

3 【相手を知る編】記事掲載までの流れはどうなっている？

≫まず記者、キャップ、デスクの立場の違いを理解しよう

記事掲載の流れを説明する前に、新聞社の記者、デスクなどの役割を把握しておきましょう。ご存じの方も多いかもしれませんが、メディアの役職は一般の企業とはかなり違います。通常の事業会社の場合、一般社員がいて主任がいて、課長補佐、課長、次長、部長、局長、役員、社長……といった形で役職が上がっていきますが、新聞記者の場合は必ずしもこうした名前ではありません。

まず、**現場で取材をして記事を執筆するのが記者**です。記者には、入社から時間があまり経過していない若手から、20年以上も現場にいるベテランまでさまざまな年齢の人がいます。10年程度、記者を続けていくと、だんだん先輩になります。すると、**現場を統括するキャップ**となっていきます。**キャップは自分でも取材して記事を執筆するプレーイングマネジャー**です。事業会社だと課長から主任に当たります。首相官邸や日銀のように大きな組織の担当は五人以上いることも多いため、キャップを補佐するサブキャップと呼ばれる記者もいます。ちなみに、ベテランの記者には、大所高所や専門的な観点から記事を書く専門家である**「編集委員」**や、社説の取材・執筆を担当する**「論説委員」**もいます。日経新聞の場合は「○○エディター」などさまざまな肩書を作り、専門情報の

発信に向けて試行錯誤しているようです。

デスクは事業会社に例えると、おおむね次長や副部長などに当たります。原則として自分は取材せず、後輩の指導に当たります。アタマ記事や企画記事などの取材、執筆に当たって、記者を指導したり、指示を与えたりするのが仕事です。記者から送られてきた記事を読みやすく修正したり、記事を書き直させたりする「編集者」の顔も持っています。部長や局次長などとの紙面調整もデスクがやります。デスクは紙面編集の扇の要とも言うべき役割を担っています。現場の記者と部長や局長などの間に入る中間管理職でもありますので、難しい調整を迫られることも多いです。**広報担当者は、自社の記事掲載に向けて、まずは記者やキャップ、続いてデスクと信頼関係を作るのが重要**です。ここまでの話で、新聞社の編集局で働く人たちの基本的な役割を理解していただけましたら、記事掲載までの流れをお話ししましょう。

≫ストレートニュースの場合の掲載の流れ

記者はどのようにして取材し、その記事を紙面に掲載するのでしょうか？　記者の中には、企業広報が紙面編集の流れを知っている前提で話をしてしまう人もいますが、そんな情報はあまりメディア外部の方々には出ていません。何となく想像がつくような気もしますが、詳細はなかなかわからないものです。「そんなマニアックなことを知らなくても良いのではないか？」と思う方もいるかもしれませんが、**記事掲載や編集の流れを知っておくと、記者との関係構築やその強化、記事を掲載してもらう上でのヒントになることが多い**のです。先に事実を淡々と伝えるストレートニュースの場合を説明しましょう。

①　まず、記者が新しいネタを探して担当企業や省庁などの情報源を取材します。他のマスコミなどが知らない独自ニュースの場合もありますが、**取材のきっかけが企業広報が出したプレスリリースや記者会見（つまり発表・共通もの）の場合も**あります。

②　記者が「記事化できそうだ」と判断した場合、キャップ、デスクに連絡します。この時、必ず見出し案（**仮見出し**とも言います）を作って、すぐにデスクや部長などに内容やそのニュース価値が伝わるようにします。記者は大きなニュースだと判断した場合、記事の大まかな内容を横書きでメモにした「**スケルトン（記事の骨組み、レジュメとも言う）**」もデスクに提出します。つまり、記事自体を書く前に、記者はかなり詳細に取材してニュースの中身を詰めておかなければなりません。

③　大きな記事の場合、記者がデスク、キャップに記事の内容を電話などでプレゼンします。デスクは記者の説明を受け、内容に納得したら、担当面でどのニュースをアタマ、ワキ、段ものにするかを設計します。この間に記者は記事を執筆します。デスクが記者に対して、不足している要素の**追加取材を命じる場合もありますので、そういう時には記者から企業広報に電話などで問い合わせをする**こともあります。

④デスクが紙面設計とアタマ記事などの内容を部長に説明します。部長はデスクに対して、記事の中で修正してほしかったり、追加してほしかったりする部分を指示します。デスクに指示を出した後、部長が編集局の局次長らに記事の内容を説明することもあります。**新聞記事の掲載の手順は、こうした伝言ゲームや社内調整のオンパレード**ですから、記者の取材がしっかりしていないと、とても部長や局次長、局長まで話が通りません。つまり、**取材される側の企業広報が記者に対してしっかりした情報を出せなければ、記事はなかなか掲載されない**ということです。同じネタでも広報の能力次第で記事が掲載されたり、されなかったりする理由です。

⑤記者は、デスクや部長が社内調整をしている間に、修正したスケルトンをもとに記事を執筆します。見出し案（仮見出しとも言います）もつけます。執筆が終わったら、記事をデスクに送信します。

⑥デスクは記者から送られてきた記事を編集します。原稿の中で必要な要素が不足していたり、書き方がわかりにくかったりすることがあるためです。送られてきた記事の出来に応じて、デスクは記者に書き直しを命じたり、自分で記事を一部修正したりします。内容が一定の水準に達したら、デスクは紙面全体のレイアウトや見出しなどを担当している「整理部」に送信します。

⑦整理部は、送られてきた記事の見出しやレイアウト、記事の扱いを確定します。大半の記事が出そろうと、整理部は紙面のレイアウトを作り、「ゲラ」（紙面のイメージのこと。「刷り」と呼ぶ場合もあります）を出します。デスクや記者はゲラを読みながら、さらに原稿の推敲を重ねていきます。新聞は読者からの信頼が生命線ですから、間違いは許されません。このため、記者やデスクはもちろん、間違いを探して修正する専門部隊に所属する**「校閲記者」**も記事を熟読し、内容に矛盾点などがあればデスクに指摘します。

⑧デスクや部長、局次長らによる紙面会議などを経て、何度か修正を繰り返して紙面化していきます。新聞は最新の情報を反映するために、朝刊だけで4回ほど新しい版（「版建て」の仕組みについては、①の「知っておきたい業界用語」の箇所を参照してください）の新聞を出します。記者は、自らの記事を修正するたびにデスクから問い合わせを受けたり、自ら記事を修正したりする必要があります。企業広報は、万が一、自社が提供した情報に誤りがあった場合は、可能な限り迅速に記者に連絡することが大事です。

≫企画記事の場合の掲載の流れ

ストレートニュースと企画記事（囲みや特集になることが多い）では、記事の掲載の流れにも違いがあります。

①　記者、キャップ、デスクが新しい企画を会議や電話等で相談します。囲み記事は一つの面に原則毎回ありますから、事実上、記者が定期的に書かなければならないノルマになっていることも多いです。記者は企画会議の前に、取材をしたり、インターネットなどを通じて情報収集をしたりして、企画案のたたき台を作り、デスクやキャップにプレゼンテーションをします。この時に記者の**取材ができていなかったり、テーマへの理解が進んでいなかったりすると、そもそも企画が通りません。企業の広報担当者としては、できる限りの説明をして、必要な業界の知識について記者に深く理解してもらうことが大事です。**

②　デスクが部長に企画案を提出します。デスクは記者からのスケルトンを修正した上で、部長に内容をプレゼンします。プレゼンの内容が面白くない場合は、ボツにされることもあります。採用された場合も、部長からは改善点などの指摘があります。

③　部長が了承した場合、記者はテーマと関連する取材先にアポイントを入れて、さらに詳しく取材をします。記事を補強するために、裏づけとなる試算やデータなどをシンクタンクのアナリストなどから入手することもあります。こうした取材を経て、記者は記事を執筆します。おおよそ**10の取材をした場合、その中の9はボツにし、厳選した1だけが記事になると考えていただいて結構です。記者は取材をして面白い部分だけを抽出して執筆する**わけです。記者個人が当初記事に入れていても、デスクや部長が削ってしまうこともあります。つまり、記

記事になって表に出ていくのはほんのわずかです。記事は、日本酒の場合の「大吟醸」みたいなものと言って良いかと思います。

④ 記事を執筆したら、キャップのチェックを経て記者はデスクに原稿を送信します。キャップは後輩記者が書いた記事を読んだ上で、デスクに提出できる水準まで原稿を修正します。必要がある場合は、記者に追加取材を命じることもあります。

⑤ デスクが記事を編集します。記者が送ってきた記事の出来が悪い場合、書き直しを命じる場合もあります。内容が良い場合も、デスクが改善した上で整理部に送信します。**1面などに掲載される重要な企画記事の場合、デスクが修正した原稿を部長がチェックし、修正を求める場合もあります**。こうして修正した原稿は、記事の見出しや紙面のレイアウトなどを決める部署である整理部に送られます（ちなみに、最近はデスク自身が整理部の代わりに見出しやレイアウトを決めることも増えてきました）。

⑥ ここからは基本的にストレートニュースと同じです。紙面会議などを経て、何度か修正を繰り返しながら紙面化されます。

A社（中堅BtoB企業）社長
A社 広報部部長
うちの会社も大きくなってきたな今後は知名度を上げていかないとね
そうですね メディアに取り上げてもらえるような記事ネタがあればいいんですが
お金を出せば記事を書いてくれるだろう？新聞とか雑誌にじゃんじゃん記事を載せてもらえばいいじゃないか
いくらくらいかかるの？
ちょっと待ってください!!
お金を支払っても報道はしてもらえませんよ
え？なんで？
メディアの報道は公正中立 お金を出した会社だけを優遇したら信頼してもらえないですよ 広告ならお金を払えば出してもらえますよ
公正中立
じゃ！広告でいいよ広告で
ただ広告と報道はまったく違うので読者の受け止め方も大きく変わるとは思いますけど…
私だって広告と報道の違いくらいちゃーんとわかっているよ
おいおい
でも新聞記事も宣伝みたいなものだし広告記事も報道みたいなものじゃないか似たようなものだろう
違います…
いやですから…

4 【相手を知る編】報道と広告は全然違う お金を出してもメディアは支配できない

≫報道と広告の違いをきっちり理解しよう

従来、メディアと関わりがなかった**企業が知名度を高めようとする時、ネックとなるのがメディアへのリテラシーのなさ、つまり知識や理解不足**です。広報担当者がある程度理解していても、他部署の人たちはまったく理解していないし、理解する気もない、ということはよくあります。前ページの漫画に出てきた社長さんのように、自分でメディアのことを理解しているつもりになっているだけで、実際には誤解しているという人もいるでしょう。まずは報道と広告の違いやその長所・短所について、**経営陣を含めた会社全体で正確に理解**して、どう活用するのかを考えることが、知名度向上への第一歩です。

≫報道は無料で信頼度が高いが、掲載ハードルも高い

報道と広告の大きな違いは、お金がかかるかどうかです。**報道は無料ですが、広告は有料**です。もし前向きな報道をしてもらえるのであれば、これほどコストパフォーマンスの高いものはありません。報道の場合は、第三者である記者が取材します。記者はあくまで読者のために中立公正な記

事を書きますから、広告に比べて読者からの**信頼度も高い**わけです。しかし、**記事の内容は外部からコントロールできません**。報道の場合、広報担当者は、自社を取り上げた記事でも都合良く記事を修正することができません。自社に何らかの問題がある時には、批判記事を書かれることすらあります。また、特にBtoB企業や中小企業は、メディアの読者から遠い存在であるために、前向きな記事を掲載してもらうのが容易ではないという難しい状況もあります。

たまにですが、一部の方から「メディアの記事は広告主の意向に配慮しているのではないか？」「お金を出せば批判記事を書くメディアを黙らせることができるのではないか？」という憶測を聞くことがあります。しかし、**お金ではメディアの論調を支配することはできないと思ったほうが賢明です**。むしろ、「お金を出すから自社に都合の良い記事を書いてほしい」などと記者に言えば、その会社は「非常識だ」とみなされて記者やメディアの態度が硬化し、かえって批判記事を招きかねないと思います。

記事をお金で買えない証拠に、**私は記者時代に、一度も広告主や経済団体の意向を配慮するよう要請されたことはありません**。それどころか、「正当な批判記事は中長期的に見れば、その企業のためになる」と先輩記者や上司から教えられてきました。特に大手新聞では、こうしたジャーナリズムの考えが徹底していると考えられます。大手新聞社が株式上場しないことが多いのも、特定の株主に言論の自由を左右されないためだと言われています。もちろん、お金を支払えば提灯記事を書いてくれるメディアがないとは言い切れませんが、そんなメディアは読者の信頼をどんどん失い、いずれ読者から見放されてしまうのではないでしょうか。また、万が一、提灯記事で埋め尽くされているようなメディアがあったとするならば、私はそんなメディアに自社の記事を積極的に掲載してもらう価値はないと考えています。

≫報道は売り上げに結びつきやすい！ 知名度よりも認知度

広報担当者は、自社の営業担当者から相談されることもあるでしょう。営業担当も「メディア掲載をどのようにして新規の契約や売り上げに結びつけていけば良いか」を知りたいという方が多いからです。「自分がやった仕事をメディアに掲載してもらえないか？」といった相談もあります。営業担当者から「メディア掲載のおかげで、営業にこんなプラスの効果があった」と聞くこともよくあります。

私は営業担当者から、**テレビCMや広告を打っている企業は、知名度は上がるものの、新規契約にはさほど結びつかないことが多い**、という話を聞いたことがあります。報道は、その会社がどんな事業を手がけているか、どんな新しいサービスを始めるのかを伝えます。広告の場合はイメージ広告だけのことも多く、知名度は上がるものの、売り上げには結びつきづらいというわけです。

こちらは知人から聞いた話ですが、ある大ヒットしたCMでは、企業の知名度は抜群に上がったものの、新規の契約はほとんど増えなかったそうです。そこでCMの中身を見直し、新聞記事に近い形で商品やサービスを詳しく説明するような内容にしたということでした。

一方で新聞記事などの報道について、営業担当から聞いた話は真逆でした。私は彼らから「記事が掲載された新聞を持って行ったら、話を聞いてもらえた」「交渉の最終段階で新聞記事が出て、新規契約の後押しになった」といった感謝の声を多く聞きました。自分が雑誌に寄稿した記事を見せたら「相談は必ずあなたにしますよ」と経営者から言われたという話もありました。

世の中にイメージ広告はありますが、イメージ報道はありません。報道はあくまで、具体的にどんな商品やサービスなのかニュースとして情報を伝えるわけです。つまり、**報道は知名度だけでなく、企業の認知度を引き上げる**のです。

認知度が高いとは、その企業が「どんな事業に携わっているのか」、あるいはその商品やサービスが「どんな内容で、どのように役立つか」などを理解してもらえている状態です。知名度が高いのはただ企業の名前が知られているだけで、何をやっているかはわからないという状態です。「CMで名前は聞くけれど、どんな会社かはわからない」ということです。

報道は広告と違い、企業の認知度を向上させ、さらに信用力を高めてくれます。しかもお金はかかりません。これほどハイパフォーマンスなものはないと私は考えています。

もちろん、それだけに前向きな報道をしてもらうのは難しいことではあります。BtoBや中小企業であればなおさらです。しかしこの本には、私の記者と広報の経験に基づいたメディア掲載のためのキーポイントが詰め込まれていますから、ぜひ参考にしていただければ幸いです。

≫広告は有効に使えばプラス、簡便さに潜むワナに注意

それでは、広告はいかがでしょうか？　**広告は料金がかかりますが、デザインや内容、露出するタイミングなどについて、原則として自社で決めることが可能**です。つまり、自社にとって都合の

良い内容を、新聞や雑誌の紙面やテレビCMなどを使ってアピールできるわけです。BtoB企業だろうが、中小企業だろうが、お金を出せば広告は出せます。資金が潤沢にある会社は、広告を利用するのも一つの手だと思います。

ただ、広告を出す場合には注意することがあります。それは、現代の**読者や視聴者は、広告は広告主にとって都合の良い情報を流すものだ、ということを知っている**ことです。広告記事（記事形式になっている広告）でも、必ず「これは広告です」といった文字が明記されたり、テロップが流れたりします。

この本を読んでくださっている方々も、「広告」という文字を見たとたんに、「内容への信頼性が薄れたような気がして読まなかった（あるいは見なかった）」、という経験をしたことがあるのではないでしょうか？　つまり、**広告はメディアに掲載されるという意味では報道と同じですが、読者にとっての信頼度は、報道と比べて大きく劣る**わけです。

また、広告には隠れたワナがあります。お金を支払えば誰でも出せるので、**広告に頼りすぎると広報が前向きな記事を掲載してもらう努力をしなくなり、広報としての力量がつかない**、または力が衰えることです。つまり会社の広報力がどんどん落ちていくわけです。「何も一生懸命頑張って報道なんかしてもらわなくても、お金を払って広告を出せばいいや」という考えになってしまえば、いつまでたっても報道はしてもらえません。仮にあなたが読者だったとして、「報道でまったく見ることがなく、広告だけでしか見ない会社」を、本当の意味で信頼できるでしょうか？

≫報道と広告、両者の長所を組み合わせることが大事

これまで報道の有用性について述べてきましたが、私は広告に意味がないなどとは思っていません。むしろ、有効に使えば大きなプラスになるものです。改めて報道と広告の長所と短所をまとめてみましょう。**報道の長所は、大きく言えば、①無料、②信頼度が高い**――ということです。**短所は①自社の都合の良いように記事を修正できない、②掲載のハードルが高い**――ということです。**広告の長所は、①自社の都合の良いように内容や掲載時期を決められる、②掲載のハードルが低い**――ということです。**短所は、①有料で、露出すればするほどお金がかかる、②報道よりも一般に信頼度が低い、③過度に依存すると広報力が衰える**――ということです。

つまり、報道と広告はどちらかが一方的に良い、悪いということはありません。知名度を高めるためには、それぞれの長所を組み合わせて、効率的に利用できるようにすることが重要だと思います。例えば、報道を多くしてもらっているメディアに広告を出せば、露出がより増えて、さらなる知名度向上が期待できます。あるいは、記事掲載をしてもらえなかったメディアに広告を出したことをきっかけに、つながりができ、記事を掲載してもらえるようになることもあります。

5

【相手を知る編】掲載してもらいたいメディアを探すには

≫発行部数や視聴率だけを基準にしないワケ

「会社の知名度を引き上げるためにメディアに記事を掲載してもらいたい」と思った時、広報担当者はどんな基準でメディアを選び、掲載を目指せば良いのでしょうか？　「自分が知っているかどうか、聞いたことがあるかどうか」でしょうか？　または「何となく有名かどうか」でしょうか？　それとも「メディアの発行部数や視聴率」でしょうか？　私の場合は、**発行部数や視聴率をはじめとした三つの基準を組み合わせ**て、信頼できるメディアを判断し、掲載を目指すことにしています。

メディアの影響力を判断するためには、とても便利な指標があります。その指標は**新聞や雑誌なら発行部数、テレビなら視聴率**です。発行部数は一般社団法人日本ABC協会が発表しているものを利用するのが便利かと思います。同協会は新聞、雑誌、フリーペーパー等の発行社からの部数報告を公査し、その結果を公表する活動を行う業界団体です。メディアが自称しているものではなく、第三者が出している数字ですから、信頼性が高いと言われています。

もっとも、この発行部数だけを基準にしてはいけません。インターネットの普及で、紙の部数だけではメディアの影響力を判断しづらくなってきているためです。各メディアは印刷する紙メディアだけでなく、インターネットに専門サイトを設け、記事を配信するようになりました。ネットの記事だけを読んでいる人も徐々に増えています。特に**日経新聞の場合は電子版が普及していますので、紙の部数に加えて電子版の契約数も考慮に入れる必要がある**でしょう。

「紙メディアの発行部数だけで判断してはいけない」と私が考えるもう一つの理由に、一部報道などで、いわゆる**「押し紙」**が含まれている可能性が指摘されていることがあります。押し紙というのは、新聞社が売れるメドの立たない新聞を販売店に引き取ってもらうなどして、実際には配っていないのに印刷し、配ったことにすることです。

新聞や雑誌などがもらう広告料金は、その部数によって変わってきます。部数が多いほど広告料金も高くなるわけですから、できる限り部数を多く見せたいという会社があってもおかしくはありません。私たち自身が「実際に押し紙が存在するのか、どのくらい存在するのか」について検証するのは難しいと思いますが、公表されている発行部数は、メディアの影響力を示すすべてではないと私は考えています。

テレビの場合は**「視聴率」**が影響力を判断する基準の一つになります。ビデオリサーチ社などが調査して発表しています。視聴率はいくつかの手段で調査されています。例えば、視聴率調査会社が、調査協力を受けた個人宅に測定器を設置して調べる方式や、オンラインで調べる方式などがあります。もちろん、統計的に意味のある数字を出しているとはいえ、全世帯の視聴動向を調べているわけではありません。自社の顧客や取引先が見ているかはわかりませんので、こちらも影響力などを調べる判断材料の一つだと考えています。

≫自社の業界に関連するメディアかも重要なチェックポイント

広報担当が自社の記事を掲載してもらうかを判断する上では、そのメディアが自社の業界に関連したものかどうかかも重要です。朝日新聞や読売新聞、日経新聞、大手の雑誌、NHK、民放各局のように、たくさんの読者や視聴者を持つメディアは、一般的に大きな影響力を有しています。しかし、**自社の業界に関連のある専門紙が、顧客に同等以上の影響力を持っている**場合もあります。全国紙は総合的な情報を得るためにざっと読むだけで、専門紙や専門の雑誌を熟読する人もいるからです。

「大半の企業広報が最も掲載してもらいたいのは、経済紙最大手の日経新聞だ」などと言われることがありますが、その理由の一つは、すべての企業が「経済」につながっているからだと思います。

ただ、それぞれの新聞の紙面には限りがあります。「新聞に掲載してもらいたい」と思う広報担当が多いほど、競争率は高くなり、掲載してもらうのは難しくなります。1回くらい掲載されるのは可能かもしれませんが、**定期的に多くの記事を掲載するのは難しい**面もあります。仮に自社の記事が半年に1回掲載されたとしても、頻度は1年間でたった2回にすぎません。**記事が掲載される頻度が少なければ、自社がターゲットにしている顧客がその日の新聞をきちんと読んでいる保証はありません**。自分が毎日、新聞をすみからすみまで熟読しているかを考えてみれば、すぐにわかりますね。私が掲載してもらいたいメディアを決める時に「部数や視聴率は参考にするが、それだけで決めてはいけない」とお話しするのは、こうした事情からです。

≫メディア情報の信頼度調査をチェックしよう

私がもう一つの判断材料にしているのが、**メディアの信頼度の調査**です。自社の知名度向上といっても、良い意味で知名度を引き上げなければ意味がありません。悪い意味であれば、むしろ知名度は上げたくないものです。つまり、多くの人に信頼されている良質なメディアに記事を多く掲載してもらうことが大事です（もちろん、あまりにメディアを限定しすぎては、知名度が上がりませんのでご注意ください）。

それでは、どうやってメディアの信頼度を調べれば良いのでしょうか？　例えば、公益財団法人の新聞通信調査会は、定期的にメディアの信頼度を調査しています。同調査会は２０２１年11月には「第14回メディアに関する全国世論調査」を発表しました。信頼度が最も高かったのはＮＨＫ、次いで新聞、民放テレビ、ラジオ、インターネット、雑誌の順番でした。

信頼度を示す指標はほかにもあります。英オックスフォード大の研究所は、世界の46カ国・地域で実施した「メディアに対する信頼度調査」を公表しています。２０２１年の調査では、日本の大手ニュースメディアで最も信頼度が高かったのはＮＨＫ、次いで日経新聞、日本テレビだったそうです。もちろん、こうした調査がすべてを表すわけではありませんので、絶対視するのは禁物ですが、参考にはなると思います。

こうした調査は複数ありますので、総合して分析すると、どのメディアが読者の信頼性が高いのか、一定の傾向が見えてくるでしょう。また、メディアの部数や視聴率、信頼度は時代によってどんどん移り変わっていくものでもあります。例えば、現在は下位に甘んじているインターネットメディアも、将来的にはフェイクニュースなどの審査をよりしっかり行ったり、より多くの新聞や雑誌が電子版に本格参入したりして、信頼度を高めていくかもしれません。企業の広報担当者は常にこうした状況をチェックした上で、記事掲載を目指していく必要があると思います。

≫広報担当も自ら読み、取材してメディアを判断しよう

最後に、私が最も大事な判断基準だと考えていることをお伝えします。皆さんは「自社の記事を掲載してもらいたい」と考えているメディアを、自分でも読んでいるでしょうか？ これまで紹介してきた発行部数や視聴率、信頼度の調査は、あくまで第三者が実施した調査です。これらは参考にはなるものの、**最終的に信頼できるかどうかは、自らがしっかり調査、取材することが大事**だと思います。自ら読み、取材することによって、そのメディアを信頼できるかどうかがわかるだけでなく、そのメディアに掲載してもらいたい気持ちも強まり、どう掲載してもらうかの戦略も立てやすくなります。さらに、自社の顧客が読者に多くいそうかどうかも判断しやすくなります。広報担当者自らの調査、取材はまさに「一石三鳥」というわけです。

では、どうやって自分で調査すれば良いのでしょうか？ 第1章の⑤でお話ししたように、まずは大きな書店に行ってみましょう。自社に関連がありそうな新聞や雑誌などを購入して、1部または1冊、目を通してみます。その際はただ漫然と目を通すのではなく、**広報のプロとして読む**ようにしましょう。

≫「広報のプロとして」メディアを読むとは

先ほど「広報のプロとして読む必要がある」とお話ししましたが、「それはどういう意味？」と思う方も多いと思います。

読者としてメディアを読む場合は「自分のためになる情報が入っているか」「記事が面白いかどうか」という視点で読みますよね。**プロとして読むというのは、「記事を掲載してもらう価値があるかどうか」「記事を掲載してもらうにはどうしたら良いか」「自分が記者であれば、どんな記事を書きたいか」という視点で読む**ということです。

これはあくまでも私の場合ですが、まず信頼できる新聞や雑誌かどうかを判断する際に、「**ちゃんと取材をして書いている記事が掲載されているかどうか**」を探るようにしています。記事の中身に推測が多かったり、ほかのメディアの受け売りだったりすると感じる場合は、きちんと取材できていないと判断しています。推測の多い記事なのかどうかは、記事が主張していることについて、しっかりとした根拠が示されているかどうかで大体わかります。

例えば、記事で「こうした傾向が増えている」と書いているのに、その根拠になるデータや取材内容が示されていない場合は、記者が勝手なイメージをもとに記事を書いていることがあります。また記事の主張に複数の根拠や事実がない場合も、一つの情報源だけに話を聞いて、それだけで判断した偏った記事のリスクがあります。掲載されている記事が、記事ではなく記者の主張になっていたり、論調が偏っていたりするケースも、読者としては面白いと思うことがあるかもしれませんが、広報担当者として掲載してもらいたいメディアだと私は判断しません。

私は若手の記者時代、記事を執筆する際に、当時のデスクやキャップから、必ず「信頼できる複数の取材先から確認を取る」こと、「根拠のあるデータを示す」こと、ある主張をする際は、「逆の立場の主張をする人にも取材し、逆の見方をする人もいることを短くても言及する」こと――などを厳しく指導されました。先輩たちがこんなことを口うるさく言っていたのは、多様な視点を総合し、正確な根拠をもとに記事を書くことで、偏った主張を防ぐためだったのだと思います。私は、こうした経験から、多くの根拠を持って説得力のある記事を書いている場合は、信頼できるメディアであることが多いと考えています。

≫メディアを「自ら取材する」方法

では、掲載してもらいたいかどうかを判断する際に、「自ら取材する」とはどういう意味で、一体どうしたら良いのでしょうか？　私の場合、**何よりも重視しているのは、その新聞社や雑誌社、テレビ局の記者に直接会って話を聞き、意見交換をする**ことです。

「どんな話をすれば良いかわからない」という方は、例えば自社の業界に対する意見を聞いてみる、あるいは最近の時事ネタについて事前に調べておいて、記者の意見を聞いてみると良いかと思います。担当になりたての記者は、業界ネタについては知らないこともあるかもしれませんが、その場合は真摯かつ熱心にこちらの話を聞く姿勢を持っているかどうかを見極め、信頼できるかどうかを判断すれば良いでしょう。仮に大きな新聞社や出版社ではなかったとしても、記者の考え方がしっかりしていて、優秀であれば、きちんとした記事を書いてくれる可能性が高いと思います。

一方で、大きなメディアだったとしても担当記者の考え方が偏っていたり、根拠のない記事を量産したりしているようなケースは要注意です。自社も偏った論調で報道されてしまうリスクが高まるためです。大きなメディアは、入社時の競争率が高く、選別が厳しいだけに優秀な人が多いのは確かですが、記者も人間ですので十人十色です。きちんと記者に会って（無理な場合はオンラインで）意見交換し、きちんとした記者なのか、しっかりしたメディアなのかを判断することが、間違った情報や偏った論調の記事を書かれないためには最良の道だと思います。（私は経験がありませんが、仮に電話やメールの段階で記者が問題のありそうな人物だと判断した場合、そもそも会わないほうが良い、取材もしてもらわないほうが良いということもありえます）

ただ、広報担当者の中には「そんなことを言っても、記者が自分に簡単には会ってくれないのだから、記者の話を聞くなんて、まして意見交換するなんてとても無理だ」と悲観的になってしまう方もいらっしゃるかもしれません。しかし、そんな時でも、どんなメディアに記事を掲載すれば効果的なのかを探る手段はあります。

まず、**顧客に話を聞く機会の多い自社の人たち、例えば営業担当者に話を聞いてみましょう**。営業担当は取引先の企業を訪問することが多いため、その時に本棚に置いている雑誌や新聞を見ているケースがあります。あるいは、取引先の社長や役員と「○○新聞によると、こんなことがあったらしいね」などという会話をすることも多いでしょう。さらに、営業担当者から顧客の経営者や取引先のパートナーに、実際にどんなメディアを読んでいるかを聞いてもらうのも一つの手だと思います。営業担当者や投資家と意見交換するＩＲの担当者から、「どのメディアに掲載してもらえると彼らの仕事にプラスになるか」意見を聞いてみるのも良いでしょう。自分が取引先の広報とつながりがある場合は、会話の中でさりげなく、どんなメディアを読んでいるかを聞いてみるのも参考になると思います。

6 【己を知る編】BtoB企業の報道価値を改めて認識しよう

≫新聞の9割以上は企業ニュース以外で占められている

メディア掲載の前提として、最も大事なことの一つは、自社や自分の立ち位置を正確に知ることです。自社がメディアからどう見られ、業態としてどの程度の関心を集められるのか。己を知ることなしには、メディア戦略は立てられません。

新聞には、社会面、政治面、経済面など、いろいろな面があります。一般の読者は経済ニュースだけを読みたいわけではありません。日々のニュースは経済だけでなく、事件や事故、国会や内閣の動き、スポーツ、海外諸国の動向など多岐にわたり、新聞社は読者の多様な「知りたい」ニーズに応える必要があります。もちろん、1面、総合面の一部にも企業ニュースが入ることがありますが、常に入るとは限りません。

ニュースはいつ飛び込んでくるかわかりませんので、新聞の紙面はその日ごとに変わりますし、1日の中ですら時間帯ごとに変化します。このため企業ニュースが1面や総合面にどのくらい掲載されるのか、そもそも掲載されるのか、されないのかは日ごとに違います。新聞紙面の中で最も重視されている「1面」には、読者すべてに関係のある、政府の制度変更や新戦略、政治の動き、株式市場や為替市場、社会に大きな影響を与える事件などの動きがよく入ります。

つまり、**日経新聞ですら、企業の話題が常に紙面の主役とは言えない**状況です。経済を重視する日経新聞でもそうなのですから、ほかのメディアが企業ニュースに割けるスペースははるかに少ないと言えるでしょう。

≫日経新聞では「ビジネス面」に注目

では、企業ニュースが常に掲載されている面はどこでしょうか。例えば日経新聞の場合、企業ニュースが入るのは「ビジネス面」と「スタートアップ面」「投資情報面」です。金融機関のニュースであれば「金融経済面」があります。「ビジネス面」には企業の新サービスや新商品、需要増大に伴う増産計画、企業買収や提携、企業の海外戦略の変更といったニュースが掲載されています。「投資情報面」には、決算の先取り記事や財務関連の記事が掲載されています。**新サービスや新商品などをアピールするためには、広報担当者は特にビジネス面やスタートアップ面への記事掲載を狙っていきたい**ところです。（ちなみに、紙面の名称は紙面刷新などにより変更されることがよくあります。ここで示したものは本書執筆時点のものです）

ただし、紙面をよく見てください。**ビジネス面のページ数は紙面全体の中の10分の1もありません。日経新聞以外の全国紙の場合は、さらに企業ニュースのスペースは限られます**。企業ニュースが、政府の経済政策ニュースと同じ「経済面」に集約されていることが多いためです。私も記者クラブで、「せっかく取材して書いたのに、（企業ニュース関係の）記事がボツになっちゃったよ」という、他社の記者のボヤキを何度も聞かされたことがあります。それだけ、企業ニュースが入る余地が少ないということだと思います。

広報担当のあなたが「記事を掲載してもらいたい」と思っているということは、他社の広報も同じように「記事掲載してほしい」と思っているということです。当然、競争率は非常に高くなります。広報担当者や経営者は、こうしたニュースの需給関係をしっかり理解した上で、広報戦略を立てる必要があります。

久しぶりだね 広報部に異動したみたいだけど どうだ？ 仕事には慣れたか？
よっ!!
いやー 厳しいです 広報の大変さは 実際にやってみて はじめて知りました
記者たちはわが社に 注目してくれませんし 毎月プレスリリースを 流してもなかなか記事を 掲載してくれません 試行錯誤の日々で 大変ですよ
そうなの？ うちは上場している企業だよ 社員だって千人近くいるし 規模も大きい 新聞記者は ぜひ取材させてくださいと お願いしてくるのでは？
甘い!!
甘すぎますね
上場企業って何社あると 思ってるんですか？
そりゃ 100社以上は あるだろうけど…
正確には知らないけど…
約3800社
上場企業は何千社も あるんですよ 今や上場企業は 『希少動物』ではないです それに我が社は BtoB企業ですしね 広報をやってみれば わかりますよ
ホント大変ですから…
まあ そんなに興奮するな 大変なのは お互い様だろ がんばろう ハハハ
コーヒーおごるよ…
ハア～

B社（BtoB企業）役員

B社 広報部部長〈元新聞記者〉

7 【己を知る編】企業の業態・規模別のメディア注目度ランキング

≫全国紙にとって優先度ランキング1位は「ＢｔｏＣの大企業」

漫画（これは実話ではありません）で示されている通り、ＢｔｏＢの中小企業に対するメディアの注目度はもともと高くありません。**自社の記事を掲載してもらいたい企業広報にとっては、全体の10分の1以下にすぎない限られた企業関連の面の奪い合いで、タフな戦いになります**。さらに深刻なのは、社内でそのことを理解してくれない人が多いことです。広報への理解がない状況をそのまま放置しておいては、広報担当者はうまくいかなければ責められ、頑張って広報活動を成功させても評価されず、やる気を失ってしまう——という悪循環に陥ってしまいます。

このような悪循環は、会社にとって「百害あって一利なし」です。また、自社の立ち位置を正確に把握しなければ、会社としての正しい広報戦略も立てられなくなり、知名度向上や業績改善への重要なツールを台無しにしてしまいます。仮に経営者が広報の重要さを理解していても、「うちの広報が無能だから、知名度が上がらない」と誤解し、担当者をすぐに異動させてしまうなどしては、会社としての広報能力がいつまでたっても高まりません。

問題解決の第一歩としては、広報担当者自身が、メディアにとっての企業ニュースの一般的な優先順位がどうなっているかをしっかり把握し、経営者や他部署の人にきちんと説明できるようにしておくことです。まずは全国紙の場合に、掲載されやすい企業ランキングを説明しましょう。（ここで言及するのはあくまで原則論です。当然ながら例外は存在します）

最も掲載されやすいのは「BtoCの大企業」です。例えば、トヨタ自動車やソニーといった多くの方々がご存じの有名企業ですね。こうした企業は、読者（個人）のほとんどが名前を知っており、個人的に製品・商品を利用していることも多いため、企業の動きが少しでもあれば、読者自身に影響を与える可能性があります。つまり、読者にとって「読みたい」ニーズが非常に多いわけです。

BtoCの場合、超大企業でなくても一定の規模を持つ企業であれば、読者が製品を利用していることが多く、掲載されやすいと言えるでしょう。

≫BtoBでも日本経済を動かす超大企業は掲載されやすい

次に掲載されやすいのは、「BtoBの超大企業」です。こうした企業は直接、個人が取引することはありませんが、極めて規模（売上高や時価総額）が大きいために、その動向が日本経済や日経平均株価に大きな影響を与えます。さらに、多くの人々が従業員として働いていたり、または取引先企業が多かったりするため、利害関係者が多いという意味合いもあります。企業規模が大きいために、子会社として注目されるBtoC企業を抱えている場合もあります。こうしたことから、BtoB企業とはいえ、メディアとしてニュースが取り上げる優先順位が高いわけです。

一方で、超大企業ではないBtoBの場合は、一定規模の企業（大企業を含めて）ですらも、なか

なか記事掲載されづらいのが現実です。だからこそ、「名前を聞いたこともないようなBtoB企業が、実は売上高や従業員数から見ると大企業だった」といった状況が発生してしまうわけです。先ほどの漫画のように、社員たちが「なぜうちの会社は、それなりの規模なのに知名度が低いのだろう」という見方になってしまえば、いずれ「広報部は何をやっているのか。さぼっているのではないか？」などという理不尽な不満にもつながりかねません。もちろん、これは広報担当だけの問題ではなく、会社全体の問題です。こうした状況を**放置しておけば、いつまでたってもその会社は「知る人ぞ知る企業」のまま**になってしまいます。

三番目に掲載されやすいのは、「BtoCの中小企業や新興企業」です。例えば、インターネット関連やゲーム関連といった企業がこちらのカテゴリーに入ります。BtoCの大企業と同様、こうした企業は個人である読者が自社の顧客であるケースが多いことが、記事掲載に有利に働きます。ただ、記事掲載の優先順位はあくまで三番目ですから、広報担当者の力量によって、掲載記事の多さには大きな差がつくことになります。

≫業界No1でないBtoB企業は最低ランク

四番目は「一～三番目までに含まれない業界No1企業」です。業界1位の企業は、記者がその業界を取材する際に最初に取材をする企業です。社長インタビューや業界動向を伝える企画記事などで、積極的に取材対応していけば、一定以上は記事を掲載してもらえると思います。ただ、限られた紙面を取り合っているわけですから、記者からの取材申し込みを待っているだけだと多くの記事掲載は難しいのが実情です。このランクに位置する企業も、広報担当者の腕が試される企業だと言えるでしょう。

さて、**記事掲載が最も難しいのが、「業界No1ではないBtoB企業」**です。特に中小企業は、ほぼ前向きなニュースでは報道してもらえません。厳しいことを言うようですが、こうした企業はメディアにとっては「ランキング外」に位置します。これまで挙げてきた企業に比べて、読者との関係性が薄く、日本経済への影響力も小さいためです。経済記者ですら、自分が担当でなければ、上場企業の社名を知らないことも多いです。こうした理由から、**業界No1でないBtoB企業は、広報担当が頑張らなければ前向きな記事はほぼ報道されませんし、そうなったとしてもメディア側はまったく困らない**わけです。もちろん、広報担当者がいくら頑張っても、やり方が間違っていれば報道してもらえないでしょう。実際、私が新聞社からの転職後に広報を任されていた企業もこのランクに属していたため、私が当初、メディア掲載に非常に苦労したのは必然だったわけです。

≫「上場企業だから記事掲載される」はナンセンス

前述の会話に出てきた先輩社員のように、「上場企業はみんな有名なはずだ。だから記者は上場企業をありがたがり、取材したいに決まっている」という思い込みはよく聞きます。しかし、実際にはどうでしょうか?「自社が**上場しているにもかかわらず、知名度は上がらず、メディアからもさっぱり関心を持ってもらえない**」と嘆いている広報担当の方々はたくさんいらっしゃるのではないでしょうか。

もちろん、上場企業はそれぞれが基準を満たした立派な会社だとは思います。しかし、メディア側がすべての上場企業について取材をし、記事を掲載したいかどうかは別問題です。実際に、私が企業広報を対象にした講演をさせていただくと、上場企業の方からも「なかなか記事を掲載してもらえない。どうしたら良いか」という相談を受けることが頻繁にあります。

こうした状況は当然とも言えます。単純に、上場企業の数が多いためです。日本取引所グループによると、2022年4月時点で上場企業は約3800社、プライム上場企業だけでも1840社ほどもあります。

では、新聞に記事が掲載されている企業数は何社くらいでしょうか？　新聞の中で企業ニュースが掲載される面は紙面全体の10分の1以下ということでしたよね。しかも、一つの面に掲載されている記事を数えてみてください。10数本にすぎません。1日の紙面で**掲載できる企業はせいぜい数十社～百社程度**（人事情報は除く）でしょう。紙面は全企業に平等に配分されているわけではありませんので、注目されている超大企業は、広報担当がそれほど努力しなくても何度も記事掲載されます。また、数百万社にのぼる非上場会社の中にも、大きな会社、注目されやすい会社はありますので、面白い動きがあれば、メディアはその会社を取り上げるかもしれません。

「記事掲載をしてもらいたい」と考えている膨大な数の会社と、非常に少ないメディアの記事掲載スペースのバランスを考えれば、ごく一部の超大企業、超有名企業を除けば、上場企業だからといって簡単に記事掲載されるはずがないのです。

ＢｔｏＢや中小企業にとって厳しいニュースの需給関係を考えれば、企業側に「上場企業だから記事掲載されるはずだ」などという誤解があるうちは、メディア実績は増えません。まずは**会社全体でこうした間違った思い込みを排除する**ことです。その上で、仮に自社が上場企業でも、「どうしたら記事を掲載してもらえるのか？」「どうしたら取材してもらえるのか？」を真摯に探っていけば、メディアの掲載数を増やす土台ができていきます。

8 【己を知る編】ピンチの中にチャンスあり 逆境は跳ね返せる

≫業界紙や地方紙の性質を理解し、チャンスをつかもう

これまでお伝えしてきたのは一般紙、全国紙の話でした。こうした新聞や、テレビのキー局の場合は、ＢtoＢ企業だからという以前に、掲載や放映のハードル自体が高いわけです。その代わり、部数が多かったり、視聴率が高かったりして、多くの読者や視聴者に絶大な影響力を持っています。

しかし、業界紙や専門誌の場合は、全国紙とは事情が違います。このようなメディアは、特定の業界を専門に扱っているわけですから、**自社が所属する業界の専門紙では、全国紙に比べて記事がぐっと掲載されやすく**なります。記者も面白いネタであれば、喜んで記事を掲載してくれる場合が多いと思います。**全国紙ではベタ記事になってしまったネタでも、業界紙・誌なら、非常に大きく紹介してくれるケースも**あります。これらの媒体の記者は、専門的なニュースでも興味を持ってくれることがあり、全国紙の記者よりとっつきやすいと感じる方もいるかもしれません。

全国紙に比べて部数が圧倒的に少なく、読者層が限られるというデメリットもある一方で、その業界新聞や雑誌が対象としている業界に興味のある人たちが真剣に紙面を読んでいる、というメリットもあります。広報担当の皆さんが、「このネタでは全国紙は難しい」と判断した場合には、

業界紙や専門誌の記者に積極的に連絡し、記事掲載の相談をしてみてはいかがでしょうか？

地方紙も同様です。地方紙の場合は、新聞の本社がある都道府県や地域関連のニュースを重視します。読者がその地方や自治体に住んでいることが多く、地元や地域ニュースに興味がある場合が多いためです。全国紙には掲載してもらえなくても、ある地方や自治体に関連したニュースであれば、掲載してもらえる可能性が高まります。逆に業界紙に掲載されていた記事ネタを、全国紙の記者が読んで、「企画記事のために取材したい」と連絡してくることもあります。広報担当者は、こうした全国紙や業界紙・誌、地方紙などの性質を理解し、その性質を利用して記事掲載を記者にお願いすることが成功の足掛かりになります。

≫多くの企業が広報のやり方を理解していないことこそチャンス

第2章では、自社の立ち位置を知ると同時に、メディアの事情を整理してきました。メディア掲載について、ＢtoＢ企業や中小企業の置かれている環境が厳しいものであることを理解していただいたと思います。ただ、これは環境が厳しいというだけで、不可能というわけではありません。

自らの立ち位置をきちんと理解して、効果的な努力さえすれば、記事掲載は可能です。もちろん、プレスリリースを何枚も出しているのになかなか記事を掲載してもらえないと、「うちはどんなにプレスリリースを出しても、記者に興味を持ってもらえないから、仕方がない」「頑張っても無理」と考えてしまいがちです。記事掲載に向けて頑張ってみたものの、結果が出なかったために、だんだんとやる気がなくなり、ついには記事掲載を通じたメディア戦略をあきらめてしまった企業はたくさんあると思います。特に環境の厳しいＢｔｏＢや中小企業は、半ばあきらめに近い状態になっていることが多く、そもそも会社に広報部を設けていないという企業すらあります。広報担当がほかの部を兼務していて、広報活動をやっても経営者から評価されないという会社もあります。

そうした企業は、たまに記者が取材を申し込んでも対応が悪いことが多く、メディアからの評判も悪くなりがちです。私も記者から「せっかく取材しようと思ったのに、あの会社は広報部がないし、レスポンスも非常に遅い」などといった愚痴を聞くことがよくあります。

しかし、私からすれば、多くの企業がメディアや自社の立ち位置を知らず、効果的な広報のやり方も知らないことは、「非常にもったいない」と思う半面、**こうした状況こそが読者の方々にとってはチャンスになる**とも感じます。「ピンチはチャンス」と言いますが、**ＢｔｏＢや中小企業の広報担当にとっては、メディアに掲載されづらいという逆境こそがチャンス**です。厳しい状況は同業のライバル企業も同じです。ライバル企業が最初から「ＢｔｏＢ企業だから」という理由で記事掲載をあきらめてしまっているとすれば、競争率は低くなります。逆境を乗り越えて、メディア掲載をしてもらえるようになれば、知名度向上でまごつくライバルたちに大きな差をつけることができるでしょう。

記者側からすると、多くのＢｔｏＢや中小企業の広報の仕方を見ていて、実は「こういう情報を出せばいいのに……」「もっとこういう情報の出し方をすれば、記事になるのに」などと感じるケースは少なくありません。しかし、記者はそんなおせっかいを焼いている時間はありません。「わざわざ企業広報を批判するようなことは、言わないほうが自分にとって得だ」という打算的な判断も働きます。結果として、その企業の広報活動は、誰からも何も助言を受けられないまま、やり方を改善できない状況が続いてしまうわけです。

しっかりした事業を手がけている企業であれば、広報活動のやり方を改善すれば、記事掲載は可能になります。この本を手に取った読者の方々は、同業のライバル企業にメディア戦略で差をつける大きな一歩を踏み出したと言って良いと私は思います。具体的なやり方については、第3章以降でお伝えしていきます。

【応用編】

第3章

記者を惹きつける
ネタづくり「最強の方法」

● ● ●

応用編では、記者やデスクの実態を理解した上で、彼らを惹きつける**具体的なネタ探しやネタづくり**についてお伝えします。ネタが面白くなければ、広報担当者がどんなに頑張っても記事にはならないからです。第３章では、記事ネタに求められる３つの視点を解説した上で、具体的な記事の分析方法や記事の執筆方法についてもお伝えします。実践すれば「記事掲載のためには何が大事か」がわかり、課題解決に向けた大きな一歩になるはずです。

B社（BtoB企業）広報部部長〈元新聞記者〉
C社 広報部社員
著者の記者時代
お久しぶりです!!
相変わらず忙しいですか？
ご無沙汰しています お電話いただくなんて 珍しいですね
今日は特ダネが あるんです！
きっと新聞で大きく 報じてもらえますよ！
本当ですか！ どんなネタなんですか？
実は僕がね… なんと…
ん？
会社の社長賞を 取ったん ですよ！
そうですか すごいですね… それで特ダネは 何でしょうか？
ですから 僕がうちの会社の 社長賞を受賞したって 言ったじゃないですか！
あなただけに リークしますから 大きい記事にして ください
えっ?! まさか… それが特ダネ？
そうですか… どんな社長賞 ですか？
僕が本を書いて その内容が優れている ということで社長賞を もらったんです 1面は無理かも しれませんけど 経済面なら大きく 取り上げられますよ！

すごいですね！本当におめでとうございます！
…ただ社内の賞を取ったという記事はちょっと無理ですね書いてもデスクを通りませんし掲載されません
新聞は無理だぞ
御社の広報誌とか社内報に掲載してもらったらいかがですか？確かに素晴らしい話ですからきっと喜んで載せてくれますよ
社内報に載ったって読者が社内の人に限られるじゃないですかそれじゃあしょうがないですよ
ドヤァ…
僕がもらったのはただの賞じゃないですよ社長賞ですよすごい話ですよ
僕の話理解してくれていますか？当然新聞記事になるでしょう
フフン
着信中
別の会社の人
あっ！別の電話がかかってきてしまいましたまた今度ご連絡します
はあ…じゃあ別の新聞記者にリークしますけどいいですか
そうですね連絡してみてはどうですか？載せてもらえるといいですね
それではまた

1 記者やデスクの「三つの注目点」

漫画のエピソードは、実際に私が若手記者の時に経験した、「冗談のような本当の話」です。この電話相手の方はこの後、他社や私の先輩にも連絡したようですが、もちろん記事になることはありませんでした（ちなみにこの方は広報担当ではありませんでした）。この事例はちょっと極端ですが、ここまでではないにしろ、自分のことや自社のニュースを過大評価して、とても記事にはならないようなネタを「ぜひ新聞記事にしてほしい」と、企業や、記事掲載を委託されたＰＲ会社の方々が、記者に要請してくるのは日常茶飯事です。

この本を読んでくださっている皆さんは、記者に対して漫画に示したような行動や要請をしたことはないでしょう。ただ、自社のニュースを過大評価してしまい、「こんなに重要なニュースが、なぜ記事にならないのだろう？」と思ってしまう、という経験はあるかもしれません。真剣に記事掲載を増やしたいと考えている広報担当者が、「どんなネタが記事になるのかがわからない」「こんなに大きな話なのに、なぜ記事にしてくれないのだろう？」という悩みを持つのは、ある意味、当然です。それは、その広報担当者が真剣に仕事に向き合っている証拠だとも言えます。

私は、**広報担当者が「どんなネタがニュースになるかを知ること」「同じネタでも切り口を変え**

て普遍性を持たせ、そのネタの重要性を強調できること」こそが、自社の記事掲載に向けた大きな一歩だと考えます。記者やデスクはどんな視点で、どんなネタを「面白い」と思うのかを理解すれば、広報活動は大きく進歩します。メディアはニュース価値をさまざまな視点から決めていますが、複雑な構造を最初から詳細に説明しても、かえってわかりづらい面があると思います。そのため、ここでは大きく**「新奇性」「トレンド」「意義づけ」という三つの注目点**に分けて説明します。

≫メディアの注目点①「新奇性」とは何か

そもそも、メディアが記事として掲載する「ニュース」とは何でしょうか？　簡単に言うと、「珍しい出来事や新しい情報」のことです。記者やデスクは、「新しいこと」「珍しいこと」を「面白い」「記事になる」と思うわけです。読者も同様に、新しい情報をメディアに求めています。逆に、「すでにほかの会社もやっている」「珍しいことではない」と思われてしまえば、記事にはしてもらいづらくなります。つまり、記事になる条件の一つには、この**「新奇性」**があるわけです。

では新奇性とは、具体的にはどんなことを言うのでしょうか？　まずは、**自社や業界の中で「新しい」**場合です。例えば、自社の「新商品」や「新サービス」です。「新規事業」に進出する、といった情報も、新奇性に当たります。自社のみならず「業界の中ではじめて」のサービスを実施する場合、ニュース価値はさらに高くなります。さらに「日本ではじめて」「世界ではじめて」となれば、大ニュースになる可能性もあるでしょう。

新しい商品やサービスの記事を新聞に掲載する際には、記者はその商品やサービスのどこが新しいのか、これまでとどう違うのかを詳しく取材し、書き込まなければなりません。このため広報担当者は、記者から取材された際に**「具体的にどこがこれまでと違うのか」、「どう新しいのか」を明確かつ具体的に、自信を持って説明できるようにしておく**必要があります。

また新奇性には、**時系列として「新しい」「珍しい」という視点**もあります。メディアは**「これまでではじめて」「10年ぶり」「リーマンショック以来」といったフレーズが大好物**です。こちらは、新しいというよりは「珍しいこと」の範疇に入るわけです。多くの読者にとっては、非常に珍しいことが起こっている状況は面白いニュースである可能性が高く、興味をひきやすいわけです。

特に統計関連の記事は、時系列として「新しい」「珍しい」ことを重視する傾向があります。「〇〇の販売数がリーマンショック前を回復した」「〇〇が10年ぶりの販売増になった」といった具合です。後述しますが、こうした「統計もの」や「アンケート」のネタは自社でも実施し、作り出すことができます。自社で統計やアンケートを集計している場合、こうした時系列での新奇性を強調すれば、記事を大きく掲載してもらえる可能性が高くなるでしょう。

≫メディアの注目点② 「トレンドに乗れ」

新人記者のころ、同期の記者と飲み会や電話で「先輩からこんな説教をされた」「こんな助言を受けた」といった話題で盛り上がることがありました。こんな光景はどこの会社でもありますよね。こうした愚痴のこぼし合いは、ストレス解消のためだけではなく、記者としての大事な情報交換の場でもありました。

中でも私の印象に残っている、同期が先輩から聞いた「記事のネタ探しのアドバイス」が、**「トレンドに乗れ」**というものでした。具体的には、**経済や社会の大きな流れがあって、そのトレンドに乗って、企業や個人などにも一定の動きが出始めている**といった話は記事になりやすい、ということです。以下に事例を二つ挙げて説明します。

事例Ⓐは「環境問題への世界的な意識の高まりを背景に、自動車各社が温暖化ガスを減らす素材の開発に力を入れている」という記事です。この場合、

「背景やトレンド」＝環境問題への注目の高まり、あるいは欧米の自動車会社の脱炭素化の動き
「個人や企業の動き」＝日本の自動車会社が温暖化ガスを減らすような素材の開発を相次いで進めている

――ということになります。

背景やトレンドの説明がないまま、単に自動車各社が温暖化ガスを減らす素材の開発に力を入れている、とする記事では、企業の動きの理由や重要性が理解できないために、記事自体の意味合いが薄れてしまい、読者の関心を集められないでしょう。

事例Ⓑは「少子・高齢化や過疎化で悩む地方都市と企業が連携して、町おこしに取り組む動きが

強まっている」という記事です。この場合は、
「背景やトレンド」＝少子・高齢化や人口減少、都心への人口集中による地方の過疎化
「個人や企業の動き」＝民間企業が相次ぎ地方自治体と連携して、新しいサービスを実施
——ということになります。

こうした**トレンドを意識して記事ネタを考える手法は、企業の広報担当者にとっても有効**です。記者に自社の新しい製品やサービスの背景には何があるのかを、明確に、わかりやすく説明できれば、ストレートニュースはもちろんですが複数の他社のニュースと合わせた「まとめ記事」で使ってもらえる可能性が高まると思います。

これまで、記事ネタを作る際は「トレンドに乗れ」とお伝えしてきましたが、一方で**「トレンドの逆をいく」企業の動きも記事になる場合があります**。例えば「新型コロナウイルスの感染拡大で、世界景気が後退して多くの企業が採用を抑制しているにもかかわらず、A社は採用を強化し、2年後に従業員を現状から倍増させる」といった記事ネタがそうです。

こうした企業の動きは一般的ではなく、珍しく、意外感があるため、ニュースの一定の条件を満たしています。このため、記者やデスクに加えて読者の関心も集めやすいのです。

≫メディアの注目点③　三つの「意義づけ」を意識しよう

読者の皆さんは、記事を大きくする際に何が大事な要素だとお考えでしょうか？　もちろん、ネタのニュース性ですよね。ただ、せっかくの良いネタ、ニュース性のあるネタであるにもかかわらず、記者の力量や広報の説明能力が不足しているために、ネタが過小評価され、大きなニュースとして取り上げられないことはよくあります。**記事を大きくするには、ネタの良さに加えて「意義づけ」が大事**なのです。意義づけがしっかりできていない記事はなかなか大きくなりません。

さらに、**記事の意義づけをうまくできない記者は意外に多い**と私は思っています。小さな記事ばかりを書いている記者の場合、記事中に意義づけを書く経験をほとんどしていないためです。この場合は、広報担当者が意義づけのサポートをしないと、自信があったはずの記事ネタが過小評価され、小さな記事になったり、ボツになったりするという悲惨な状況になりかねません。

では、ここで言う「意義づけ」とは、具体的にはどんなことでしょうか？　ここでは、主な三つの意義づけを紹介します。

一つ目は「読者とどう関係するのか」です。具体的に言うと、そのニュースが「読者にとってどのような意味があるか」「このニュースで起きる出来事が読者の生活や仕事にどんな影響を与える可能性があるのか」ということです。

どんなニュースでも、自分にまったく関係のないことであれば、読者の関心は薄れてしまいます。例えば、「米国の宇宙ビジネス会社のオーナーが宇宙旅行した」ということだけであれば、「そんなこと自分には無関係だ」と思う人が多いでしょう。ところが、「同オーナーが宇宙に旅行に行き、安全であることを証明した。宇宙旅行の価格を1回あたり200万円まで引き下げることにした。宇宙旅行の旅行代が海外旅行に近い水準まで下がり、今後は一般の人でも宇宙への旅が現実味を増しそうだ」となると、読者にとっても身近な話題となるため、興味をひき、記事も大きくなるわけです。

意義づけには、**「このニュースによって、どんな問題や課題が浮き彫りになったのか」というもの**もあります。例えば、「IT（情報通信）大手のA社のシステムに障害が発生した」というニュースがあった場合はいかがでしょうか？　そのままだと、A社だけの問題のように見えるため、それほど大きな記事にはなりません。

しかし、「A社のシステムに障害が発生し、同社のシステムを利用している日本国内の企業にも影響が広がった。今回のA社の障害は、A社のような巨大IT企業に過度に依存する日本企業の課題を浮き彫りにした」といった形で意義づけを強調できれば、**単なる1社だけの問題ではなく、多くの企業の問題でもあることがわかり、記事の重要性が理解しやすくなります**。個別企業のニュースではあるものの、多くの企業や日本経済全体に影響を与える問題ということが明確になるため、記事が大きくなるわけです。

最後に**「このニュースをきっかけにして、どんなことが起こる可能性があるのか、あるいはどんな影響があるのか」という意義づけ**を紹介します。例えば、「B社がCという製品を生産するための工場を新設する」という情報だけでは、ニュースとして大きくはならないかもしれません。

しかし、「B社がCを生産する工場を新設する。Cの生産のために、D社やE社が炭素繊維製の素材を大量に供給する見通しで、日本企業の国内投資や雇用に好影響が広がりそうだ」という記事であれば、読者の印象が大きく変わるのではないでしょうか。このニュースがいかに多くの人たちに関係があり、経済全体に影響を及ぼすニュースかがわかります。このため、記事が大きくなるわけです。

このように、**記事は「意義づけができるかどうか」によって、掲載されるかどうか、記事自体が大きくなるかどうかが決まる**と言っても過言ではありません。広報担当者が記者に会う前に、自社の記事ネタにどんな意義づけができるかを考え、明確に説明できるようにしておくことが、記事掲載に向けて大きく前進するためのカギです。「意義づけ」の重要性を知っているか、知らないかは記者にとっても大事ですが、企業にとっても、広報活動が成功するかどうかに深く関係してくるのです。

2 最強のネタ探し、ネタづくりとは

≫最強の方法① メディアは最高の教科書だ！ 記事の「パターン分析」は必須

前項では、記者やデスクの三つの注目点について説明しました。引き続きこの項では、私が考える「ネタ探し、ネタづくりの最強の方法」をご説明します。

さて、**私が考える最強のネタづくり方法の一つが、メディアに掲載されている記事のパターンを自分自身で分析すること**です。私は「実際のメディアこそが、広報や記者にとっての最高の教科書」だと思っています。

皆さんには、高校受験や大学受験の時に、目標の試験の過去問を解いて「傾向と対策」を立てた経験はありませんか？ 学校や予備校、塾の先生の多くが、「受験に成功するには試験問題の基本的なパターンを学びなさい」と教えています。私もその通りにしました。受験で合格点を取るためには、過去問のパターンを理解することが効率的だからです。

では、新聞などのメディアに記事掲載を目指す場合はいかがでしょうか？ **広報担当者の場合は、掲載を目指すメディアについて「どんなパターンの記事が出ているのか」を分析し、「どのパターン**

が自社の記事ネタ案に合っているか」を調べれば、記事掲載のチャンスがぐっと増えるのです。

そんな話をすると、一部の方からは「そんなことはわかっているよ」という返事がかえってくるかもしれません。しかし、実際に記事の分析を自ら実行している人は、ほとんどいないのではないでしょうか？　受験勉強の際は当然のようにやっていた効率的な努力を、社会人になってからは多くの方がやらなくなってしまいます。逆に言えば、多くの人が漫然と広報活動をしているということですから、これはチャンスでもあります。広報担当者が記事のパターンを分析し、理解することができれば、漫然と広報活動をしている、あるいはパターン分析のやり方を知らないライバル企業に、メディア戦略で大きく差をつけることができるでしょう。

≫パターン分析が有効なワケ

どうして記事のパターンの把握が必要なのでしょうか？　それは、受験の時と似ています。受験生がパターン分析をいくらしても、大学の先生などは受験生に知っておいてほしい重要な学業の内容を大きく変えることはできません。新聞社もこれと同じで、**時代の変化によってトレンドは少しずつ変わっていくものの、読者が「重要だ、関心がある」と感じる記事ネタの本質的な部分は、そう簡単には変わらない**のです。

もう一つの理由は、**新聞社も前例にのっとって紙面づくりをしていくことが多い**ためです。つまり、「こうしたパターンの記事は以前掲載したことがあり、反響が大きかった」「この会社は以前、記事掲載を何度もしているから安心だ」といったことが、新聞社と言えども多いということです。

逆に言えば、新聞記事に一度もなったことのないパターンのネタや会社は、残念ながら記者から敬遠されがちです。

記者は無名の会社の記事を執筆する前に、「自社のメディアに掲載されたことがあるか」を調べます。仮に掲載されたことがなければ、「別のメディアに掲載されているか」「掲載されているのであれば、どこのメディアに掲載されたのか、そのメディアは信頼できるメディアなのか」を調べます。

メディアは、自分が取り上げた会社がすぐに倒産してしまったり、反社会的な行動を取っていたことが記事掲載後に判明したりしたら、読者に迷惑をかけてしまいます。それではせっかく自社のメディアを読んでくれている方々の信頼を失ってしまいかねません。記者も勤め人ですから、そうしたことになれば立場が悪くなり、仕事がしづらくなります。ですから、**過去にメディアに一度も掲載されていない会社の記事は掲載されづらく、掲載されても過小評価されて小さな記事にしかならない**という事態が起こってしまいます。

企業の広報担当者は、メディアの性質や、記者たちの立場を理解して、上手にメディアや記者たちと付き合い、広報戦略を立てる必要があるでしょう。具体的な記事掲載のパターンについては、「企業ニュースの典型パターンベスト10」の項でも詳しくお伝えしたいと思います。

≫最強の方法②　記事の執筆を体験してみよう！

企業の広報担当者で、「この間までメディアで長く記者をやっていた」、「取材の現場で鍛えられた」という人は多くありません（広報の仕事は多岐にわたりますので、記者をやっていた人が広報に向いている、広報のセンスがあるとも限りません。記者と広報の両方を経験した私からすれば、「かつて記者だったから広報の仕事は簡単だ」などと思うのは過信で、間違った考えです)。

広報担当の方々の中には、突然、広報部に異動になった、抜擢されてしまったという方もいらっしゃるでしょう。当然、取材をしたり、記事を執筆したりしたことなどないという人がほとんどです。これまでの人生では新聞や雑誌、テレビといったメディアの世界とはほとんど無縁だったにもかかわらず、広報担当になってしまい、「どんなネタを提供すればいいのかわからない」と嘆く人もよくいます。

こうした方々の嘆きはもっともなことです。しかし、嘆いてばかりいても仕方がありません。要するに、経験がないのなら、経験してみれば良いわけです。私が考える、ネタ探しやネタづくりの**もう一つの最強の方法は、「自分で記事を書いてみること」**です。

自分で記事を書いてみれば、どんな記事ネタだったら掲載しやすいかがわかります。逆に自分では記事になると思った自社のネタを、実際に記事にしてみたら、とても書けないことがわかった、ということもあると思います。**自分で記事にできないようでは、部外者の記者が記事にできるはずがありません**よね。記事を自分で書いてみると、ネタを売り込む前に、自分で記事にできるかどうかを検証できます。**「このままでは記事になりそうもない」と思うのであれば、売り込むネタを改善**すれば良いのです。また、どう改善すれば記者が記事にしやすいのかを予測することもできるようになります。ぜひ、一度試してみてください。

もちろん、広報担当者の方々は、記者のように毎日記事を書いているわけではありませんし、専門は広報ですので、**上手に書けなくてもまったく問題ありません**。まずは記事を書いてみる経験をし、記事を書いてもらうために記者にどんな情報を提供すれば良いのかを理解すれば良いだけです。ここで「記事を書いてみる」目的は、あくまで広報活動を成功させるためですから、そこは誤解のないようお願いします。

≫記事の構成を理解するポイント① 記事を書き写してみよう

記事を書くには、まずはニュースのファクト（事実や材料）が必要です。では、どんなファクトが必要なのかは、新聞を分析することで少しずつわかってきます。

記事を書くためのはじめの一歩は、最初から自分で書こうとせず、**実際の記事を書き写してみる**ことです。これは簡単ですよね。**大手新聞に出ている記事は、記者が書いた後に、デスクらが推敲した上で商品として販売された記事ですから、書き写す意味があります**。特に自社の記事を掲載したいと思う新聞のものを書き写してみましょう。一方で、インターネットに出ている記事は、一般に訓練を受けていない人が書いている場合も多いので、私はあまりおすすめしません（もちろん、大手新聞の記事でも中には質の良くないものがありますが、平均的には質が高いと思います）。

記事を書き写すのは、**きちんとした文章力を身につけたい就職活動中の学生や、文章力の低さに困っている営業担当など一般の社会人、記事の執筆の仕方に悩んでいる記者やライターの皆さんにもおすすめできます**。小学生のころ、夏休みの宿題で新聞のコラムを書き写した経験のある方もいらっしゃるかもしれませんが、その時のように漫然と書き写すのでは意味がありません。あくまでも**広報や営業など社会人の「プロ」として、記事がどんな構成になっているか、どんな情報が入っているのか、どうしてわかりやすいのかを分析しながら書き写してください。**

≫≫ポイント②　記事は見出しが大事！　記事ネタも見出しを意識しよう

いよいよ記事を書き写すわけですが、まずは記事を書く前に、どんな見出しが立っているのかを確認しましょう。どんな記事を書くのか、どんな内容の記事なのか、を短い言葉で表すのが見出しです。新聞社には見出しをつけるための専門の部署である「整理部」があります。これは、いかに新聞社が見出しを重要視しているかを示す証拠でもあります。読者の方々はそれぞれ忙しい毎日を送っていると思いますので、新聞のすべての記事を毎日、熟読している人はまれです。読者の中には、見出ししか読まない人も当然いるでしょう。また、見出しが面白そうでない、あるいは意味がわからない記事は読まない人もたくさんいるでしょう。ですから、**見出しは記事の中でも最重要**なのです。

記者も記事を書く前に、まずは見出し案（仮見出しとも言います）を作ります。**見出しをうまくつけられない場合は、そもそも自分が何を書きたいのかが明確になっていない**場合が多いです。つまり、その時点で、その記者は論旨が明確な、わかりやすい記事を書くことはできないのです。記者は取材をする際に、常に「どんな見出しを立てることができるのか」、「読者を惹きつける見出しは何か」、「その見出しの記事を書くために必要な情報はどんなものがあるのか」を頭の中に入れて取材先と話し、情報を取るようにする必要があります。

逆に言えば、**広報担当者が見出しが立たないような記事ネタをメディアの方々に提供しても、採用はされない**ということです。つまり、記者だけでなく広報担当者も、記事ネタを出す際に最初に考えるべきは見出しだと理解することが必要なのです。こうした背景を理解した上で、記事を書き写す前に見出しの内容をしっかり確認するようにしてください。読者が記事の見出しを見て、「この記事をぜひ読みたい」と思ったとすれば、その記事は半ば成功したと言えますし、「読みたくないな」と思ったら、その逆だということです。

≫ポイント③　前文（リード）とは何か、どんな情報が入っているのか

次に大事な記事の要素は**前文《まえぶん》**です。**リード**とも言います。**リード**という言葉はメディアの業界用語ですが、単純に記事の1段落目のことです。**このリードは、記事の文章の中で最も大事な箇所です。**

新聞記事は「逆ピラミッド型」と呼ばれる書き方をします。逆ピラミッドはピラミッドを逆にした形で、上部の最も広い部分が、最も重要な情報となります。つまり、**重要な情報や結論を最初のリードに書くのが新聞記事の書き方**なのです。これは、できるだけ早く読者に記事の情報を伝えるためです（左図参照）。

私は日経新聞への入社時に、先輩記者やデスクから、「読者がリードを読めば、記事全体がすべてわかるように書きなさい」と教えてもらいました。**読者の中には見出しとリードしか読まない人もいますので、リードを読むだけでも大事な情報を伝えられるようにしなければならない**わけです。

このため、リードは新聞記事の中でも上手に書くのが最も難しい箇所です。新人記者が書いたリー

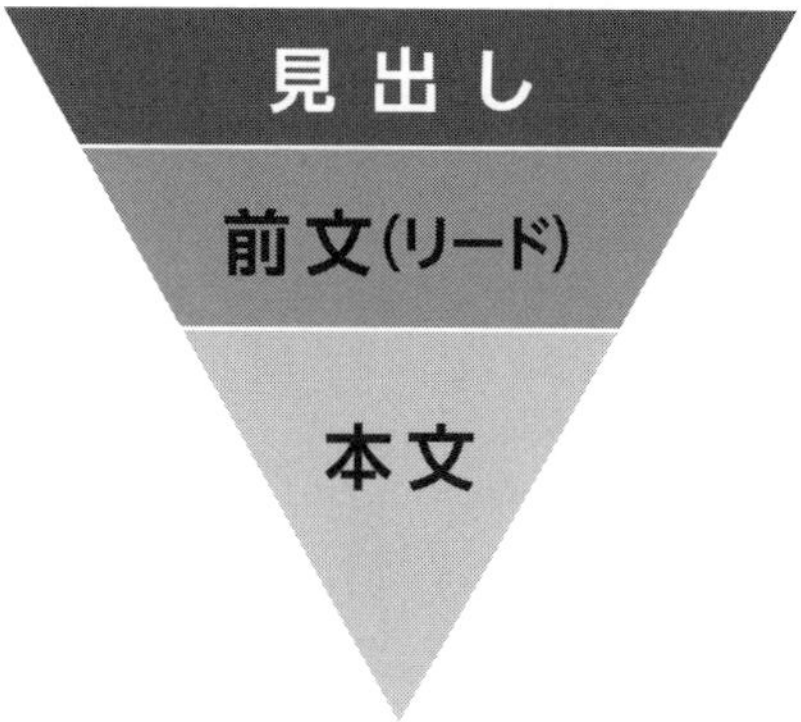

ドは必ず現場のキャップがチェックし、書き直すことが多いです。

リードを読むと、1文目に結論が書かれています。ここが記事の中で最も「言いたいこと」でなくてはいけません。また、しっかりした記事では、抽象的なリードはまずありません。文章中に「具体的な数字」や「具体的な金額」、「具体的にどう商品を開発したのか」、「具体的なこれまでの商品やサービスとの違いは何か」などの情報が出てくると思います。

例えば、新商品の記事であれば、具体的にどんな商品なのか、どのようにして開発したから独自性があるのか、他社や自社の既存の製品とはどう違うのかが書かれています。

根拠のない抽象的な文章は、単なる筆者の意見表明にすぎない場合も多く、説得力がありません。新人記者が最初に書く記事などでは、リードに見出しと関係ないことが延々と書かれている場合もあります。このように「抽象的」「根拠が乏しい」「言いたいことが明確ではない」記事は、プロが書く文章とは言えません。大手新聞の場合は、こうした記事は通常、経験の豊かなキャップかデスクの段階で排除されます。

このほか、大きな記事のリードには、この章の「①デスクや記者の三つの注目点」の中で指摘した「意義づけ」が書かれています。つまり、「このニュースが読者にどんな関係があるのか」「このニュースでどんな課題が浮き彫りになったのか」「このニュースが、社会や人々の生活にどんな影響を及ぼす可能性があるのか」といった、記事の重要性を強調する文章です。

広報担当者の方々は、記事のリードを読んだり、書き写したりする際に、意義づけが何なのかを意識してみましょう。意義づけを意識して記事を読んだり、書き写したりするクセをつけておくと、自分が記者に売り込もうとする記事ネタについても、どんな意義づけができるかを考えられるようになります。記者に意義づけを説明できるようになれば、記事掲載の可能性が高まるでしょう。

≫ポイント④　ダラダラ文はダメ

インターネットに掲載されている記事などを見ると、時々、見出しとは関係のない前置きがダラダラと続き、一体何を書きたいのかがわからないということがあります。こうした文章は、コメント欄などでも「結局、何を言いたいのかまったくわからなかった」といった批判を浴びていることがあります。つまり、**何を言いたいのかわからないため、読み手がイライラしてしまう「悪い文章」**なわけです。こうした記事は、たいがい自分が思いついた知識や情報を書き連ねただけになっており、文章がバラバラで一体感がなくなっています。結果として、一見関係のない情報が多く載っているので、諸者が混乱し、イライラしてしまうのです。記事は何かをわかりやすく伝えるものですから、読み手が「何が言いたいのかわからない」と感じてしまうようでは意味がありません。

記事を書く際には、必ず「言いたいこと」を最初から最後まで意識して書く必要があります。最も言いたいことが見出しに凝縮され、リードでそれを説明し、2段落目以降でリードを詳細に説明したり、背景や会社の情報を説明したりして記事の内容を補強するのです。文章のすべてが書き手の言いたいことに有機的につながっていれば、読み手にとって読みやすい、良い記事になります（小説など他のジャンルでは別のやり方がありますが、それはこの本の趣旨とは外れますので、言及は避けます）。

記者の場合は、長い文章を書く際には「スケルトン（骨組み）」を書くことが多いです。見出し、リードを書き、2段落目以降の内容を箇条書きで3～4ポイントほど書いておきます。スケルトンの順番通りに書くことによって、記事の内容が支離滅裂にならないよう工夫しているわけです。

スケルトンは記事をわかりやすく書くためだけのものではありません。記事を採用してもらえるかどうかは、新聞社内での競争になります。特に1日に1回しかない朝刊の1面アタマ記事への採用を目指す時などは、最初に説得するべきデスクに、記事の重要性をどう理解してもらうかが大事になります。デスクが内容をしっかり理解していなければ、デスクが部長や局長を説得することも期待できません。

スケルトンがわかりやすいと、記事ネタの重要性をデスクに理解してもらいやすく、採用されやすくなります。広報担当者も同じで、**取材の前には、記者に記事ネタがいかに重要なのかを説得できるよう、スケルトンを作って要点をまとめておく**ことをおすすめします。

≫ポイント⑤　「空見出し」は問題外

記事を書く際にもう一つ大事なことがあります。**「空見出し」にしない**ことです。

空見出しは、読者の目を引く目立つ見出しをつけてはいるが、文章にはその内容がまったく出てこないような見出しのことです。時々見かけますが、こうした記事は読者がイライラを募らせることになります。記事の作法としては問題外です。

リードに関するこれらの注意点は、広報担当者が記者に情報を伝える時にも意識するべきことです。自分が言いたいこと、伝えてほしいことがまとまっていないと、記者側も何を書いていいのかがわかりません。**広報担当者が記事を自分で書いてみて、執筆能力を高めることで、記者への自社の記事ネタの伝え方も格段に改善する**と私は考えています。

≫ポイント⑥　2段落目以降はより具体的な情報

それでは、新聞記事の2段落目以降を見ていきましょう。リード文では具体的な情報だけでなく、記事全体を総括する意義づけなども書かれていましたが、2段落目以降には、よりブレイクダウンされた情報、より細かい情報が載っていると思います。リードはスペースが限られていますし、長すぎると読者が読む気をなくしてしまうため、すべての情報を掲載することは不可能です。記事の2段落目以降では、リードに書かれていないより詳細な情報を求める読者に向けて、さらに具体的で、分類された情報が書かれているのです。

広報担当者の方々は、記事ではどんな情報が必要なのかを確認しながら、2段落目以降の文章を書き写すようにしてください。例えば、2社の提携の記事であれば、提携相手の会社の詳細な情報やそれぞれの提携の目的、提携して具体的にどんな仕事をするのか、提携によるそれぞれのメリット、ほかの業界や他国での合従連衡の状況などが細かく書かれていると思います。
広報担当者がこうした情報を記者に先んじて用意し、提供してあげれば、記者は感謝してくれるでしょう。逆に言えば、記者から聞かれても広報がその場で答えられなかったり、いつまでたっても答えられなかったりすれば、記事掲載からどんどん遠ざかっていきます。

≫実践！ 記者になったつもりで書いてみよう

記事を書き写すのに慣れてきたら、いよいよ記者になったつもりで記事を執筆してみましょう。以下に、架空のリリースを用意しました。ここに掲載されている情報を使って、短い記事を書いてみてください。文字数の制限は300字程度です。これまで見てきたように、記事の構成がどうなっているのかを考えながら執筆してみてください。

【リリース例Ⅰ】

「家具チェーンのA社は、商品の3割をさらに低価格で提供します」

4月30日
株式会社A社
連絡先　広報部長B　電話番号○○-○○○○

家具チェーンのA社は5月1日から、全商品の3割にあたる1,000点以上の家具や雑貨などをさらに低価格でお求めいただけるようにいたします。新型コロナウイルスの感染拡大により、外出を控えることが多くなり、家で過ごすことが増えています。全国の感染者数は4月に1日当たり平均1万人を超え、日本政府は緊急事態宣言を発出しました。コロナ禍はなお収束の見込みが立っておらず、外出自粛の動きは続きそうです。A社では、ご自宅での時間をよりリーズナブルに、快適に楽しんでいただきたいという想いから、さらなる値下げを実現いたしました。

A社はサプライヤーからの直接輸送による輸送ルートの効率化や梱包材の削減、在庫数の適正化などを通じて、製品を低価格で提供できるようにいたします。今回の割引率は1~3割となる予定です。

※具体的な値下げ商品の例は以下の通りです。

室内用チェア	:通常価格4,000円→2,880円
シーツ	:通常価格1,800円→1,350円
シェルフ	:通常価格3,000円→2,500円
テーブル	:通常価格8,000円→6,555円

弊社では、引き続きコストの見直しや人気商品の生産拡大に取り組み、より低価格な商品提供も検討してまいります。A社はお客様が家での時間を快適に過ごしていただけるよう、今後も全力でサポートさせていただきます。

【解答例】

見出し）**A社、家具など1000品目を値下げへ**
～通常価格の最大3割、自宅での需要取り込む

記　事）家具チェーンのA社は4月30日、販売する商品の3割に当たる1000品目以上を通常価格よりも1～3割値下げすると発表した。新型コロナウイルスの感染拡大を受けて外出を控え、自宅で過ごす時間が増えている。普段使いの家具や雑貨などを買い求めやすくして自宅での需要を取り込み、売り上げの拡大を目指す。

値下げするのは家具のほか、寝具、キッチン用品など。通常価格が4000円の室内用チェアは2880円に、シーツは同1800円を1350円にする。輸送ルートの効率化、梱包材の削減などでコストを削減し、値下げを実現した。今後も在庫数の適正化などを通じてコスト削減を続け、将来的には追加の値下げも検討しているとしている。

いかがでしたか？　実際に自分で記事を書いてみて、「意外に簡単だった」と思う方も、「非常に難しかった」という方もいらっしゃるでしょう。あまりうまくいかなかったという方も、落ち込む必要はまったくありません。皆さんは記者になるわけではないからです。

ただ、実際に記事を書くのに、どんな情報が必要だったかを確認してみてください。リリースに記事の執筆のための基本的な情報が入っていたからこそ、記事がスムースに書けたのではないでしょうか。

今回のニュースリリースのポイントは、家具の値下げでしたよね。ですから、見出しには具体的な「1000品目の値下げ」や「どのくらい値下げするのか」が入っています。こうした見出しをつけた記事は、どのくらいの品目数を値下げするのか、値下げ幅または値下げ比率はどのくらいなのか、なぜ値下げするのか、具体的に値下げする商品にはどんなものがあるのか、といった**複数の具体的な要素**が必要です。

広報担当者の方々が、実際に記事を書いてみると、リリースにはこうした要素が入っている必要があるということが良くわかるでしょう。

【リリース例Ⅱ】

「福岡市の物流センター開設について」

6月1日
B株式会社
連絡先　広報部長C　電話番号○○-○○○○

B株式会社は福岡県福岡市に九州初進出となる物流センター（B物流センター）を開発・新設いたします。物流センターは、敷地面積50,000㎡・延床面積80,000㎡、3階建ての物流施設です。

2021年12月着工・2023年1月竣工を予定しております。総投資額は約155億円です。B社としては、全国で15件目の物流センターとなります。

新設する物流センターは、福岡空港、博多港まで車で30分圏内と利便性が高いのが特徴です。D自動車道のEインターチェンジから約10キロメートル（車で約10分）に位置しており、九州全域への配送を網羅できます。

物流センターは、食品配送のほか、輸出入貨物、e-コマースの配送など幅広いニーズに対応できます。賃貸区画は最大8テナントに分割が可能です。BCP（事業継続計画性）対策として、非常用自家発電機を完備しており、停電時でも一定時間、荷物用エレベーター、電動シャッター、トイレなどの一部使用が可能です。

【解答例】

見出し）**物流施設大手のB社が九州進出　福岡市に大型施設、21年12月に着工**

記　事）物流施設大手のB社は1日、福岡県福岡市に155億円を投じて大型物流施設を開設すると発表した。同社にとって九州の物流市場への初進出となる。3階建ての施設の延べ床面積は約8万平方メートルで、2021年12月に着工し、23年1月の竣工を予定する。インターネット通販の普及などを背景に、福岡周辺で物流施設が不足していることに対応する。

施設は福岡空港まで車で30分圏内と利便性が高い。D自動車道のEインターチェンジからも約10キロメートル（車で約10分）と近いことから、九州全域をカバーしやすい。最大8テナントが入居できる。B社は、「BCP（事業継続計画性）対策として、非常用自家発電機を完備しており、停電時でも一定時間、荷物用エレベーターなどの使用が可能だ」としている。

記事を書いてみて、いかがでしたか？　2回目なので、少し慣れてきたという方もいらっしゃるかもしれません。ひとまず記事を書く練習が終わったら、今度は自社が発表したニュースリリースを見てみましょう。リリースに掲載されている情報だけで記事が書けるでしょうか。書けないようであれば、リリースの情報が不十分だということです。

N新聞（大手経済紙）ベテラン記者〈キャップ〉

N新聞　新人記者

最近
元気ないわね
アタマ《記事》が出てないわよ
アタマが
すみません
来週には必ず…
先週もそう言ってたよ
もう入社して
3か月でしょ?
しっかりしないと
来年は後輩が
入ってくるわよ
いや…その…
正直言うと
どんなネタが記事に
なるのか
今一つわからなくて
どうしたら
いいでしょうか?
困った子ね…
まず新聞でどんな記事が
出ているか
よく読んでみること
君はいまだに一般の読者
として漠然と記事を
読んでいるんじゃない?
記者《プロ》になったのなら
どんな記事が
掲載されているのかを
分析しながら
新聞を読まないと
プロの読み方ですか
抽象的でよくわかりません
具体的には
どんな読み方を
すれば良いですか?

口だけは達者ね…
例えばこの記事は『○○社が工場に追加投資する』というニュースが出ているよね
このニュースは大金が絡むし従業員にも影響する増産すれば取引先にも影響する
追加投資
こんなふうにはじめて出てきた独自のネタで経済や社会に影響を与えそうな時記事が大きくなるのキミの担当業界でも追加投資や増産があるんじゃない？
そうか!!
追加投資と増産ですねその観点でもっと取材してみます
NEW
ちなみにこっちの記事は○○社が再生医療で新会社を設立するって書いてありますね電機メーカーなのに医療って意外な気がします
企業が多様化するために新分野に進出というのも記事になるわ意外な分野に進出すると読者も興味を持つ『なぜ、そんなことをするのか』ってね逆に不採算事業を売却して強い事業に集中するというのもあるわね
STRONG
そうだね
何となくですがわかってきたような気がします！
ほーわかってきたって今言ったよねじゃあ来週はアタマ絶対出してよちなみに今週でもいいからね遠慮はなしで!!
キビシー！

3 企業ニュースの典型パターンベスト10

第3章では、ネタ探しやネタづくりの方法を紹介してきました。中でも、広報担当者がメディア掲載数を増やすためには、最強の方法①でお伝えした記事のパターン分析が重要です。実は使える記事ネタがあったのに、メディアの記事掲載パターンを知らなかったために、「えっ、そんなネタが記事になるんですか？　売り込んでいませんでした。もったいないことをした」という経験がある広報担当者もいらっしゃるのではないかと思います。ここでは、記事を実際に分析することにより、さらに具体的な記事のパターンを探っていきましょう。

≫どんなネタが記事になるのか？　新聞や雑誌の分析こそ最強の武器

漫画のエピソードは、ある新聞社の新人記者についての話です。

新人記者の男性は、難関をくぐり抜けて新聞社に入社できたものの、早くも壁にぶつかっているようです。どこの業界に入っても、最初は勝手がつかめなくて苦労することが多いと思いますが、記者の世界は職人気質のためか、先輩が手取り足取り教えてくれるわけではありません。取材の技術や取材先との信頼関係の構築法は容易に教えられるものでもありません。そのため、結局は自分で必死に努力するしかありません。

読者の皆さんの多くは、企業広報の方々だと思います。例えば、漫画の中で女性キャップが新人の記者に提案した「プロとして新聞を読む」というやり方は、広報の皆さんにも非常に有効な手段です。ただし、単に記事の見出しを眺めているだけ、何となく記事を読んで情報を取る、というやり方では役に立ちません。前述したように、**プロとして読むには、新聞を読みながら、どんなネタが記事になりやすいのかを深く分析していく**必要があります。

それでは、漫画の中の新人記者の代わりに具体的に新聞を分析してみましょう。ここでは、私が考える企業ニュースの典型パターンのベスト10をご紹介します。

≫惹きつけネタ　パターン①　企業の大型投資

パターン①は、女性キャップが話していた「**企業の大型投資**」です。「工場の新設」や「工場のラインの増設による生産能力拡大」「研究開発費の大幅な積み増し」といったニュースがよく取り上げられています。

記事は、やはり大金がからむニュースだと大きくなります。投資額が大きければ、大幅な増産などが実現し、従業員や取引先、製品を使う消費者などに影響を及ぼしやすくなるためです。投資家にとっても、今後の企業規模や業績の拡大に影響するため、非常に関心の高い話題です。**こうした記事ネタは、BtoB企業であっても出てくる**のではないでしょうか。

こうしたネタがある場合は、広報担当としては大きなチャンスです。記事掲載にしっかりと活用しましょう。例えば、単にストレートニュースを掲載してもらうだけではなく、「業界紙などで経営者のインタビュー記事を掲載してもらう」、「業界の企画記事」のエピソードの一つとして掲載してもらう、「新工場が稼働したらもう一度記事にしてもらう」といったさまざまな形で、複数の記事にしてもらうよう努めましょう。

ただ問題は、こうした大型投資は頻繁にはないことです。こうした大きなネタだけに頼っていては、その次の大型投資まで記事掲載が止まってしまうようなことになりかねません。また、それなりの大企業でなければ、そんなに多額の投資もできません。例えば中小企業にとって数百万円の投資はそれなりに大きな決断ですが、なかなか記事にはなりにくいですよね。企業による投資関連の記事では、規模の大きさもニュースとしての価値を左右し、記事の大きさと関係してきます。

≫惹きつけネタ　パターン②　企業のM&A（買収・合併）

パターン①の企業の大型投資に似ていますが、**M&Aも記事掲載されやすい王道のパターン**です。最近は、開示義務がある上場企業が関連するM&Aだけでも、年間1000件近くにのぼっていますからすべてが報道されるわけではありませんが、注目度の高いテーマと言えるでしょう。

なぜM&Aが取り上げられやすいのでしょうか？　M&Aの場合は、企業の経営権が移動するわけですから、経営者や従業員はもちろん、取引先への影響も大きいためです。「果たして、合併した会社同士がうまく企業文化を融合していけるのか」、「システムの統合は円滑にできるのか」などの問題に関心が集まります。また、合併や買収後に、規模が拡大した企業がどんな戦略を打ち出すのかも興味深いものです。パターン①と同じように、大きなお金が動くことも多いので、読者の関心が高くなりやすいのです。

このほか、M&Aが取り上げられやすい背景には、さらなる経済成長のために日本企業の生産性を引き上げる必要がある、との問題意識もあるでしょう。かつては隆盛を誇った日本企業ですが、いわゆるバブル経済の崩壊後に失速し、一人当たりの国民所得は多くの先進国に追い抜かれつつあります。少子・高齢化や人口減少が続く日本で、経済成長を維持していくためには企業が生産性を高める必要があり、M&Aなどを通じて企業の規模を拡大する必要があるとの指摘も多く、政府もこれを後押ししています。こうした政治・経済的な背景があることも、記事がどの程度の大きさで掲載されるかに影響してくるのです。

なお、M&Aと似ているものに「業務提携」があり、こちらも記事になりやすいと言えます。ただし、**業務提携は大金がからむM&Aや資本提携に比べるとニュース価値は低く**なります。業務提携は、単なる企業同士の協力程度にとどまるものもありますが、M&Aや資本提携では実際の資金が移動していますから、その分、企業連携の度合いは高くなるのが一般的です。こうしたことから、業務提携ネタは内容次第で記事が掲載されないこともあります。

≫惹きつけネタ　パターン③　海外進出や海外企業の日本への進出、国内の新拠点

企業の海外進出も鉄板の記事ネタです。最近では企業の海外拠点は珍しくなくなりましたが、企業がどんな国・地域の市場を狙っているのか、今後、どんな拡大戦略を描いているのかがわかり、

多くの読者の関心事になります。

少子・高齢化の続く日本では低成長が続いており、企業にとっては新興国での需要開拓や、工場やサービス拠点の設立は課題の一つです。世界の中の日本という視点からも、メディアは日本企業の海外進出に強い関心を持っています。**自社がBtoBの中小メーカーだったとしても、海外に進出したり、海外の工場の規模を拡大したり、といったニュース**はあるのではないでしょうか。そうした場合はチャンスを逃さず、できるだけ多くのメディアに取り上げてもらえるよう努力することが大事だと思います。

さらに、**海外企業の日本進出も大きな話題となります**。海外企業が日本に進出する際に、協力する日本企業が取り上げられることもあります。かつては海外企業は「黒船」のようにネガティブにとらえられることもありましたが、最近では海外企業の進出が日本市場の新たな需要開拓や雇用創出などに寄与する面も強調されるようになっています。

海外進出ほどの話題にはなりにくいですが、**国内で新しい地域へ進出することも記事になる可能性があります**。「A社が北海道に拠点を新設」、「九州を拠点とするB社が東京に初進出」といった具合です。前者は、新商品の普及や雇用など地域経済に影響がありますので、記事にしてもらいやすい内容です。後者は、B社が規模拡大に向けて、地方企業から全国的な企業に変貌するための大きな一歩を踏み出すという意味で、注目されやすい内容です。また、拠点の増床も、新拠点の設立より注目度は劣るものの、企業の規模拡大の証として記事を掲載してもらえる可能性があるでしょう。

≫惹きつけネタ　パターン④　新事業への進出

企業が自社の主力事業とは別の新しい事業に進出する際は、メディアの注目を集める絶好のチャンスです。特に、「なぜこの業界の会社がまったく違う事業に進出するのだろう」と**意外感のあるネタは、読者の興味を惹きつけやすい**ため、記者も面白いと思ってくれる確率が高いでしょう。

例えば「建設会社が介護事業に参入する」といったネタですね。読者にとっては「なぜ建設業が門外漢の介護サービスをやるのだろうか？」という素朴な疑問や意外感から、「この記事を読んでみよう」と思うわけです。

こうした記事では、どんな背景があるかも重要です。例えばこうした企業の動きの背景に、公共事業の削減や介護業界の人手不足などがあるかもしれません。こうした背景までしっかり説明できれば、その建設会社の新規事業の意義づけができるため、記者も記事を書きやすくなり、デスクにも記事の意義を説明しやすくなります。記事を読んで、その理由や背景に納得がいくようであれば、記事をきっかけに別の建設会社が介護業に相次いで参入するといったケースまであります。

事業の多角化に関する記事も頻繁に掲載されています。例えば「コメ卸の会社が不動産事業に進出する」といったネタです。主力事業の将来的な成長性を検討した上で、別の事業に進出するケースですね。こうした記事ネタは一度、ストレートニュースで掲載された後でも、半年～1年間経過したタイミングで広報担当から記者に進出後の状況について説明することで、経営者インタビューなどの形で記事を掲載してもらえることがあります。

企業の新規事業への進出の動きは、読者である個人や同業他社の興味をひくネタというだけではなく、投資家にとっても、今後の株式投資などを考える上で大事な情報です。こうした情報が記事として多く掲載されれば、自社への新たな投資の開拓や、投資元の多様化にもつながる可能性があります。

≫惹きつけネタ　パターン⑤　事業売却など「選択と集中」

こちらも女性キャップが話していたネタですね。企業の大型投資とは逆に、**企業が事業を売却するパターンも記事になりやすい**です。不採算の事業を売却して資本効率を高めるという企業の戦略は、いつの時代もあると思います。特に、リーマンショックや新型コロナウイルスの感染拡大など、世界規模の問題が発生した際には、こうした事業の再構築は加速しやすいと言えるでしょう。実際に、コロナ禍初年の２０２０年の子会社や事業の売却件数は、過去10年で最多を記録しました。コーポレートガバナンス・コード（企業統治指針）が導入されて、日本の上場企業が世界的に低いとされる資本効率の改善を迫られていることもあり、今後もこうした傾向は強まりそうです。

ただし、事業売却のニュースは一般的にネガティブに報道されがちです。このため、広報担当者や経営者は、売却した資金を何らかの事業の成長投資に振り向けるなど、「選択と集中」で自社の生産性や生産能力（あるいはサービスの能力）を引き上げる戦略であることを強調して、前向きな報道にしてもらえるよう努力する必要があるでしょう。

≫惹きつけネタ　パターン⑥　新製品や新サービス

パターン①〜④のネタには大きな投資や経営判断が必要なため、中小企業ではなかなか縁がない場合も多いでしょう。しかし、**新しい製品や新しいサービスであれば、どの企業にもある**のではないでしょうか。つまり、中小企業でもＢｔｏＢ企業でも、記事が掲載されるチャンスがあるということです。

では、どんな新しいサービスや製品が掲載されやすいのでしょうか。例えば**業界ではじめて、世界ではじめて、**などの先端的なサービスや製品に記者は関心を持ちます。はじめてであれば、個人や企業、業界全体などに大きな影響を与えるかもしれないからです。広報担当としては、そのサービスや商品が登場することによって、個人の生活や企業の戦略にどんな影響があるのかを強調し、記事を掲載してもらうようアピールする必要があります。

大きな社会問題になっていたり、**トレンドに乗っていたりするような新製品やサービスも記事になりやすい**でしょう。例えば、環境問題のような世界的な社会問題の解決に役立つ新サービスや製品などは注目度も高くなります。ＡＩ（人工知能）など広く期待されている技術に関連するサービスや製品も、読者の関心が高いため、記事にしてもらえる確率が高くなります。

ただし、どんな新サービスや新製品でも簡単に記事になるかというと、残念ながらそうではありません。例えば、ほかの多くの会社も手掛けているサービスや製品の場合は、なかなか記事掲載してもらえません。いくら自社にとっては「はじめて」でも、社会一般的に珍しくなければ、ニュースとは言えないからです。

この場合も必ずしもあきらめる必要はありません。例えば、自社単独の記事ではなく、他社のサービスなどと合わせて、業界の新しいサービスのトレンドを伝えるアタマ記事や囲み記事にしてもらうことは可能だと思います。

≫惹きつけネタ　パターン⑦　新技術の導入、実証実験

メディアは新しい技術が大好きです。例えば日経新聞は、「ビジネス面」でも企業の新技術導入をよく取り上げています。さらに「ビジネス・テック面」という科学技術関連の記事を中心に取り扱う面もあります。「スタートアップ面」でも新技術を使ったサービスを取り上げています。ほかの大手紙でも新技術についての記事ネタは紙面で取り上げられやすいと言えます。それだけメディアが「技術の進歩は、経済や社会に与える影響が大きい」と見ているのです。

例えばアパレルメーカーであれば、体形などのビッグデータと3次元（3D）の全身スキャナーなどの技術を組み合わせて、体にぴったりな服を提案するニュースが多くのメディアで取り上げられたことがありました。消費者がより有用で便利なサービスを受けられるようになる可能性があるため、読者が興味を持って記事を読んでくれるからです。

最近では、どんな業種の企業でも、人工知能（AI）を利用した新しいサービスや製造方法などが話題になりやすい状況です。仮想現実（VR）を利用した商品開発や新しいサービスも記事になりやすいでしょう。テレワークやデジタルトランスフォーメーション（DX）などに関連する技術にも注目が集まります。こうした新技術は、BtoB企業でも利用することがあると思いますし、中小企

業が開発するケースもありますので、自社でそうした取り組みがある場合、広報担当者にとってはメディアへの記事ネタ売り込みのチャンスとなります。

≫ 惹きつけネタ　パターン⑧　統計もの、調査もの、ランキングもの

最近は大手メディアの間でも、「調査報道」と呼ばれる一つのテーマを深く掘り下げる記事が重要視されるようになりました。単純なストレートニュースは、発表してすぐに配信できるインターネットメディアやSNSなどのほうが迅速に情報を読者へ届けられるからです。新聞や雑誌などは、強力なライバルに成長したインターネットと競争し、存在意義をより高めていかなければなりません。このため、特定のメディアにしか掲載されていない調査報道は、今後より重要になってくるはずです。

こうした調査報道重視の傾向を受けてか、**業界の販売件数などを集計した独自の「統計もの」やアンケートなどの「調査もの」は、比較的採用されやすい**面があります。例えば「企業のDXの導入比率」や「テレワークの導入比率」、「〇〇業界の市場規模」、「旅行者の数」、「経営者の意識調査」など、どんな業界やサービスでも統計の数字があると物事の大まかな動きがわかってきます。このため、自社で業界の数字を調べると、記事にしてもらえることがあります。

そうした調査をすでに他社が先行して実施している場合は、よりテーマをブレイクダウンして調査をすれば良いのです。例えば企業におけるDXの導入比率であれば、「建設業界のDX導入の比率」や「中小企業のDXの導入比率」などと細分化された調査を実施すれば、それぞれにニュース

バリューが出てきて、掲載の可能性が高まります。

調査にはお金がかかる場合が多いのが欠点ですが、定期的に多くのメディアが取り上げてくれるのであれば、広告費に比べて費用対効果が何倍も良い場合が多いと思います。

もう一つは**「ランキングもの」**です。人は何かを比べて順番をつけるのが大好きです。新聞にも「○○ランキング」を定期的に掲載していることがありますし、テレビでもランキングをテーマにした番組があるくらいです。読者の皆さんも、こうした新聞記事やテレビ番組を読んだことがあるのではないでしょうか。こうした記事は、ランキングしてあるのでわかりやすく、一目で対象のモノやサービス、企業などを比較できるので、人気があるのもわかるような気がします。皆さんも自社で調査したデータやランキングがあるようでしたら、何らかの形で記事にしてもらえる可能性があるでしょう。

≫惹きつけネタ パターン⑨ 人もの

新聞や雑誌などのメディアには、「**人もの**」と呼ばれるジャンル記事があります。ある人物に焦点を当て、その人生や仕事などを掘り下げる記事のことです。「人もの」の場合は、有名、無名の人物両方が取り上げられます。通常の経営者のインタビューはもちろんですが、一般の会社員であっても製品の開発者、活躍している社員などの記事が掲載されることがあります。具体的には、何らかのヒット商品を開発した会社員や、公的な賞を受賞した人が取り上げられることがありますし、コロナ禍での観光業をアプリなどで支えるベンチャー企業の人の記事が掲載されたこともあります。

ただし、前に紹介した漫画エピソードのように、社内の賞だけを受賞したというケースについて記事を掲載するのは困難です。もちろん社内の賞を受賞することも尊いことですが、読者の皆さんはすでにおわかりのように、新聞は公器ですから、自社だけでなく、公的に認められた賞のほうがニュース価値を認めて記事にしやすいわけです。

こうした「人もの」記事は、朝日新聞や読売新聞、毎日新聞、日経新聞など大手紙には必ずありますし、地方紙や専門紙、雑誌、テレビにもあります。読者は個人ですから、ほかの人の人生が参考になることがありますよね。メディアにとっては、興味深い無名の人を世に知らしめるのも大事な仕事なのです。

特に**自社が関係する業界の専門紙や、自社の支店がある場所の地方紙は、大手紙に比べて掲載のハードルが低いことが多い**ので狙い目です。新聞によっては新入社員にインタビューして意気込みを伝えるようなコラムもありますし、支店長に就任したということでインタビューをしてもらえることもあります。寄稿を受けつけている場合もありますので、検討してみるといいでしょう。

こうした「人もの」の記事は、基本的には前向きに書かれることが多く、企業の広報担当者としては社内で掲載される可能性のある人がいれば積極的に売り込みたいところです。自社の経営者や社員が新聞などで取り上げられれば、顧客にとっても企業が身近になりやすいメリットがあります。また、営業員が取り上げられた場合、営業活動に新聞や雑誌を持って行って、自分の信用力を高めるなどして営業トークに利用することもできます。

私自身も、広報部長時代に自社の社員が記事で掲載された際に、「自分の両親から連絡があって『記事を見た。すごいね』と言って喜んでくれた」と感謝されたことがあります。「人もの」の記事は、メディアにとっても大事ですが、広報担当者にとっても社内外への広報活動に有益だと思います。

≫惹きつけネタ　パターン⑩　雇用関連、人事政策

企業の雇用政策も記事になりやすいネタの一つです。オーソドックスなネタとしては、「人員を3年後に2倍にする」といった採用の強化策です。ただし、人員を増やすというだけではなかなか記事にはなりづらいことがあります。記事を掲載してもらうためには、広報担当者や経営者がその目的が何なのかを明確に説明する必要があります。せっかく人員を増やすというニュースがありながら、広報担当の説明があやふやなために、必要な情報が不足して記者が記事を書けないというケースもあります。例えば**「人員を2倍に増やして、営業の契約数を現状の2・5倍、売上高を3倍にする」など、会社としての明確な数値目標があると、さらに記事の掲載の確率が高くなる**でしょう。

逆に人員を減らすケースも記事になりやすいです。この場合はネガティブな記事になりやすいため、人員削減した上でどんな目標を持って経営をするのかなど、前向きで具体的な情報も同時に出しておく必要があるでしょう。

このほか、先進的な雇用政策も記事になります。例えば「男性の育休を促進する」「過半数の社員を在宅勤務に」「会社への保育所併設など子育てと仕事の両立に対する総合支援策」といったものを、新聞紙面などでご覧になったことがあると思います。

国連が提唱する持続可能な開発目標（ＳＤＧｓ）では、「働きがいも　経済成長も」というキャッチコピーで、企業の適切な雇用政策を求めています。こうした世界の潮流や時代の流れに合った社内政策をいち早く実施することにより、中小企業やＢｔｏＢ企業であっても取材をしてもらい、大きく取り上げてもらえるケースが増えています。育休の促進など職場環境の改善はこうした精神にかなっていると考えられ、読者である個人や投資家にとっても有益な情報です。

≫ほかにもパターンはある、自分でどんなパターンがあるかを探ってみよう

ここまで、10の典型的なパターンをご紹介しました。まずは自社のネタがこれらのパターンに当てはまるかを考えてみましょう。多くのネタはどれかのパターンに類似しているのではないでしょうか。

もし10のパターンに当てはまらなかった場合には、実際のメディアをよくチェックして、ほかのパターンを探してみましょう。例えば株主優待のサービス拡充など、投資家向けの記事ネタもあります。**新聞や雑誌などのメディアを複数用意し、自社に合うような記事のパターンを見つけ出していく**ことが大事な作業になります。面倒だと思われるかもしれませんが、この作業こそが、広報担当者の記事掲載スキルを高めることにつながるのです。

さらに、記事の本質的なパターンは容易には変わりませんが、取り上げられやすい**旬のテーマや背景、トレンドは時代に合わせて、少しずつ変わっていきます**。本書執筆時点では、新型コロナウイルスの感染拡大が大きな話題となっています。このため、新型コロナウィルスに関連するニュー

スは大きく取り上げられやすい状況が続いています。

これは①の項でお話しした「トレンド、背景」がその時々で移り変わり、大きくなりやすい記事も変わっていく性質があるためです。メディア自体も新聞、テレビなどの既存のものから、インターネットを媒介したＳＮＳなど、どんどん多様化しています。どんなに経験のある広報担当者でも、こうした動きについていかなければメディアの動きに取り残されます。広報戦略を成功させるためには、担当者が新聞や雑誌、テレビなどを日々読んだり、見たりして、それらを分析し、トレンドを敏感に察知して広報戦略を微修正していく不断の努力を続けていくことが不可欠なのです。

4 企業担当記者が誰にも教えたくない「裏ワザ」

この章の最後に、一部の企業担当記者が使っている裏ワザを二つ紹介します。これは私の先輩記者から教えてもらったもので、私が考えたものではありません。また、記者なら誰でも知っているやり方というわけでもありません。つまり、「知る人ぞ知る」ネタの発掘法なのです。広報担当者が知っていれば、自社の記事掲載のチャンスを拡大できるでしょう。

≫ここだけの裏ワザ① 有価証券報告書を利用する

記者がこっそり使う裏ワザの一つは、**企業が出している有価証券報告書を読み込み、設備投資計画を見る**ことです。有価証券報告書は、株式を発行する上場企業などが開示する企業情報です。開示される情報は、企業の概況、事業の状況、財務諸表などです。有価証券報告書はＥＤＩＮＥＴ（金融商品取引法に基づく有価証券報告書等の開示書類に関する電子開示システム）などを通じて、誰でも見られます。

製造業を中心に、多くの企業では報告書に設備投資の計画を記載しています。例えば「研究開発の設備投資予定額が総額で○億円」「生産設備の設備投資予定額が総額で○億円」といった形です。

設備投資がいつまでに完了するのかなども掲載されていることがあります。記者はこうした情報をもとに、「具体的にどんな投資をするのか」を取材し、預かりの効く「暇ネタ」の記事にするわけです。投資額がそれなりに大きければ、記事の扱いも大きくなります。こうした記者の取材活動は、世間では知られていない企業の記事ネタ発掘につながっているのです。

この手法に関して、企業の広報担当者はどのように行動すれば良いのでしょうか？ 答えは簡単ですよね。記者がこのような行動を取る前に、広報が自ら社内で取材し、「どんな投資を実施するのか」、「それは記者に話しても良いのか」を確認するのです。有価証券報告書に記載しているわけですから、多くは報道されても良い情報のはず。広報担当者がこうした情報を記事ネタ案として記者に売り込めば、掲載されるチャンスが出てくるわけです。特にネタ枯れの時期であれば、記者はその広報担当者に感謝し、信頼してくれるようになると思います。

≫ここだけの裏ワザ② 「政府の補助金」をチェック

もう一つの記者がこっそり使う裏ワザは「**政府の補助金のチェック**」です。例えば経済産業省や農林水産省などの補助金です。記者は政府が補助金を出している先の企業をチェックし、どのような形で事業を展開していくのかを取材します。例えば「ほかの企業などとコンソーシアム（事業共同体）を設立し、補助金を活用して新しい事業を展開する」といったニュースにできる可能性があるわけです。

各省庁は毎年の夏、概算要求を提出します。概算要求というのは、各省庁が財務省に対して、翌年度の政策を実行するために必要なおおまかな予算を要求することです。予算が大きく膨らむと財政赤字がさらに拡大してしまいますので、財務省がそれぞれの省庁と折衝した上で、要求額や内容を調整して国の予算案を作っていきます。通常は12月に国の予算の政府案をまとめ、翌年の3月ごろに国会で成立する流れになります。

政府の補助金はこの予算案に反映されています。ＢｔｏＢ企業や中小企業でも、自社が補助金を受けることはよくありますから、ここで記事ネタを発掘することができるでしょう。となると、広報担当者がやるべきことは先ほどの裏ワザ①の時と同じです。記者がこのような行動を取る前に、広報が自ら社内で取材し、「どんな投資を実施するのか」、「それは記者に話しても良いのか」を確認すれば良いわけです。

一部の記者が行っているこうしたネタ発掘法を知っている広報担当者は、この本の読者以外ではほとんどいないと思います。特に製造業の広報担当者は、メディア戦略でこの知識を持っていないライバル会社に差をつけることができるでしょう。

【応用編】

第4章

細部にこだわれ！
時期、メディア、記事別の「攻めの広報」術

世の中には多くのメディアがあり、それぞれに特徴があります。記事もストレートニュースから企画記事まで種類が豊富です。時期によって記事の需給状況にも違いがあります。活動の大きな目標を定めた上で、メディアのニーズに細かく対応していくことが、成功の秘訣の一つです。第4章では、**多くのメディア掲載を目指す「攻めの広報活動」の三つの手順**を説明した上で、**メディア、記事、時期別の広報術**を解説していきます。

1

「攻めの広報」成功のための三つの手順

≫手順をおろそかにしては攻めの広報は成功しない

時期別、メディア別、記事の種類別の広報術をお伝えする前に、広報担当者にとっての**「ネタづくり」「メディアへの売り込み」「記者との信頼関係の構築」という『攻めの広報』成功までの三つの手順**」をまとめておきましょう。この手順をおろそかにすると、多くのメディア掲載を目指す「攻めの広報」の成功はありません。逆に言えば、これから説明する三つの手順が三位一体となった時にこそ、BtoB企業でも中小企業でも、必ず広報活動を成功できると私は確信しています。

最初に考えるべきことは、第3章でもすでに説明した「記事になるネタづくりと広報戦略の立案」です。ネタがなくては、そもそも記者に連絡しても挨拶程度しかできません。日々忙しい記者にとっては、広報担当者から挨拶と称して自社の案内を長々とされても迷惑でしかありません。私自身も、自分が記者だったにもかかわらず、広報担当になった直後は「独りよがり」な挨拶まわりをしようとして、失敗した経験があります。皆さんには同じような失敗をしてほしくありません。

広報担当者はまず、「どんなネタがあるのか」、「それが記事になるのか」、「そのネタは背景説明をすることでよりニュース価値が高まったり、面白くなったりしないのか」などを検証した上で、ネタづくりに力を入れることが必要です。

次にやるべきことは、この章で伝える「時期、メディア、記事別のネタづくり、戦略づくり」です。人にそれぞれ個性があるように、メディアにはそれぞれ特徴があります。記事を掲載してもらうには、それぞれに合わせたネタづくりや広報戦略が必要です。記事の種類や時期についても同じです。

≫「ネタづくり」を生かすも殺すも売り込み方次第

最初の手順である「ネタづくり」がうまくいったら、次にやることは**「記者への記事ネタの効率的な売り込み」**です。「攻めの広報活動」にネタづくりは大前提ですが、売り込みがうまくいかなければ、やはり記事は掲載されません。ネタづくりを生かすも殺すも、広報の記者への売り込み方次第です。せっかく苦労して作ったネタを最大限に活かすことが、手順「記者への記事の効率的な売り込み」の最大のミッションです。こちらは、第6章で詳しく説明したいと思います。

ネタの売り込みには、**「効果的なプレスリリースづくり」**の仕事も含まれます。記者の仕事を20年やってきて、リリースには「良いもの」と「悪いもの」「わかりにくいもの」があることがよくわかりました。しかも、記者の立場から言うと、残念ながら「悪いリリース」のほうが「良いリリース」に比べて圧倒的に多いのが実態です。リリースを受け取り、判断するのは記者ですから、記者から「悪いリリースだ」と思われては元も子もありません。これについては、第5章でご説明します。

≫その場しのぎではもったいない！　強い信頼関係で次につなげよう

最後の手順は「記者との信頼関係づくり」です。企業の広報担当者で時々あるのが、自分が売り込みたいネタがある時は記者に愛想良くふるまっていたにもかかわらず、記事掲載後は音信不通、記者側から頼みがあっても連絡が極度に遅いというパターンです。これでは記者との信頼関係は崩れてしまいます。次のネタがある時に記者に愛想良く連絡しても、記者側はその広報担当への信頼を失っているので、取材をしてくれないということになるでしょう。記者も人間ですから、最悪の場合、ちょっとしたことでネガティブな記事を大きく書かれたりすることがあるかもしれません。

広報担当者は、記者にこびる必要は一切ありません。しかし、広報活動は人と人とのつながりで成り立っています。逆に言えば、**メディアとの信頼関係があれば、小さなネタでも記事にしてもらえる可能性が高まる**のです。「ネタを売り込んで記事を掲載してもらった後は知らんぷりしてしまう」というのは、そもそも失礼な態度だと思います。それ以上に、広報担当者としてせっかくの信頼関係構築のチャンスをドブに捨てているのも同然ですから、あまりにもったいないのです。

記者も、広報担当者も、営業の担当者もほとんどの仕事は人との信頼関係なしには成功しないと私は思っています。信頼関係づくりには、たまたま記事ネタがある時の「その場しのぎ」のメディアへの売り込みだけでは不十分です。企業は中長期の広報戦略を考えて、記者やメディアとの信頼関係を強めていかなければいけません。

しかし、広報担当者で記者とこうした信頼関係が構築できている人はまれではないでしょうか。もちろん容易なことだとは思いませんが、第1章でお伝えした通り、メディアの方々も同じ人間です。強い信頼関係の構築は、決して不可能ではありません。攻めの広報活動にとって最後の難関である「記者との信頼関係づくり」については、第7章で詳しく解説したいと思います。

N新聞〈大手経済紙〉ベテラン記者〈キャップ〉
N新聞 先輩記者〈田中さん〉
N新聞 新人記者
2人とも
デスクからの連絡で
原稿が払底《ふってい》しつつ
あるんだってさ
特に1面とビジネス面の
アタマ《記事》がないみたい
『夏枯れ』の時期に
なりつつあるから
どんなネタが手持ちにあるか
教えてくれる？
田中さん
大きなネタになりそうな
やつがあるって
言っていたけど
あれはどう？
今なら扱いは良いよ
いや あれはですね…
T社の新規事業への
進出の話ですよね
…もう少し時間が
かかりそうです
まだ内容の詳細が詰まって
いないみたいでして
取材先に
今なら大きくなるって
言って強奪してきなさい
強奪
はは…
まあ
トライしてみます…
僕ビジネス面のアタマに
なりそうなネタなら
ありますよ
1面アタマは無理だと
思いますけど
おー！
すごいじゃん！
それでどんなネタ？

大手小売りチェーンの出店加速のネタです いよいよ全国展開を本格化して 3年で千店を全国に出店するそうです
1000店
おお！ いけそうだね 今の時期なら1面も狙えるかもしれないよ 1面アタマは無理だとしても ワキならいけるよ 両にらみでいこう
ありがとうございます！
あー 助かった 持つべきは優秀な後輩ですねえ
助かったって…
田中さんはほかにはないの？
ビジネス面の段もの級なら2本あります
OK!
それも出してね！ 夏枯れの時期だから扱いの希望はワキでいいよ 『インフレ気味』の扱いにするから記事は長めに書いてね
了解です 別のネタも仕込んでおきます
私も1面アタマになりそうなネタがあるから 1本出稿できると思う
おー さすが よろしくお願いします
それじゃ 2人とも明朝までに 出稿案をよろしく！

2 ネタ枯れの時期を狙え！ 時期別の広報術

≫「記事が枯れる」時期を狙え

漫画は、7月終盤のある大手新聞社の取材センターでのエピソードです（ちなみに、取材センターはメディアの本社とは別に、取材先の近くに設けられている仕事場のことです）。新聞に掲載できる原稿が少なくなり、デスクがキャップに、キャップが配下の記者に原稿を取り立てているという、新聞社ではよくある光景です。ここで企業の広報担当者に注目していただきたいのが、女性キャップの言う**「夏枯れ」**という言葉です。

大学生のころに経済学を学んだ方は**「需要と供給」**という言葉をご存じだと思います。とても簡単に言うと、「需要」はモノやサービスをほしいということ、「供給」はそれを売りたいということでしたよね。この「需要」と「供給」が、「市場」でモノ・サービスの値段や取引量を決めると教わったのではないでしょうか。例えば需要が多くて、供給が少ない場合はモノやサービスの値段は上がりますよね。**こうした仕組みは、メディアの記事掲載でもほとんど同じ**です。記事ネタが少なくなる時期でも、紙面の量は大きく変わらないので記事の需要自体はあまり変わりません。記事の供給が少ない時には、メディア側の記事のストックが不足しますから、当然、記事が採用されやすくなります。それどころか、記事の扱いが通常よりずっと大きくなることもあります。記者の現場では、ネタ不足の時に記事の扱いが良くなることを、物価の上昇（インフレーション）になぞらえて、**「記事のインフレ」**と呼んでいました。ですから女性キャップが指示しているように、記者側も記事の扱いを本来のニュース価値よりも「インフレ」気味に、つまり大きめに希望しておくのです。

こうした「記事が枯れる」つまり、記事の供給が減って新聞社が困る時期は、記者にとってはつらいものです。ニュースが少ない時でも、何とかして記事ネタをひねり出さなければならないからです。一方で、逆の立場である企業広報にとってはチャンスです。特に、いつもはなかなか大きな記事を書いてもらえないＢｔｏＢ企業や中小企業にとっては、この時期こそが狙い目です。

記事がたくさんある時に記者が一生懸命、たくさんの暇ネタの記事を書いても、デスクはかえって迷惑がることすらあります。せっかく書いた原稿は「預かり（使われないでキープされること）」になったまま、扱いが小さくなったり、最悪の場合はボツになったりします。ですから、記者もこうした時期は、取材先から独自の記事ネタをもらってもさほど大きくできません。もちろんよほどの大きなネタなら別ですが、そんなネタはどこの企業でもめったに出てこないでしょう。

広報担当者が、メディアのネタ枯れの時期を理解した上で活動をするのと、そうでないのでは成果に大きく差がつくことになります。記事が載らないと嘆いておられる広報担当の方は、ネタ枯れの時期を見極めることをおすすめします。もちろん、緊急性が高く、長く預かり（キープ）が効かない記事ネタもあると思います。その場合は仕方がないので、「○日に発表になるので、いつまでに出してほしい」と記者にお願いするようにしましょう。

≫具体的なネタ枯れの時期はいつ？

それでは、具体的にネタ枯れの時期はいつごろなのでしょうか。典型的なネタ枯れの時期は、まず、企業が夏休みに入りやすい8月です。この時期をデスクや記者は**「夏枯れ」**と呼んで恐れています。社内でも「そろそろ夏枯れの時期になるから、何かネタを仕込んでおかないとまずいぞ」「夏枯れだから、預かりの効くアタマ記事の候補を頼むよ」などといった会話が飛び交っています。

記者も多くはお盆期間に夏休みを取得します。ただ、新聞は定期的に発行されるわけですから、紙面の分量が大きく変わるわけではありません。インターネットで配信する電子版は紙の新聞より多くの記事を収容できますから、さらに記事の分量が要求されます。このため、広報担当者は夏枯れの時期に、記者に記事ネタを提供してあげると喜ばれることが多いのです。

次にご紹介する「ネタ枯れ」の時期は、正月休みの前後です。この時期も多くの会社が休みになってしまいますので、記者は預かりの効く独自ネタの仕込みをデスクらから命じられます。この時期は特にデスクの危機感が強く、休みに入る数週間前から取り立てが始まり、キャップは出稿できる記事案をまとめて提出させられることもあります。

広報担当者にとって、注意するべきなのは、**休み直前に暇ネタを出しても、すでに記事案のラインナップがそろってしまっているケースがある**ことです。遅くとも正月休みの2週間前には記者に「預かりの効く独自ネタがありますよ」と声をかけて、ネタを提供するようにしましょう。

2週間前までにネタの提供ができなかった場合もあきらめることはありません。正月休みが明けても、多くの企業は「正月モード」が続いていることが多く、**「ネタ枯れ」の時期が1月後半くらい**

まで続くこともあります。広報担当者は、ネタの提供が遅れた場合、1月の正月休み明けに記事ネタを提供することも一つの手だと思います。

≫ゴールデンウィークや週末も狙い目

次にご紹介するのは、ゴールデンウィークです。この時期も多くの企業が休む時期ですよね。記者は正月休み前と同じように、デスクから原稿の取り立てを受けます。私も「ゴールデンウィークや冬休みくらい休ませてほしい」と思っていたら、自分が出していた1面アタマ候補の原稿が使われて、出社するハメになるということが何度かありました。もちろん、記事を使ってもらえるのはありがたいことではあるのですが、代休を取れるわけでもありませんので、一人の人間としては複雑な気持ちでした。広報担当者も自分が出した記事ネタが使われると、休み中に記者から何度も問い合わせがくるなど、休みが一部つぶれてしまいますので、できるだけ休み前に多くの情報を記者に提供しておくなどの対応を取ると良いでしょう。

毎週末の紙面も狙い目です。平日の紙面は政府や大企業による発表（プレスリリースや記者会見）があり、それでかなりの紙面が埋まってしまうことも多くあります。「発表もの」の記事ネタは、その日に紙面化しなければ記事掲載がほかの新聞やテレビなどから遅れてしまいます。こうした〝どうしてもその日に掲載しなければならない記事〟を**「是非もの」**とも言います。

一方で、週末は多くの主要な取材先が休みのため、紙面への記事供給の水準が低くなってしまいます。週末は新聞社が何も対策を講じないと紙面が埋まらないリスクが出てきます。このため、第

1章でもご紹介した通り、週末紙面を埋めるための「出番」原稿の出稿を記者の義務にしている新聞社や部署もあるくらいです。

BtoBや中小企業など、なかなか記事を掲載してもらえない企業の広報担当者は、紙面への記事の供給が少なく、**紙面需給が緩んでいるタイミングを狙う**のが鉄則です。もちろん、記事は独自かつ、しばらく預かり（キープすること）もできる記事ネタを用意し、週末紙面の空いている時を狙って記事化してもらえば良いのです。

≫記者との紙面需給の情報交換もポイント

最後にご紹介するネタ枯れ時期の探索方法は「記者に直接聞く」というやり方です。実は日々の紙面繰りの需給は常に変動しています。つまり、先ほどご紹介した典型的な三つのネタ枯れ時期以外でも、意外に細かいネタ枯れは発生しています。**「今週はたまたま記事が足りない」「今日は記事がなくてヤバい」**という、記事が大きくなりやすい穴場の日や時期があるということです。

このようなことが起こってしまう理由は、記事は在庫を大量に持つのが難しいからです。メーカーや小売店であれば、生産ラインを拡充するなどして計画的に在庫を増やし、商品を高品質のまま保管することがある程度可能かもしれませんが、**記事は生鮮食品のようなもので、新しくないと使えません**。記者の間ではネタが古くなることを「腐る」などと表現することもあります。1か月以上も前のニュースを今、記事として掲載してくれと記者から言われても、デスクの立場としては「使ってあげたいけど、ネタが古すぎて無理だね」と言わざるを得ません。

広報担当者は記者と時々電話で連絡を取り、お目当ての新聞などの記事の需給関係を確認すると良いでしょう。「ここぞ」という時に記事ネタを提供すれば、新聞社は紙面が埋まり、記者も評価が上がり、広報担当者も記事を大きくでき、記者からも感謝されます。まさに「一石三鳥」です。

2～3週間ほど預かりの効く記事ネタを、常に記者に渡しておくのも一つの方法です。新聞社では少なくとも1か月に1回くらいは、ネタ枯れの時がくるものです。記事の供給が少ない時に使ってもらえるように記者にネタを預けておけば、記事が足りない時に使ってもらえる可能性が高いでしょう。ただし、その際にも「記事の扱いが小さくなっても良いですから、いつまでには記事ネタを使ってください」と記者に頼んでおきましょう。1か月も記事が預かられてしまうと、デスクや部長が「誰も使わないってことは、その原稿は何か問題があるのではないか？」「ネタが古すぎて使えない」などと思って掲載してくれなくなるからです。

≫ネタ枯れの時期の新聞掲載は無意味？　そんなことはありません

「ネタ枯れ」の時を狙え、などと言うと、ベテランの広報担当者の中には「お盆など休みの時期は、読者だって旅行に行っている場合もあるから、新聞を読んでもらえないことが多いのではないか？」「そんな時期に記事ネタを提供しても、読んでもらえないなら意味がないじゃないか」と思われる方がいるかもしれません。

確かにそうした部分はあります。しかし、**そんなことを言えるのは、誰が見ても重要で、大きな扱いで記事を採用してもらえるような記事ネタを持っている場合だけ**です。皆さんの会社では、そんなネタを頻繁に提供できるのでしょうか？　少なくとも私の場合は、そうしたネタはほとんどありませんでした。仮に広報担当者が自社の記事ネタに自信があったとしても、記者やデスクのほうで同じように思ってくれるとは限りません。記事の出稿量が多く、紙面があふれかえっている時に記者にネタを提供すれば、どんな大企業のニュースでもボツになるリスクがありますし、ニュース価値が過小評価され、扱いが小さくなることもあります。

特に、**普段注目されづらいＢｔｏＢ企業や中小企業は、記事を掲載してもらうことが先決です。一つの記事掲載が記者と知り合いになるきっかけになり、その後の関係づくりにも役立ち、中期的にも安定した記事掲載を期待できるようになる可能性が高まる**からです。こうしたネタ枯れの時期に大きな扱いの記事を多く書くと、デスクから喜ばれ、記者の評価も上がりやすくなります。逆にまったく書かないと、「使えないやつ」とのレッテルを張られかねません。記者側も必死ですから、困った時に助けてくれる企業広報を頼りにするようになるでしょう。**ネタ枯れの時に記者に協力してあげるのは、記者との信頼関係を維持・強化するためにも大事**なことだと思います。

さらに、お盆時期だからといって、読者が誰も新聞を読まないわけでは当然ありません。「普段は忙しくて新聞を読む時間が限られるけれど、休みの日にはじっくり新聞を読む」という会社員や経営者もたくさんいるのではないでしょうか？　仕事や社会勉強に熱心な方の中には、「休日こそ新聞をまとめ読みする」という人もいます。このため、緊急時のネタ、よほど自信のあるネタ以外であれば、時期を見極めて記者にネタを提供するのが効果的な広報術だと私は考えています。

G新聞（業界紙）ベテラン記者〈デスク〉

G新聞　新人記者

困りましたよ…A社の広報が介護業界関連の記事ネタを売り込んできて新聞に掲載してくれって言うんです
あら～…
介護
健康食品
よく誤解されるよね　うちはドラッグストアとか健康食品関連のニュースが主だから介護業界関連のニュースは取り扱ってないのよね　説明して断ったらいいんじゃないの
そうするしかないですね　それにしてもA社の広報はうちの新聞を読んだのですかねえ　読んでいれば介護業界の記事は1本も載ってないのがわかるでしょうに
うちの新聞は書店で売ってないからね　それにしても不勉強ではあるね
一応　広報担当者に掲載は無理だってメールで連絡しておきます　アドバイスありがとうございました
がんばれ～
忙しいところ大変だったわね　ご苦労さま

3 メディア別「攻めのネタづくり」のコツ

漫画は、ある業界紙における記者たちの現場の一コマです。このエピソードはあくまでフィクションですが、私の記者時代の経験から言えば、企業広報やPR会社の方々が新聞をよく研究しないまま、記者に連絡を取り、掲載できない記事ネタを売り込んでくることは意外によくあることです。

≫メディア別のネタづくり（業界紙、専門紙編）

世の中には多くの業界紙、専門紙が存在します。全国紙に比べれば発行部数は多くありませんが、多くは専門的な情報を掲載しているため、関連業界の企業経営者や社員が読んでいます。読者は多くないものの、全国紙よりも真剣に新聞に目を通しているケースが多く、業界関係者の認知度を上げるのにはうってつけのメディアだと言えます。

では、業界紙に掲載してもらうにはどのようなネタづくりが必要なのでしょうか？　第一歩は、記事を**掲載してもらいたい業界紙を入手すること**です。記者に挨拶に行った時に新聞を1～2部もらってくるのも一つの手ですし、挨拶だけするのが難しい場合は、新聞を購入したいと代表電話の受付の方に話し、送ってもらえば良いでしょう。

実際に新聞を読めば、どんなストレートニュースが掲載されているかがわかると思います。もちろん、**漫然と紙面に目を通すのではなく、入手した業界紙のニュースに自社が当てはまるネタがあるかどうかを確認**しながら読みましょう。

業界紙や専門誌の場合は、業界の細かいニュースが掲載されている一方で、対象としている業界に関連する記事ネタ以外は取り上げるのが難しいことも特徴です。どんなに面白いネタでも、他業界の記事ネタは難しいのです。

ただし、全業界に通じる記事ネタもあります。例えばある企業が、全業界を対象とする、あるサービスの手数料を引き下げるとします。この場合はすべての業界紙や専門誌に記事を掲載してもらえる可能性があります。しかし、全業界を対象とするサービスのネタだったとしても、業界紙の記者に記事ネタを提供するのに、その業界にどう関係するのかを説明しないようでは掲載はおぼつきません。抽象的にお伝えしてもわかりづらいと思いますので、ここでは具体例を挙げて説明していきます。

≫業界の現状や課題を把握した上で記事ネタを提供しよう

事例Ⅰは「Aというコンサルティング会社が来月から、コンサルサービスの手数料を従来の水準から10％値下げする。サービスは全業界を対象とする。値段を下げることで、顧客がサービスを受けるためのハードルを引き下げ、利用者増を目指す」という記事ネタです。

例えば、この会社の広報担当者が物流関連の業界紙に記事を掲載してもらいたいと思った場合、このまま掲載をお願いしても、あまり興味を示してもらえない可能性があります。すべての業界が対象ということは、その業界紙・専門紙が対象としている業界だけではないということでもありますので、記者が「必ずしも掲載する必要がない」と判断することが考えられるからです。

私が広報担当であれば、例えばこのネタを以下のような形で、物流業界向けにカスタマイズして提供するようにします。

「コンサルティング大手のA社は来月から、物流会社など向けのコンサルサービスの手数料を10％値下げする。物流業界では、インターネット通販の普及などを背景に小口配送が増加。詳細な配送ルートプランの立案など業務の効率化を必要としており、物流関係のコンサルサービスへの需要が急増している。A社はサービスの価格を引き下げることにより、二の足を踏んでいた中小の物流会社が自社のサービスを積極活用できるようにし、物流業界の顧客開拓を進める」

いかがでしょうか。全業界向けの記事ネタを物流業界向けの記事ネタに変身させられたのではないでしょうか。広報担当者が「業界紙に記事ネタを掲載してもらいたい」と考えた場合、新聞の内容を分析した上で、その業界の現状や課題を把握する必要があると私は思います。

広報担当者が、他の業界の業界紙の記者と同じ記事ネタを記者に一斉メールで送りつけて、「記事を掲載してほしい」と言うだけなら確かに仕事は楽ですよね。しかし、それで記者を惹きつけられると思っているのだとしたら、それは少し考えが甘いでしょう。記者が「自分の業界との関係が薄い」と思ってしまえば、記事が掲載されないのは当然です。記者から「この企業の広報担当者は自分の業界のことがわかっていない」とみなされれば、信頼関係を築くことも難しくなります。

もう一つ記事ネタの例を挙げておきましょう。事例Ⅱは「ITサービスのB社が企業のDX（デジタルトランスフォーメーション）支援を強化する。サービスの対象は全業界。全社横断組織であるDX推進本部を新設し、マーケティング、提案・実行支援を実施する」という記事ネタです。

こちらも事例Iと同じですね。例えば広報担当者が建設関連の業界紙にこのネタで記事を掲載してもらいたいと思った場合、このまま掲載をお願いしても、やはり興味を示してもらえない可能性があります。私がこの企業の広報担当者なら、事例Iの時と同様、このままのネタを建設関連の業界紙の記者に提供することはしないでしょう。例えば、以下のようにしてみてはいかがでしょうか？

「ITサービスのB社は、建設業界などの企業のDX（デジタルトランスフォーメーション）支援を強化する。全社横断組織であるDX推進本部を新設し、マーケティング、提案・実行支援を実施する。建設業界では、人手不足や業務の効率化、次世代への技術継承などが課題となっている。このため、最新のICT（情報通信技術）を活用し、計画・調査・設計・施工・維持管理の情報共有や、遠隔からの重機操作や施工状況の確認などが進みつつある。B社はこうした企業へのサービスをDX推進本部で一括担当し、建設業界の業務効率化を支援する」

あくまで一つの例に過ぎませんが、このような形で記事ネタを提供すると、建設業界関連の業界紙の記者の方々も、当初のネタ案よりも記事を掲載しやすくなるでしょう。こうした記事ネタの提供は、必ずしも文章にする必要はありません。記者に対して、口頭で説明すれば良いのです。ただ、口頭で説明しても、業界のことを理解していないようでは記者に見透かされてしまいます。

もともと知名度の高い超大企業はともかく、**ＢtoＢ企業や中小企業がおおざっぱに広報活動をやっていては、記事の掲載はいつまでたっても増えない**ということを、多くの広報担当者は肝に銘じておく必要があります。まさに、私もそれを痛切に体験した一人です。ＢtoＢや中小企業の広報担当者は、日々忙しい業務をこなしながら、常に勉強と記事掲載のためのメディアへの営業を必要とする大変な仕事だと思います。しかし、**難しいからこそ、やりがいがある仕事でもある**のではないでしょうか。

≫メディア別のネタづくり（全国紙編）　中小企業の企画は意外に多い

全国紙の場合は、業界紙に比べれば、企業関連のニュースについて各紙で大きな違いはありません（日経新聞を除く）。**経済ニュースについては、企業ニュースだけでなく、あらゆるジャンルの経済関連の記事が掲載されているために、なかなか紙面のスペースが取れない**のが特徴です。例えば日経新聞以外の全国紙の場合は、基本的に、経済関係のニュースは「経済面」に集約されています。大手全国紙のある日の紙面を実際に見てみると、経済のコーナーに「日本の経常収支」というマクロ経済ニュース、「米国の株式相場の値下がりのニュース」、「米国政府の予算編成のニュース」などという、壮大なニュースが並んでいました。

これでは、ＢｔｏＢ企業や中小企業がストレートニュースで紙面に入り込む余地はまったくなさそうに思えます。ただし、よく紙面を分析すると、それぞれの新聞で企画記事があることがわかります。例えば新製品を取り上げる企画記事の連載もありますし、各業界の変革の動きを伝える連載もあります。中小企業を取り上げる連載記事もあります。

ストレートニュースでは掲載が難しくても、そういった企画記事で自社が取り上げられないかを探っていけば、記事掲載の可能性が出てきます。また、こうした企画は常に新しい企画が立ち上がり、消えていきますので、できるだけ記者と情報交換し、「どんな企画があるのか」、「自社も取り上げてもらえる可能性がないか」を探っていきましょう。

こうした**全国紙は、多くの人が読んでいるだけに、日本企業のほとんどを占める中小企業に勤務している読者も多い**はずです。つまり、中小企業の動向は読者にとっても関心のあるテーマであり、**常にどこかの新聞で中小企業を取り上げる企画が掲載されている**と言っても過言ではありません。まずは自社の記事を掲載してもらいたい新聞を熟読して分析し、あきらめずに記者と情報交換をしていくことが大事だと思います。

≫メディア別のネタづくり③（日経新聞編） 自社に合った面を見つけて分析を

多くの企業広報の方々が「ぜひ取り上げられたい」と考える全国紙が、日経新聞だと言われています。第1章でお伝えした通り、多くの調査で信頼性が高いとされており、「日経新聞に自社が掲載された」こと自体が企業のステータスや信頼性向上になる場合もあるからです。

さらに、企業広報の方々にとって都合の良いことに、日経新聞では企業ニュースの紙面のスペースが、ほかの全国紙に比べれば非常に大きいのが特徴です。このため、ＢｔｏＢ企業や中小企業にとっては掲載のチャンスが多いと言えます。一方、先ほどお話しした通りの理由で「日経新聞に自社の記事を掲載してもらいたい」という企業は多く、その分、競争率は高まります。このため、いくら「企業ニュースを収容するスペースが広いからチャンスがある」とは言っても、容易に掲載されるわけではありません。

日経新聞に自社の記事を掲載してもらいたい広報担当者が、まずやるべきことは何でしょうか？同新聞の特徴は、企業ニュースのビジネス面が原則２面あり、ほかの全国紙よりも内容が多岐にわたっていることです。ビジネス面では大企業のストレートニュースだけでなく、事業承継を特集する企画記事もありますし、企業の社員にインタビューするような企画記事もあります。こうした企画記事には、ＢｔｏＢ企業や中小企業も多く取り上げられています。

さらに、日経新聞にはビジネス面以外にも、「スタートアップ面」「テック面」といった企業ニュースを取り上げる紙面があります。スタートアップ面は中小企業でも掲載の可能性が十分あります。**地方の中小企業を取り上げる企画記事もありますし、支局や支社が作る「地方経済面」もありますから、東京に本社がないからといって掲載をあきらめる必要はありません**。まずは、業界や規模など自社の立ち位置を確認し、自社に似た立場や位置づけにある企業が取り上げられている紙面を探しましょう。仮に読者の皆さんがＢｔｏＢや中小企業に属していたとしても、そうした企業が取り上げられている面は必ずあると思います。

「自社を取り上げてもらいたい」と思う面が見つかったら、まずはこうした面のストレートニュースや企画記事を見て、どんなニュースが取り上げられているかを調べましょう。これについては、第3章でお伝えした通り、**まずは紙面に掲載されている記事をパターン分析**してください。紹介した10のパターンに当てはまるものが自社のネタにないのかを最初に調べます。

10パターン分析が終わったら、次はその面に特有のパターンがないかを調べましょう。例えば**スタートアップ面であれば、「AI（人工知能）関連のニュースが多い」とか、「実証実験のようなニュースが多い」とか、よく見るとほかの紙面とは少し違う、個性的なところがある**のではないでしょうか。こうして紙面を広報のプロとして読み、自分の仕事と引き合わせてしっかり分析することが、日経新聞向けの記事ネタを作るための第一歩になります。

また、企画記事は紙面改革で移り変わっていくものです。広報担当者は**紙面を常にウォッチし、その時々の企画記事に合わせた記事ネタを提供する**ようにしたいところです。記者との信頼関係があれば、新しく始まる連載記事への協力を求められることも出てくるかもしれません。その際には、ネガティブな企画でない限りは積極的に協力し、自社の記事を掲載してもらえるように努力したほうが良いと思います。

≫日経の文化面にも注目しよう

広報担当者の盲点になりがちなのが、日経新聞の文化面です。文化面は日経新聞の最終面に当たり、読者にとっては目立つ面の一つです。文化面の中で企業広報の方々に特に紹介したいのが、**「交遊抄」という伝統的なコーナー**です。政治家や政府関係者、企業経営者などが、親交の深い人物との交遊録や随想を紹介する読み物です。伝統的なコラムの一つで、ここで取り上げられること自体が大きな名誉です。取り上げられた企業のステータス向上にもつながります。私も何度か政府関係者や企業の経営者に執筆してもらったり、取材をして代筆したりしたことがありますが、読者からの反響が大きいために、私が取り上げた方々は例外なく非常に喜んでくれたのを覚えています。

こうしたお話をすると、広報担当者の中には「当社クラスの社長では、とても交遊抄に取り上げてもらえるはずがない」と思われる方もいらっしゃるかもしれません。しかし、同じ文化面の**「私の履歴書」に取り上げられる人物が超著名人であるのに対して、交遊抄は一般にそこまで有名ではない方々も取り上げられています**。もちろん、一定の基準はありますが、基準を満たす企業経営者は多いと思いますので、トライしてみる価値はあるでしょう。

「日経新聞の文化部の記者に知り合いがいない」という広報担当者の方もいらっしゃるでしょう。ただ、交遊抄の記事の執筆依頼や口述筆記は各部の持ち回りとなっており、必ずしも文化部の記者が書いているとは限りません。

私自身も、当番が自分の所属する部署にまわってきたために、自分が担当している省庁の幹部や企業経営者に執筆依頼をしたり、取材して口述筆記をしたりしました。このため、文化部の記者は知らなくても、自社の担当記者や知り合いの記者にお願いして、記事を掲載してもらうことは不可能ではありません。

私も広報担当者になった時に最初に真剣に取り組んだのは、自社の社長を交遊抄で取り上げてもらうことでした。やはり親しい記者にお願いして、掲載していただいたことを覚えています。実際に交遊抄に掲載してもらった時には、「これで十分、頼まれた広報担当としての責任は果たしたので、会社を辞めてジャーナリストに戻ろう」と思ったほど、自分なりに達成感がありました。

交遊抄は名物コラムですから、記事を掲載してもらいたい経営者も多く、ハードルはかなり高いと思いますが、その反響の大きさや、掲載してもらった時の名誉や会社の信用力の向上などを考えると、ＢtoＢ企業などの広報担当者はチャレンジする価値のあるものだと私は考えています。

≫日経新聞の記者に連絡を取る

紙面を分析し、この企画記事に自社を掲載してもらいたいというものが見つかれば、いよいよ目当ての企画記事の担当記者に連絡を取ることになります。企業広報の方の一部からは「どうやって企画記事の担当者を調べれば良いのか」という質問があるかもしれません。しかし、**最近は日経新聞の企画記事を担当した記者の特定は必ずしも難しくありません**。

私が現場で記者をしていたころは、日経新聞では国内の記者の署名記事はめったにありませんでした。ところが、**最近は署名記事や筆者名、どこの支局の記者や支局長が記事を執筆したのかが明記されることが多くなっています**。こうした企画記事は支局が持ち回りでやっていることもありますので、広報担当者としては、新聞社の支局や担当記者にメールや電話で連絡を取り、記事ネタや掲載してもらいたいというお願いをしてみてはいかがかと思います。

もちろん、見ず知らずの企業広報から連絡があっても、記者から返信があるとは限らないでしょう。特にこれまで日経新聞に掲載されたことが少ない企業であれば、記者から関心を持ってもらうのは簡単ではないかもしれません。その場合は、もともと知り合いの記者に担当記者を紹介してもらうことも一つの手でしょう。

日経新聞は企業担当の記者がほかの全国紙より圧倒的に多く、大企業から中小企業まで幅広く担当記者をつけているのが特徴の一つです。これにより、企業ニュースの分厚い報道が可能になっているのです。このため、大半の企業や業界には担当記者がいます。地方企業であれば、日経新聞の支局の担当記者がいますし、広報担当者は新聞社の支局長に挨拶したことがあるかもしれません。こうした信頼の置ける記者や支局長を通じて、自社の記事を掲載してもらいたい紙面の担当記者に連絡を取ることも可能なはずです。

もちろん、紹介してもらうには、広報担当者が担当記者から信頼を得ていることが前提となります。記者も人間ですから、信頼できない人や面識のない人をほかの記者に紹介することはありません。仮にトラブルになってしまった時に、自分がほかの記者から責められるリスクがあるためです。記者との信頼関係づくりについては、第7章で詳しくお伝えしたいと思います。

≫メディア別のネタづくり④（地方紙、地方情報誌編）

ＢｔｏＢや中小企業には、地方に本社のある企業も多くあると思います。東京に本社がある企業でも、地方に支社や支店がある会社は多いでしょう。自社の顧客や取引先が地方の企業や消費者だということは珍しくありません。こうした場合に、自社のニュースをぜひ掲載してもらいたいのが地方紙です。

地方紙は業界紙や専門紙と同様、全国紙に比べれば発行部数は少ないですが、その地方での影響力は予想以上に大きいのが特徴です。全国紙の影響力を過信し、地方紙の影響力を軽視する人がいますが、それは誤解ですし、間違っています。広報活動は自社の目的に合ったメディアに記事を掲載してもらうことが最も大事なことです。**地方での自社の知名度向上を目指すのであれば、全国紙だけでなく、地方紙にも視野を広げ、そこでの記事掲載を重視していく**必要があるでしょう。

地方に住んでいる読者にとっては、もちろん国際ニュースや日本全体のニュースも大事ですが、自分が住んでいる地域や地方自治体の情報がたくさん掲載されていることが重要です。地方紙は自治体に支局や情報網を張り巡らしているため、全国紙ではとても網羅し切れない、細かい地域の情報を掲載できるのです。

それこそ地方紙には、地域の中学校のイラスト展や少年野球のボランティアなどのニュースが細かく載ることもあります。このため、地方在住の方々の中には、全国紙よりも地方紙を読むという人もたくさんいます。つまり、実際に、全国紙よりも地方紙のほうが影響力が強いとされる地域は多くあります。このため、企業の広報担当者が特定の地域や自治体の人たちに自社のことを知ってもらいたいと考える場合、地方紙に記事を掲載してもらうことが有効なのです。

地方紙の場合は、何と言っても地方ネタを用意するのが大事です。自社にとっては大きなニュースでも、地方紙が対象としている自治体との関係が薄ければ、記事掲載されづらいのが実情だからです。

例えば、**自社がはじめてある県に進出する、といったニュースはうってつけの記事ネタ**でしょう。**「A社が地方のオフィスを移転、増床する、人員を増強する」「製造業のB社が地方の工場を拡張する」「C社が○○市の研究施設に巨額投資する」**といったネタも取り上げてもらいやすいと思います。「地元の企業が新しい商品を開発、販売する」などのネタも掲載されます。こうしたニュースは地元の経済や雇用、消費者に大きな影響を与えるためです。地元密着のネタは全国紙では掲載されなくても、地方紙では取り上げてくれることがありますし、大きな記事になることもあります。

さらに、地方には独自の情報誌がある場合もあります。例えば福岡県であれば「ふくおか経済」、香川県であれば「かがわ経済レポート」などいろいろなメディアがあり、地域の人々の情報源になっています。こうしたメディアは東京では無名かもしれませんが、地元では予想以上に影響力があるケースがあります。地方での企業の知名度向上を目指す企業の広報担当者は、**地方紙に加えて、こうした地元の情報誌に自社の記事を掲載してもらう**ことも検討してはいかがでしょうか。記事ネタづくりのコツは、原則として地方紙と同じです。地元に関連するものであれば掲載されやすいでしょう。

このほか、地方での企業の知名度向上を目指す上で、記事掲載を目指したい有力メディアの一つが「**ブロック紙**」です。ブロック紙とは、販売地域が複数の都府県にまたがる地方紙のことです。中部地方や近畿地方の一部などが販売地域となる中日新聞や、中国地方の中国新聞、東北地方の河北新報などさまざまなブロック紙があります。ブロック紙は全国紙ほどではありませんが、一般の地方紙に比べて発行部数が多く、新聞としての知名度も高いと言えます。

こうした新聞では、販売地域の記事ネタが歓迎されます。ブロック紙以外の地方紙では一つの地方自治体が販売対象のことが多いですが、**ブロック紙の場合は対象地域が広いため、記事ネタの対象地域も広がります**。つまり、企業の広報担当者が記者に記事ネタを提供できるチャンスが多いわけです。

ただし、ブロック紙の場合は対象地域が広いにもかかわらず、一般の地方紙と紙面の量はそれほど変わりません。記事を掲載できる紙面の量に比べて記事の供給量が多いため、記事掲載のハードルは高いと言えるでしょう。広報担当者は、「ブロック紙に記事を掲載してもらいたい」と思った場合には、全国紙と同様にしっかりパターン分析をしつつ、記事ネタを練り上げて記者に連絡を取るようにしましょう。「ブロック紙は全国紙ではないから、きっと簡単に掲載してくれるだろう」という甘い考えで広報活動をやっていると、記事がボツになったり、そもそも記者から相手にしてもらえなかったり、といった悲惨な末路が待っていると思います。

≫メディア別のネタづくり⑤（テレビ編）　BtoCはやや有利

テレビは一般の方々に最も大きな影響力を持つメディアの一つです。特にNHKは視聴者が多い上に信頼性が最も高いメディアの一つで、報道番組も比較的多いため、取り上げてもらいたいという企業の広報担当者は多いのではないでしょうか。

とはいえ、テレビは放送時間に制限があります。新聞と違ってドラマやバラエティー、スポーツ中継など報道以外の番組が大半を占めますから、わずかな報道番組の時間の取り合いになってしまいます。時間に制約があるために、多くの時間は国内外の政治経済の大ニュースで占められてしまいますので、企業ニュース、それもＢｔｏＢや中小企業のニュースが入り込む隙間は極めて小さいのが現状です。

もう一つの難しい問題は視聴率です。民放の場合は広告主が高い視聴率を求めますので、報道機関であるメディアとしての使命と、視聴率獲得の板挟みになりがちです。テレビ局に勤める私の友人の一人が、かつて「経済ニュースになると、とたんに視聴率が落ちるから、経済部の記者はなかなか認めてもらえない」と私に愚痴をこぼしていたのをよく覚えています。

テレビ番組への出演を目指す企業の広報担当者は、こうした状況を理解した上でネタづくりを考える必要があります。理解のない会社の場合、テレビに簡単に取り上げてもらえると勘違いしていることもありますが、広報担当者は経営者や社員にテレビがどんなものかということをしっかり説明し、理解してもらうことが必要です。

テレビの場合、**視聴率が大事とお伝えしましたが、これは広告主のいないＮＨＫも含めてすべての局に言える**ことです。ただ、これを逆手に取れば、ＢｔｏＣ企業の場合はＢｔｏＢ企業に比べると取り上げてもらえる可能性が高いでしょう。テレビの視聴者はほとんど個人ですから、個人に直接提供する新サービスや新商品などを、積極的にテレビ局のプロデューサーなど関係者に売り込んでいくことが近道です。

とはいえ、漠然と「新商品を出したからテレビで取り上げてほしい」とお願いしても、出演はおぼつきません。テレビ局の番組は広告ではありません。その商品がどんな内容で、消費者や社会にどんな貢献ができるのかを明確に説明しなければ、テレビ局も取り上げにくいのです。

ＢｔｏＢ企業の場合は、ＢｔｏＣ企業に比べてテレビ番組で取り上げてもらうのは難しくなります。**私の実感では、新聞や雑誌と比べても、テレビではＢｔｏＣ企業との格差が大きい**ようです。新聞の場合は経済ニュースを好んで読みたい、情報を得たいという人が多くいるのに対して、テレビの視聴者は子どもなど若年層も多く含んでいます。私の友人が漏らしたように、なじみのないＢｔｏＢ企業のニュースへの需要はどうしても少なくなります。視聴率が取れないとなれば、スポンサーがつかなくなりますから、取り上げられる可能性が低いのも納得できます。

≫テレビへの広報営業、私の体験

私もＢｔｏＢの中小企業の広報を任されていたため、どうやったら自社をテレビに出演させられるかを考え、工夫してきました。私が担当になる前はほとんどテレビで取り上げられたことはなかった会社だったため、人脈もほとんどありませんでした。

藁をもつかむ気持ちでテレビ局に勤務している友人に連絡を取り、関係者を紹介してもらったこともありますが、「面白いんですけど、御社はＢｔｏＢの中小企業だから視聴率が……」「何かあった時には取材させてもらいます」といった反応でした。もちろん「何かあった時」がくることはありませんでした。記者やプロデューサーの方々はとても丁寧な対応をしてくれ、今も感謝していますが、無名かつ業界1位でもない、テレビＣＭも出稿する気のないＢｔｏＢ企業を取り上げてくれるようなテレビ局はありませんでした。広報担当になった当初の私は、テレビ出演についてはまさに「箸にも棒にも掛からない」状況だったのです。

ただ、私が広報を担当してからは、自社についてテレビ以外の多くのメディアに記事を取り上げてもらえるようになりました。それだけ一般の方々にも、メディアの人たちにも知名度が上がったことになります。すると、**こうした新聞、雑誌、インターネットのニュースサイトなどの記事群を読んで、テレビ局の記者やプロデューサーが、「自分が制作する番組の企画で取材したい」「企画づくりの相談に乗ってほしい」という連絡を向こうからしてくれるようになった**のです。

私はこうした記者やプロデューサーからの依頼に積極的に協力し、社内でも事情を説明した上で、社長をはじめ、会社をあげて情報提供に協力してもらいました。記者らと一緒に企画のストーリーを作り、背景説明のための情報を提供しました。気をつけたのは、単に情報提供をするのではなく、この情報やニュースがどんな社会問題の解決や社会貢献につながるのかという視点で伝えることでした。自社以外の企画づくりのネタ探しについても、積極的に協力し、取材先を見つけて記者に連絡しました。

紆余曲折はあったものの、結果としてはNHKの最も視聴率の高いニュース番組で、自社の社長のコメントを取り上げてもらうことに成功しました。私が広報担当になってから9か月がたっていました。

番組の放映後に、記者の方から「時間の制約のために御社の社長コメントが削られそうになったが、日高さんからここまでお世話になっていたから、上司に直訴してコメントを死守しました」と

いう裏話を聞かされました。私は記者に大変感謝するとともに、広報の仕事も記者と同様、人とのつながりや信頼関係で成り立っているのだと思い知らされました。この時、私や自社の人たちがそこまで報道に協力していなければ、記者の方も上司に反抗してまで、私の会社の社長コメントを守ろうとはしてくれなかったでしょう。その時の記者の方が誠実な人柄だったことも幸いでした。

この報道を皮切りに、年に数度は、ニュースや社長インタビューなどを民放も含めてテレビで取り上げていただけるようになりました。もちろん広告ではなく、あくまで報道ですので、1円たりともお金は支払っていません。私がくる前には何年もテレビに取り上げてもらえていなかったわけですから、ＢｔｏＢや中小企業でもやればできるのだと思います。

もっとも、私の場合はテレビに自社を出演させたいからといって、すべての記者やプロデューサーの要請に協力しているわけではありません。メディアの要請の中には、最初から取材のテーマがあって、それに合わせたエピソードがほしいというケースもあります。ただ、そのテーマが誤解を含んでいたり、それを放送してしまえばかえって社会に間違った認識を生んでしまうと予想されるような企画があったりします。

こうした場合、私はまずは連絡してきた記者の誤解を解くように努力していました。メディアの方々は、自社とはほかの業界に属しているわけですから、最初は記者が誤解していても仕方がない面があります。私は、記者が誤解しているなと思った場合は、多くの情報などの根拠を示して誤解を解くようにしました。偏った内容の場合は、抑えとして別の見方も入れるようにお願いします。そうすると、記者の方は企画自体をやめる場合もありますし、修正してくれることもあります。

一方で「日高さんが言っていることはよくわかりますが、上司がそういうテーマでやれと言っているので」と別の企業に取材に行く場合もあります。メディア露出を増やしたい私にとっては非常に残念ですが、**間違った情報や誤解を世の中に出さないようにするのも企業広報の役割**だと私は思っています。特にテレビや新聞の影響力は非常に大きいだけに、一度誤解を招く報道があれば、なかなかそれを覆すことはできません。単にテレビに出たいからと大げさな情報を出したり、テレビ局におもねるような行動を取ったりすることは、企業広報としてやってはいけないことだと認識すべきです。

≫テレビ向けの企画書づくりの心得　わかりやすさ重視

テレビ局の記者やプロデューサーは忙しい毎日を送っていますので、広報担当者から自社を売り込む場合、口頭だけで説明しても相手にしてもらえないこともあるでしょう。また、テレビで番組づくりをする際には、放送した際のリスクや面白さなどをチェックするために、多くの人に書面などで説明する必要があります。番組制作にはお金がかかりますし、労働コストもばかになりません。それに見合う、あるいはそれ以上の高い効果が求められるわけです。それを局内に説明して説得するのに役立つのが企画書です。

私は元新聞記者で、テレビ局員ではありませんので、テレビの企画書づくりのプロではありません。ただ、メディアにとってどんなネタが大事かは新聞もテレビも同じです。広報担当者としても、テレビ局の方々と一緒に何度も企画づくりをし、放送していただいてきましたので、その経験をもとに企画づくりについて簡単に私の考えを説明させていただきます。

企画書で必要な心得はいくつかあります。これはＢｔｏＢでも、ＢｔｏＣでも、中小企業でも共通しています。**最初の心得は「わかりやすさ」と「具体性」**です。テレビ局の関係者に予備知識がなくても「わかりやすくて面白い」と思って読むことができるのが前提条件となります。もちろん、抽象的な情報では面白いとは思ってもらえませんから、具体的なネタや情報も必要です。

制作者すら理解できない、あるいは面白いと思えない企画書をもとに作った番組は視聴者に支持されませんし、そもそも企画が局内を通りませんので、制作されることはありません。視聴者は最初に「つまらない」と思えば、すぐにチャンネルを変えてしまいますので、やはり「つかみ」は大事になります。逆に言えば、最初に「わかりやすくて面白い」と思わせてしまえば、半分成功したようなものとも言えるでしょう。この「わかりやすさ」に関連しますが、企画書の文章を長々と書くのはおすすめしません。あくまで簡潔かつ明快に、が鉄則です。

もう一つの心得は「背景説明」や「意義づけ」「トレンド」です。提供するネタが社会にどのような貢献をするのか、社会問題をどう解決するのか、といったことです。例えば環境問題や高齢化社会の進行、新型コロナウイルスの感染拡大などといった足元の社会問題の解決にどんな意味があるのか、関連があるようであれば、それに引きつけるような工夫が必要だと思います。また、「世界初」、「リーマンショック以来」、「ノーベル賞級」といった意義づけや権威づけも、新聞と同様、重宝されます。

最後に重要な心得は「臨場感」「リアリティのある映像」です。これが新聞や雑誌との大きな違いです。新聞記者はまずネタを考えますが、テレビでは映像も同時に考えなくてはいけません。つまり、密着取材ができる具体的な例が必要なのです。過去の事例を取材してもなかなかメインのストーリーにはなりづらいのが実情です。臨場感のある映像を撮影できるかどうかが、採用されるかどうかの条件の一つになりやすいと言えるでしょう。広報担当者は、こうしたことを意識しながら、ネタづくりをしていくことが必要です。

≫「テレビへの広報営業なんて無理」という人におすすめの二つの方法

ＢｔｏＢや中小企業の広報担当者の中には、テレビについての項を読んで、「新聞や雑誌はともかく、うちの会社や自分の能力ではとてもテレビ出演は無理だな」と失望される方もいらっしゃるかもしれません。私自身も広報担当になった当初は「テレビは当面、難しいだろう」と思っていましたから、そんな方々の気持ちは本当によくわかります。もともとメディア露出が少ない企業の広報担当者が悲観的になるのは、ある意味で当たり前だと思います。

そのような方々には、二つの方法をおすすめしたいと思います。**一つは、テレビＣＭを活用する方法です。ＣＭを制作し、テレビ局の枠を買うと、番組で会社を取り上げてくれるサービス**です。

テレビ局は主にＣＭの広告収入で成り立っています。たくさんテレビＣＭを出してくれる企業へのサービスの一つに「パブリシティ」（パブ）と呼ばれるものがあります。例えば、〇〇〇万円以上のＣＭを出稿すると、別枠（電波枠）をサービスしてくれる、というものです。どんな形式でパブを実施するかはテレビ局が決めますから、企業側が厳密に指定できるわけではありませんが、検討する価値はあると思います。この方法の長所は、広報担当者などのスキルが低くても、お金さえ出せば質はともかくCMを出稿したり、パブを作ってもらったりすることが可能なことです。

もちろん、この方法には欠点もあります。CMを制作、出稿するにはかなりの資金が必要だからです。簡単なCMであれば数百万円で制作できることもありますが、テレビの広告枠を購入する必要もありますから、本格的にCMを展開する場合には億円単位の予算がかかるケースもあります。中小企業の広報担当者がそんな金額の予算を広告に使う相談を経理担当にしたとしても、「そんなお金はないよ」と言われるのがオチでしょう。

私自身も広報担当を頼まれた際、ほとんど広告予算はありませんでした。このため、私の場合はまったくお金を使わずに、地道にテレビ以外の報道を増やす努力をすることになりましたし、テレビCMなど夢のまた夢でした。

多くの広報担当者も、当時の私と同じような状況にあると思います。しかし考え方を変えれば、テレビCMや広告に頼るよりも、お金を使わずに報道を増やすことができるようになったほうが、広報担当者としての能力や人間としての価値は高まります。莫大なお金を使ってCMを大量に出しているだけでは、それに安住してしまいがちです。広報担当として努力をしなければ、スキルはなかなか高まらないのではないかと思います。**広告宣伝費の少ない広報担当者は、発想を転換して「自分のスキル向上につながる」と考えてみてはいかがでしょうか。**

もう一つの方法も紹介しましょう。それは、**「テレビ以外のメディアにたくさん記事を掲載してもらうこと」**です。これは私が使った方法でもあります。私がここで強調したいのは**「メディアは**

連鎖する」ということです。

私の体験から言っても、記者たちは他社も含めて記者同士で情報交換をしたり、インターネットや日経テレコンのような情報サービスで他社の記事をチェックしたりして、常に公開情報を取るよう努力し、それらを企画に役立てています。テレビの記者やプロデューサーにとっては、番組で使うのは必ずしも特ダネでなくても良く、面白いネタであれば良いわけですから、新聞などほかのメディアに掲載された情報でも「これは自分の企画の趣旨にかなっている」と思えば、積極的に取材してくれます。ただし、ほかのメディアに記事を掲載する場合も、テレビでも使えそうなネタを掲載してもらうという努力は必要でしょう。予算が少ないＢｔｏＢの中小企業の広報担当の皆さんには**「テレビに取り上げてもらいたければ、テレビだけにこだわるな」**というアドバイスとエールを送りたいと思います。

≫影響力高まるインターネットのニュースサイトへの対処法

最近、注目されているのがインターネットのニュースサイトです。当初は既存の大手メディアが運営しているものが主でしたが、最近は独立系のメディアが急激に増えています。一部には非常に大きな影響力を持つニュースサイトも出てきています。私はこうしたニュースサイトは、今後も成長する重要なメディアだと考えており、多くの記者の方と常時連絡を取り合い、記事を掲載していただいています。

ネットメディアの場合、『マスコミ電話帳』のような書籍に連絡先が記載されていないことも多く、どうやってコンタクトを取ればいいかがわからないことも多いでしょう。これについては、私も困った経験があります。このため、ニュースサイトの運営会社に連絡をして取り次いでいただくことが多くありました。ある程度の掲載実績ができると、ほかのメディアで掲載された記事を読んで、取材したいと言ってもらえることも増えましたが、当初はほかのメディアと同様、なかなか連絡が取れずに苦労した時期がありました。

インターネットのニュースサイト向けのネタづくりは、基本的には既存メディアと同じです。ただ、それぞれのサイトに特徴があり、取り上げられやすいテーマがあります。ＩＴ関連に強いサイトもあるでしょうし、会計関係に強いサイトもあるでしょう。広報担当者は、それぞれのサイトの特徴に合わせたネタを作る、あるいは自社に合ったサイトを探す努力が必要です。掲載してもらいたいサイトを探し、サイト内の記事を分析してからネタを作っていく必要があります。

インターネットのニュースサイトでは、ビジュアルにも気を使う必要があります。記事ネタのほか、写真やグラフ、図表、イラストなどの仕掛けがあると記事も目立ちやすいため、その分読まれる可能性が出てきます。もちろん、読まれやすい（バズりやすい）用語やテーマを研究して記事ネタにすることも有効です。ただ、企業の広報担当者としては、それに固執してしまって、本来、「自社が発信したい情報が出せない」、「自社が誤解を受ける」といった状況になるのは本末転倒です。ネットの記事はＳＮＳなどで拡散しやすく、誤った情報が出ると、企業イメージが大きく損なわれることをよく理解して対応するようにしましょう。

ネットの記事の中には、一見報道のようですが、実質的には広告記事というケースも多くありま

す。私も時々、ニュースサイトの記者の方から「会社の取材をしたい」という連絡を受けますが、よく話を聞いてみると、一部は「取材は無料だが、広告を出してほしい」「報道なので無料だが、その代わりに仕事の契約をしてほしい」といったケースがあります。実際に広告を出したい場合は、それでも良いかもしれませんが、私はこうしたケースで取材をしていただいたことはありません。こうした実質的な広告記事を執筆してくれるニュースサイトについては、自社の広報戦略がそれに合致しているかどうか、サイト自体が信頼できるのか、精査した上で取材を受けることをおすすめします。

4 記事の種類別のネタづくりのコツとは

≫記事別のネタづくり①（ストレートニュース編）「新奇性」が最重要

記事には大きく分けて、ストレートニュースと企画記事があります。こちらは第2章「相手を知る編」で説明した通りです。記事はそれぞれ大きく違いますから、ネタづくりでもそれぞれに合わせて必要な情報が微妙に違います。

ストレートニュースで最も大事な情報は、「誰が」「いつ」「何を」「どうやって」やるか、ということです。この基本的な情報がないネタは記事にできません。

もう一つ大事なことは、ネタの**「新鮮さ」「面白さ」**です。広報担当者がいくら記事にしてほしいと願っても、記者は1か月以上も前の出来事をニュースとして書くことはまずできません。皆さんが読者の立場で考えた時に、1日でも前の話はニュースだと感じないのと同じです。ストレートニュースはまず、この「新鮮さ」が重要だと心得てください。

もちろん、ネタの「面白さ」も大事です。では何が面白いということなのでしょうか？ こちらは、第3章で詳しく説明しましたね。記者やデスクは記事にする際、大きく「新奇性」「トレンド、背景」「意義づけ」という三つのポイントを考えています。

特にストレートニュースで重要視されるのは「新奇性」です。ストレートニュースは、「珍しい出来事や新しい情報」を伝えるのが役割だからです。広報担当者はこの点を意識してネタづくりをするようにしましょう。その上で背景やトレンド、意義づけなどの説明がしっかりできれば申し分ありません。その分、記者の理解が進み、記事ネタの価値も増すことになりますので、取り上げてもらえる可能性が高まります。

とはいえ、広報意識の高くないＢｔｏＢや中小企業の場合、広報担当者に社内情報がまわってこないこともあるでしょう。時には広報担当がいるということすら認識していない社員もいるかもしれません。このため、**広報活動をやりたいという企業は、まず社内の情報を広報担当者に円滑に伝達する仕組みを作り、経営者や社員の意識を高める必要**があります。

広報担当者は経営者やＩＲ担当、営業担当などと常に情報交換し、会社が新しい動きをする情報が入った時に「メディアに取材してもらえそうか」、「取材してもらうと自社にとってプラスになるのか」、「どうやれば記事ネタにでき、記者に取材してもらえるのか」を常に意識します。

記事ネタを作ったら、最後に自分が作ったネタを自ら記事にしてみましょう。これについては、第3章の「最強の方法②」で紹介した手法が役に立ちます。記事は上手でなくて結構ですし、短くても構いません。必要な情報が入っているかどうかを確認できれば、まずは合格だと思ってください。逆に言えば、自分で記事案を書いてみて情報が足りなければ、その情報を補う必要があります。その情報が出せないようであれば、そもそも記事ネタとして不十分で、記者に連絡しても取り上げてもらえないということになります。

≫記事別のネタづくり②（企画記事編）三題噺で記事を成立させよう

企画記事はストレートニュースとは大きく違います。一定のテーマに沿って、深く掘り下げて書く読み物のことでしたよね。企画記事では**「トレンド」や「問題になっている社会背景」などにあったテーマを設定して記事を書きます**。このため、テーマに合っていれば、1か月くらい前のニュースでも取り上げられることがよくあります。つまり、ストレートニュースでは採用されなくても、企画記事では採用できることがあるということです。広報担当者はネタの内容が面白ければ、少し古くなってもあきらめず、記者に情報を提供しておくことが大事だと思います。

では、企画記事としてはどんな内容がネタとして面白いのでしょうか？　**典型的な例は、業界のトレンド**です。業界でどんな新しいサービスや新商品が相次いでいるのかを調べてみましょう。自社も同じような流れで新しいサービスなどの取り扱いを始めていないでしょうか。**次に業界横断的なトレンドです。代表的な横断的トレンドを挙げると、「少子・高齢化」や「環境問題」**などです。

落語に「三題噺《さんだいばなし》」という言葉があります。出された題目三つを折り込んで、即興で演じる落語のことを言いますが、新聞の企画記事も同じトレンドに趣旨の合った三つのネタがあれば、成立しやすくなります。例えば、記者が東京オリンピックの関連需要の企画記事を書く際に、広報担当者が「関連商品を販売したところ、自社の月間の売り上げが何倍になった」といったネタを提供できれば、三題噺の中の一つのネタとして使ってもらえる可能性が高まります。さらに企画記事に説得力を持たせるためには、証拠となる統計や数字が必要になりますから、記者にこうした趣旨に合うデータを提供してあげると喜ばれるでしょう。それが自社の独自集計であれば最良です。

少し高度な話をすると、広報担当者が自分で企画記事になりそうな業界や経済状況のトレンドを調べて、自社も含めたネタを記者に提供し、企画記事を書いてもらうというのも一つの手だと思います。世の中には高齢化社会や環境問題、社会問題、感染症、地域社会の疲弊、人手不足や雇用のミスマッチ、エネルギー資源の不足など多くの課題があります。こうした課題の解決につながるテーマは多く、こうした背景をもとに記者に記事ネタを提供することができれば、何らかの形で取材をしてくれる可能性が高まると思います。

インタビュー記事も企画記事の一つです。著名な経営者であれば、日経新聞などでも取り上げてもらうことが可能でしょう。ただ、一つの企業の経営者をインタビューで頻繁に取り上げることはありません。新聞は公正中立が原則ですから、一つの企業に肩入れしていると思われるのはマイナスでしかありません。このため、経営者のインタビューもあくまでバランス良く取り上げる必要があるのです。

ただし、ほとんどの経営者は、こうした大きなインタビューの対象になる著名な経営者ではないと思います。その場合は「ニュース一言」のような小さなコラムでコメントを取り上げてもらうよう、記者にお願いしてみてはいかがでしょうか。こうしたコラムでは常に経営者の面白いコメントの需要がありますので、記事掲載の可能性が高まります。また、インタビューではないですが、三題噺の企画記事で、自社の経営者のコメントを専門家の分析として取り上げてもらうよう記者にお願いしてみるのも良い方法だと思います。

【応用編】

第5章

「良いリリース」、「悪いリリース」

●　●　●

記者時代、現場の仲間たちから「リリースはどうしてこんなにわかりにくく書かれているのだろう？」と不満の声があがることがありました。用語が難しく、内容もわかりにくいために、「記事にされたくないから、わざとわかりにくくしているのではないか」と苦笑まじりの声があがることもあったくらいです。そんな残念な事態を減らすため、この章では**記者側から見た「良いリリース」と「悪いリリース」、さらにはその改善法**をお伝えします。

N新聞（大手経済紙）記者

お忙しいところ すみません 今日プレスリリースを 発表したんです 記事になりますか？
お電話ありがとう ございます このリリースは意味が よくわからないですね どこがニュース なんですか？
わかりにくくて すみません 当社が今月にアンケート 調査を実施したという ニュースです
カチ
カチ
アンケート調査を実施した ことはニュースでは ないのですが 結果が面白ければ 記事になる可能性は ありますね アンケートの結果は どこに書かれていますか？
結果は2ページ目に 書いてあります
そんなところにミ
リリースの1ページ目に あるCUIという用語は なんですか？
2/2
CUI
LCM
キャラクタユーザイン タフェースのことです 一般用語ですよ？
はぁ…
聞いたことがないなあ…
…では このLCMというのは？
ライフサイクルマネジ メントのことです これも誰でも知っている 一般的な用語だと 思いますけどね
えー？ それが一般用語？
そうですか… まあ 見ておきますから また連絡しますね

1 記者から見たプレスリリースの不満

≫「独りよがり」なリリースになっていませんか？

漫画は、ある日、記者クラブで記事を執筆していた記者に、企業広報の方から電話がかかってきた場面です。記者は「また連絡する」と表面上言っていますが、結局、記者からこの広報に連絡がくることはありませんでした。残念ながらこの記者だけではなく、ほかのメディアからの問い合わせもありませんでした。広報担当者はせっかく一生懸命リリースを書いたにもかかわらず、記事になるどころか、取材もしてもらえなかったのです。一体、何を失敗してしまったのでしょうか？

この例のように、「なかなかメディアにリリースを取り上げてもらえない」「どうしたら自社のリリースを改善できるのかがわからない」と悩んでおられる広報担当者はたくさんいらっしゃいます。**しっかりした企業が、いくらプレスリリースを出しても、ネタづくりをしても、メディアから取り上げてもらえないとすれば、そこには何らかの問題がある**と見て良いでしょう。

この問題は大きく**「ネタが面白くないため、とても記事にできない」「プレスリリースの内容がわかりにくい」「広報と記者との関係が悪い、あるいは関係そのものがない」**の三つに分類できます。

漫画の広報担当者の場合は、「プレスリリースの内容がわかりにくい」に当てはまりそうです。

最初の「ネタが面白くない」については、第3章、第4章でその対策を詳しく説明してきました。これらを参考にしてネタを作るようにしてください。最後の「広報と記者の関係」については、第6章と第7章で解説したいと思います。

第5章では「プレスリリースの内容がわかりにくい」という問題について解説し、具体的に改善していきます。Bさんのように、**「自分の業界の用語は誰でも知っているはず」という前提で書いたリリースは、自社が属す業界以外の一般の人の常識からかい離してしまい、誰にも注目してもらえません。ニュースが一体どこにあるのかわからないリリースも、記者から見放されてしまいます。**

まずは記者のプレスリリースへのスタンスを解説した上で、「悪いリリース」の具体例を紹介していきます。皆さんも「自分が記者だったら、このリリースをもとに記事を書く気になるか」を意識して、これから挙げる事例（あくまで複数のリリースを参考にした架空のもの）を読んでみてください。

≫プレスリリースはどう見られている？　記者の習性を理解しよう

記者にとって、プレスリリースとはどのような存在なのでしょうか？　まず理解していただきたいのは、記者はもともと発表されたものではない「独自ニュース」を取るのが主な仕事であるということです。**プレスリリースはあくまで発表されたものですから、記者は基本的に冷淡に対応する傾向があります。**

これは事業会社でも似たような状況があると思います。例えば、製造業の商品開発部の社員が、すでに流通している他社の商品とほぼ同じものを開発しても、あまり評価されないことが多いのではないでしょうか。プレスリリースは、仮にそれをもとに記事を書いても、他社と同時（同じもの）ということを意味します。ですから、記者にとっては独自ニュースに比べて価値が下がってしまうわけです。

もう一つ理解しなくてはいけないのは、**記者クラブには毎日のように、非常に多くのプレスリリースが届いている**ことです。たいがいの記者は大量のリリースを精査する時間もなければ、そんなことをする気もありません。そんなことに時間を使うよりも、独自ニュースを取るべく取材をするために時間を使ったほうが、自分の記事を大きくできるためです。大量のリリースについて、必要か不要かの情報処理を素早く的確にし、必要なら記事にし、独自ニュースを追いかける時間を確保することも記者の仕事の一つです。つまり、記者はリリースを一目見て「面白くない」、「わかりづらい」と思えば、すぐに捨ててしまうのです。

≫記者はリリースを「是非もの」「預かり可」「ボツ」に分けて考える

記者は大量のリリースをいくつかに分類します。まずは**「是非もの」**です。これは、その日のうちに必ず記事を執筆し、紙面に掲載しなければならないネタです。こうした是非もののリリースのほとんどは、政府や超大企業などから発信されたものです。

次に**「預かり可」**のリリースです。これは他社が書く可能性が低いが、周辺取材をして、企画記事のエピソードやファクトの一つに使える、あるいは他社のニュースとも合わせて「まとめもの」の記事にできるといったリリースです。これは企業の規模とは必ずしも関係ありません。ニュースの内容が個性的だったり、トレンドに合っていたりすれば、こうした形で使ってもらえることがあります。

最後に「**ボツ**」のリリースです。残念ながら、ほとんどのリリースはこの中に入り、ゴミ箱に直行してしまいます。つまり、記者にとってはほとんどが「面白くない」または「わかりにくい」リリースなのです。広報担当者としては、自分が作ったリリースができる限りこのカテゴリーに入らないように努力しなければいけません。

そもそもニュースがないリリースは問題外ですが、**ニュースはあるのに、わかりにくいために採用されない、うまくアピールできないといったケースはもったいない**ですよね。さらに恐ろしいことに、記者から見て「悪い」リリースを連発する企業のリリースは、最初から敬遠され、読まれないままゴミ箱行きになってしまうリスクが出てきます。記者にとっては時間の無駄ですし、効率が悪いからです。記者から「悪いリリースを出す企業」と認定されてしまっては、せっかくの記事ネタも浮かばれません。以下、典型的な記者にとっての「悪いリリース」のパターンを解説していきます。

2 記者から見た「悪いリリース」とは

≫「悪いリリース」① 難解な言葉だらけで「意味不明」

私は新聞社やPR会社などの方に頼まれて、企業広報の方々向けに講演させていただくことがあります。その際に皆さんの反響が大きいものの一つが「プレスリリース」の項目です。

新聞社に入社した時に、先輩から「自分のお母さんが読んでもわかるように記事を書きなさい」と言われたことを覚えています。日経新聞の記事は専門用語の多い経済関係ですから、一般の人に理解してもらうのは簡単ではありません。私は「記事を書くというのは難しいことなのだな」と思い知らされました。後に、記事を書く以上に、取材をして特ダネを取るほうが難しいことがわかりましたが、当初は記事をわかりやすく書くこと自体が非常に高いハードルだったわけです。

このように記事をわかりやすく書くように指導されている記者に対して、企業広報がやたらと難しい用語を連発していては、記者のほうも記事を書く気が失せてしまうのはご理解いただけるでしょう。よほどの大きなニュースでもない限り、**記者にとって、不親切な専門用語のオンパレードのリリースを翻訳するのは無駄な作業**です。難解な用語だらけのリリースは「絶対に記事にしないでくださいね」という記者へのメッセージにさえ受け取れるのです。

まずは以下の架空の企業、A社のプレスリリースの一部を読んでみてください。

【架空のリリース事例①　難解な表現】

A社はアンメットニーズの高い疾患に対する研究に尽力するカナダのベンチャー企業、B社と業務提携します。提携により、B社が持つ最新の技術を獲得できます。B社のユニークなケイパビリティにより、私どもは迅速なスクリーニングを実施することが可能になります。この提携はA社とB社のジャーニーにとって重要なマイルストーンになります。

この文章を読んで理解できる方がどのくらいいらっしゃるでしょうか？　むしろ「意味がまったくわからない」と感じる人が多いのではないかと思います。では、なぜこれほどわかりにくいのでしょう。原因は何と言っても、**言葉がとても難しい**からです。

まず、「アンメットニーズという言葉の意味がわかる人がどのくらいいるのだろう？」と疑問に思います。日本で発表するのであれば、こうした言葉は日本語で誰にでもわかるように書くことが大事です。「ユニークなケイパビリティ」も、なぜこの言葉を使わなければいけないのでしょうか。「ジャーニー」も「マイルストーン」も、日本のリリースにしては違和感があります。

一般の日本人はこんな言葉を使わないし、全員が英語を読めたり、話せたりするわけでもありません。リリース中のスクリーニングという言葉も「何をスクリーニングするんだろう？」という素朴な疑問が浮かんできます。リリースでこうした「独りよがりの言葉」を使ってしまうと、わかりにくいのはもちろん、その会社の常識が記者や一般の人とかけ離れてしまっていることも示してしまいます。難解な言葉を使うことが「かっこいい」などと考えている広報担当の方が、万が一いらっしゃるようであれば、今すぐに考え方を改める必要があると思います。

残念ながら、記者から見ると、業界にかかわらず事例①のタイプのプレスリリースはたくさんあります。広報の方々もニュースを正確に伝えようとするあまりに、専門用語をそのまま使ってしまうのかもしれませんが、これでは多くの人に情報をわかりやすく伝えるという役割は果たせません。せっかく会社が世の中に役立つ、素晴らしい事業やサービスを始めようとしているのに、それをうまく伝えられないというのは本当に残念です。

もちろん、「担当部署の責任者が、『わかりにくくても良いから、とにかく専門用語で正確に伝えるようにしてほしい』と強く主張してくる」など、広報担当者にも多くの言い分があると思います。「海外の本社のリリースを翻訳しただけだから仕方がない」というケースもあるでしょう。私自身も、違う部署が発表するプレスリリースには干渉しづらいなどといった経験があります。ですから、広報担当の皆さんの悩みはよくわかるつもりです。

しかし、そんなリリースばかりを発表すれば、「会社の認知度を高め、売り上げ増につなげる」という目的から遠のいてしまうばかりか、**「一般の人の常識とズレのある、独りよがりな会社」という悪いイメージをメディアに植えつけてしまうリスク**があります。広報担当としても会社としても、社内を説得した上で修正する必要があるはずです。

企業広報と記者とのギャップの一つは、携わっている業界そのものが違うということです。しかし、**経営者や企業広報の中には、記者をまるで自分の業界の人、あるいは自社の社員かのように思い、「わかってくれるだろう」と思う人が散見**されます。しかし、記者はあくまで外部の人間です。相手がこの分野では素人だと認識し、わかりやすい説明をするように心がける必要があります。

「記者はわかってくれるだろう」という企業広報や経営者らの甘さは、プレスリリースの内容にも顕著に表れてしまいます。リリースの中で「自分の業界で使っている言葉をつい多用してしまう」、「業界で流行している言葉をそのまま使ってしまう」……。こうしたことはないでしょうか？

リリース事例①のように、他の業界の会社が難しい専門言葉を平気で使っていると「言葉の意味がわからないし、リリースの内容が意味不明」だと思うでしょう。時には「こんな言葉遣いで他人に分かってもらう気があるのか。非常識だ」と腹が立ってしまうかもしれません。しかし、実は自分も同じようなことをやってしまっていた、ということはないでしょうか？「同じことをやっている」、あるいは「それに気づいていない」としたら、**記者はあなたのリリースも「意味不明」で「非常識」だと思っているかもしれません。**

≫自社でしか通用しない用語は、理解できない外国語と同じ

また、自社のみで通用する用語をリリースで使ってしまうパターンもあります。例えば、企業のリリースに「新工場のシステムは、『中期計画レベル1からレベル2』に該当します」など、**謎の表現**が出てくることがあります。リリースの中に、レベル1やレベル2の解説がないことすらあります。企業広報としては「1年前に中期計画を発表しているから、記者も理解できるはずだ」と思う

のかもしれません。しかし、他社の社員である記者が、自社のことをそこまで理解してくれるはずだと思うのは、過度な期待だと言われても仕方がありません。

難しい用語や、自社でしか通用しない用語は、他社の人間にとっては勉強したことのない外国語のようなものです。企業広報が公的な文書として、そうした「独りよがり」と思われかねないリリースを発表しているようでは、記者からも一般の人からも理解されません。企業広報は会社と社会をつなげる役割を背負っています。**難解な言葉を多用するプレスリリースを発表することは、むしろ会社と社会をかい離させていく行為**ではないかと思います。「なぜ当社のリリースは記事にしてもらえないのだろう」と感じている方は、自分のニュースリリースの言葉が、自分の業界や自社以外の人、つまり一般の人にとって難しいのではないかと、一度疑ってみる必要があるでしょう。

≫事例①の改善策　家族が理解できるかを自問しよう

では事例①の改善策はないのでしょうか？　まずは、**自分のリリースを書き終わったら、自分の家族が読んで理解できるかを考えてみてください**。理想は、リリースを誰が読んでもわかるものにすることだからです。これは記事と同じですよね。

その上で、「ほかの業界の人は理解できないだろう」という言葉は、できる限り使わないようにします。どうしても使わなければいけない場合は、**「枕詞《まくらことば》」をつける**ことです。枕詞は和歌で使われる修飾句のことですが、新聞記事では専門用語を一言で説明する言葉のことを言います。

例えば「ＳａａＳ型」などという難しい言葉を使えば、「まったく意味がわからない」と思う人が続出するかもしれません。そこで、「クラウド経由でソフトウエアを提供するＳａａＳ型」と書けば、少しはわかりやすくなると思います。この**「クラウド経由でソフトウエアを提供する」というのが枕詞**に当たり、難しい言葉の理解を手助けするわけです。

リリースの場合は、さらに注意書きを付け加えることも可能です。（注１）などとして、リリースの下の部分などに「（注１）ＳａａＳ＝インターネットを経由してユーザーが利用できるソフトウエアのこと。Ｓｏｆｔｗａｒｅ ａｓ ａ Ｓｅｒｖｉｃｅの頭文字を取った略語で「サース」と読む。データをインターネット上に保存することができる、複数の人間が同一データを共有し、さらに編集もできる――などの特徴がある」といった解説を入れれば、より言葉がわかりやすくなります。ただし、注意書きがあまりに多いと、いかにリリース自体が難解な用語で満ちているかが明白になってしまうとも言えます。リリースを書く際には、注意書きのオンパレードにならないよう、極力難しい言葉を削ることをおすすめします。

≫「悪いリリース」② 1文が長すぎて読めない!

一言で言うと、**過度に長い文章は疲れます**。長いというだけでわかりづらくもなります。こちらも企業広報がリリースをする際の注意点の一つです。長く、わかりづらいリリースを見ただけで、記者は記事を書くどころか、読む気をなくしてしまうからです。

【架空のリリース事例②　異常な長文が含まれる】

２０２２年がスタートして３か月が経過し、「〇〇」についての調査ニーズは世界的に急速に高まっておりますが、国内外における「〇〇」のテーマの網羅的な探索&分野セグメント別の抽出・整理・レポートに対する期待値や注目度は今まで以上に高まっており、ここ１年の間、日本よりは進んでいるであろう海外において、どのような「〇〇」が生まれているのか、引き続き、将来のヒントとなる個別の重要かつ先端的な事例を集めてほしい・ユースケース毎に発表時期と有望度を測定し、ランキング化してほしいなど、国内外における「〇〇」について網羅的に調査&レポート化してほしいといった声が非常に多く挙がっており、こうした期待にお応えし、「〇〇」についての徹底探索・抽出・整理を行っていくことになりました。

上記はあくまで架空のリリースですが、仮に皆さんが記者だったとしたら、このリリースを読む気になるでしょうか？　読んでも意味をすぐに理解できるでしょうか？　これを解読して記事にするくらいなら、別の会社が発表している、わかりやすいリリースを読んで記事にしたほうが効率的だと判断するのではないでしょうか？　実はこのような長い文章が多く含まれているリリースはたくさんあります。これまでに自社で発表したリリースを確認してみてください。「よく見ると、この１文は３００字近くもある」などと焦ってしまうこともあるでしょう。

リリースの文章を書く際には、なるべく一つの文を50～60字程度に収めるよう心がけます。絶対にそれ以上になってはいけないわけではありませんが、1文が長すぎると、言いたいことが伝わりづらくなります。読んでいる途中で読者が飽きてしまいますし、文中に主語がいくつも出てきて意味不明なものになってしまいます。

リリースは本来、メディアの方々に内容をわかってもらうために発表するものです。文章が長すぎて記者が読む気をなくしてしまうようでは本末転倒です。こうした**長すぎる文章が含まれるリリースは、間違いなく記者から「悪いリリース」に認定される**でしょう。悪いリリースを出す企業のリリースは、次にリリースを発表した時も記者に無視されるリスクが高まります。広報担当の方々は、こうした**負の連鎖**にならないよう注意する必要があります。

≫事例②の改善策　句点を最大限活用しよう

では、どうすれば改善できるのでしょうか？　これは決して難しくありません。句点、つまり**「。」を多用**すれば良いだけです。ひとまず、上記のリリースの1文を短く変えてみたいと思います。ここでは内容にこだわりませんので、内容自体は変えないようにします。

【修正後】

「○○」についての調査ニーズは世界的に急速に高まっております。国内外における「○○」のテーマの網羅的な探索&分野セグメント別の抽出・整理・レポートに対する期待値や注目度は今まで以上に高まっています。ここ1年の間、日本よりは進んでいる海外で、どのような「〇〇」が生まれているのか網羅的に調査&レポート化してほしいといった声が非常に多く挙がっています。具体的には、将来のヒントとなる個別の重要かつ先端的な事例を集めてほしいという声があります。ユースケース毎に発表時期と有望度を測定し、ランキング化してほしいなどという要望もあります。こうした声にお応えし、私たちは「〇〇」についての徹底探索・抽出・整理を行っていくことになりました。

いかがでしょう。もとの文章よりはずいぶん読みやすくなったのではないでしょうか？　私は難しいことはやっていません。単純に無駄な文章を削った上で、前の文章を句点で分割しただけです。

2022年になって3か月が経過したというのは、言われなくてもほとんどの人はわかっていますので削除しました。そのほか、コツというほどのものではありませんが、**一つの文に主語と述語を一つずつにするよう心がけました。できる限り接続詞も使わないようにしました。**

事例②はもともと300字以上の文字が1文に入っていたため、読むのに非常に根気がいりましたし、わかりにくくて仕方がありませんでした。1文にたくさんの主語と述語が出てきたため、理解するのに非常に時間がかかりました。これは**文章力の良し悪しというより、書き手の心がけ次第である程度、解決できる問題**です。悲観する必要はありません。自分が長い文章を書いていると思った方は今後、意識して修正すれば、以前に比べてぐっと読みやすいリリースを書けるでしょう。

≫悪いリリース③　「自己陶酔型」はちょっと恥ずかしい

プレスリリースには、自社のことを「これでもか」というくらい褒めている文章が時々見られます。こうした文章は社内的には了承されているのかもしれませんが、記者クラブでは失笑が漏れていることを理解する必要があるでしょう。以下の架空のリリースを見てみましょう。

【架空のリリース事例③　自分に酔っている文章は読み手が逃げ出す】

デジタルトランスフォーメーション（DX）という言葉をご存じであろうか。その比類なき技術力で世界的に知られるA社は、日本企業のDXを急速に促進させるであろう極上の新商品「○○」を開発し、発売することにした。A社の持つ卓越した技術から紡ぎ出された「○○」は、「発明のA社」の名に恥じない輝かしい金字塔とも言うべき商品であり、自信を持って皆様にお届けするものである。

この文章を読んで違和感を持った方は多いかと思います。**違和感がないようでしたら、もしかしたら自分も同じような「会社の自画自賛」をやっていないかを疑ったほうが良い**かもしれません。

上記の文章は突っ込みどころが満載です。**「比類なき」や「素晴らしい」「卓越した」などの自画自賛は必要のない修飾語です。「ご存じだろうか」「自信を持ってお届けする」など、上から目線の表現も修正**する必要があります。

もちろん、上記の文章は架空のものですが、これに類するリリースもたまにあります。私から見ると、「なぜこのような自画自賛した文章を発表するのが社内で了承されてしまうのだろう？」と不思議なくらいです。

もちろん、こうしたリリースは記者も敬遠します。記事はあくまで客観的に書かなければならないものだからです。**自己陶酔型のリリースは、記事に最も大事な客観性が欠けています**。会社の自画自賛をやっているようなリリースは、その内容の客観性まで疑われてしまうのです。

ご存じのように、記事は広告ではありません。広告であれば、お金さえ出せば、ある程度の自己陶酔的な文言も許されるかもしれません。しかし、記事は読者の信頼第一ですから、広告のようにはいきません。あくまで具体的な事実が重要です。だからこそ、読者は記事や報道を信頼してくれるのです。広告でも、過度な自画自賛をしている文言は読者から信頼を得られなくなります。

自己陶酔型に近いリリースを出している広報担当者は「上司が会社のアピールをしろとうるさいから仕方ないだろう」と反論するかもしれません。しかし、リリースでの会社のアピールは商品やサービスの内容ですべきものです。過剰な修飾語で自社のことを褒めたたえる必要はありません。

そんなことをするよりも、**客観的な数字で、冷静にその商品やサービスの効果を示すほうがメディアの人たちの心に響きます**。その商品やサービスが求められる社会的な背景を淡々と語ってあげれば、記者も記事にしやすくなるでしょう。リリースでの抽象的な自社への誉め言葉は、かえって自社を傷つけることさえあると私は思います。

こうした状況は記者も同じです。私は記者時代、デスクから「人を感動させたいと思ったら、淡々と事実を書いていきなさい。決して感情的な文章を書いてはいけない」と言われたことがあります。

記事はあくまで事実（ファクト）の積み重ねの勝負。無駄な修飾語を排し、冷静に記事を執筆するほど、人の心を動かせることを教えてもらったと私は思っています。同時に「抽象的な文章でも褒めてもらえた学生時代と違い、プロの世界は具体的な事実がないと通用しない」と思い知らされた瞬間でもありました。

「自分のギャグに大笑いしているコメディアン」、「自分の文章で号泣している悲劇作家」、「自画自賛しているプレスリリース」――過度な自己陶酔は、見る人や読む人をしらけさせてしまうリスクを常にはらんでいます。最近の言葉で言うと、「イタイ」とも言えるかもしれません。広報担当者は、記者に読んでもらうことを十分に意識し、客観性を重視したリリースを書く必要があります。

≫悪いリリース④　ニュースが「行方不明」

イギリス人のイラストレーターによる『ウォーリーをさがせ！』という絵本のシリーズが、かつて日本でも流行しました。人などが入り乱れた絵の中からウォーリーや仲間たちなどを探し出すのが楽しく、大人気になりました。

企業広報が作成するプレスリリースの場合、ニュースはすぐにわかるところにある必要があります。ウォーリーのようにわかりにくい場所に隠れていてはいけません。しかし、実際のプレスリリースでは「一体、ニュースがどこにあるのかわからない」というケースが少なくありません。

事前に長々と能書きがあって、ニュースがずっと後になって出てくるというパターンです。記事の締め切りに追われている記者側から見ると、非常にイライラしてしまいます。こうしたリリースは途中で記者が読むのをやめてしまうリスクが高く、改善する必要があります。

【架空のリリース事例④ リリースはニュースを探すゲームではない】

株式会社A社が運営する、「DX（デジタルトランスフォーメーション）」を推進・支援する情報を発信する「B研究所」は、全国1000社を対象にDXによる生産性向上に関するアンケート調査を実施しました。

「DX」という言葉をご存じでしょうか？ 進化したIT技術を浸透させることで、人々の生活を改善し、変革させる概念のことです。企業は経済環境の変化に対応し、デジタル技術を活用して、顧客や社会のニーズを踏まえて自社のビジネスモデルなどを改革し、業務や組織、企業文化などを改革することが大事です。

インターネットやITの普及が進む中、企業には最新技術を取り入れ、生産性を高めることが求められています。しかし、世界的に企業の競争が激しくなっている中で実際、日本企業は、理想のDX化を実現できているのでしょうか。

そこで今回は日本企業を対象に『生産性向上の観点から見た日本企業のDX化の実現』について調査しました。……（以下、続く）

上記のリリース文を読むと、これだけ長い文章を費やしているにもかかわらず、いまだに記事の見出しになる調査の結果が出てこないのがわかると思います。記者にとって大事なのは、A社が調査をしたことではなく、どんな結果が出たかです。それがわからなくては記事にできるかどうかがわかりません。こうした**「ニュースが行方不明、あるいは所在不明」のリリースを出すと、せっかくネタの内容が面白かったとしても、記者が読まずに捨ててしまう**ことになりかねません。

リリースの場合も、まずは記事の見出しを意識して作るのが定石だと思ったほうが良いでしょう。このリリースであれば、最初に見出しになる調査結果を出す必要があります。例えば以下のように修正してみてはいかがでしょうか。

【修正後】

株式会社A社が運営する、「DX（デジタルトランスフォーメーション）」を推進・支援する情報を発信する「B研究所」は、全国1000社を対象にDXによる生産性向上に関するアンケート調査を実施しました。「DX化をすでに進めている」とする企業は全体の6割に当たる589社にのぼりました。これは、企業の過半数がDX化の流れを意識し、それに合わせた投資などを実施していることを示しています。一方で「まったく進んでいない」とする企業も全体の2割に当たる221社ありました。

DXは進化したIT技術を浸透させることで、人々の生活を改善し、変革させることです。調査はインターネットを通じて7月1日〜15日に実施しました。……（以下、続く）

修正後のリリースには、すぐに調査結果のニュースが出てきますよね。こうしたリリースを読むと、記者は**「企業のDX化『進んでいる』6割〜A社が国内1000社対象に調査」などという仮見**

出しやリードの文章がすぐに思い浮かぶわけです。これが記者やデスクから「DX化が国内でも意外に進んでいる」ニュースだ、と受け止められれば、記事が掲載されやすくなります。

ニュースリリースでは、言いたいことをできるだけ早く持ってくることが大事です。これは記者が記事で言いたいことを最初に記述するのと同じです。企業の広報担当者も、このリリースでは調査結果やその結果の意味を発信したいのではないでしょうか。

言いたいことの前置きや能書きをダラダラと書いているために、受け手は結局、発信者が何を言いたいのかわからなくなってしまうのです。記者はあくまで社外の人ですから、企業広報のことを理解しようとはしてくれません。広報担当者が「記事を掲載してもらいたい」と思うのであれば、リリースは内容をわかりやすく、素人の部外者でもすぐ理解できるようにする必要があります。

≫悪いリリース⑤　必要な情報が入っていない

最後に紹介する「悪いリリース」は、必要な情報が入っていないパターンです。私が経験の浅い若手記者のころ、担当している紙面を埋めるのに精いっぱいということがよくありました。締め切り直前の夜になって、大量にきているリリースをひっくり返して読み返し、記事にならないかと探した私自身の恥ずかしい過去はすでにお伝えしたかと思います。こうした経験は私だけでなく、多くの記者がしていることでしょう。

しかし、**必要な情報がリリースに入っていなければ、記事を書くことはできません**。夜中ではリリースに記載されている連絡先に電話をしても、つながらないことがほとんどです。結果として記事にするのをあきらめざるを得なくなることもあります。

では必要な情報とは何でしょうか？　わかりやすく言うと、企業買収のニュースの場合であれば「買収額」、企業が多店舗展開するニュースであれば「出店数」といった情報です。企業買収の際に買収額が書いていないようでは、使ってもらえるはずの記事ネタが掲載されなくなってしまうこともありえます。せっかくのチャンスなのに、もったいないですよね。

こうしたケースに限らず、記者に無駄な時間を過ごさせないためには、必要な情報をリリースに入れておく必要があります。**記者は基本的な情報はリリースで取得し、それ以上の情報**（**社長コメントや将来の戦略など付加価値のある情報**）**を取材で引き出したい**のです。「悪いリリース」の場合は、記者は基本的な情報を取材するのに時間を使ってしまいます。本来はリリースに掲載されているべき基本的な情報を聞いても、広報担当者が即答できず、記者があきれてしまうという事例も時々ありました。以下の架空の事例を確認してみてください。

【架空のリリース事例⑤　情報不足では記事が書けない！】

A株式会社は、東南アジアでスポーツ用品店を展開するB株式会社（本社：シンガポール）に出資をいたしましたのでお知らせいたします。B社は東南アジア5カ国で約30のスポーツ用品店を運営し、テニス、ゴルフ、アウトドア用品などを取り扱っております。自動化された物流システムのほか、ウエアのパーソナルカスタマイズなどによる高い顧客提案力を有し、急成長を遂げています。

A社はこのたびの出資により、B社が有する東南アジアの店舗網やスポーツ関連の顧客訴求力を幅広い分野で積極的に活用するとともに、当社の成長を加速してまいります。……


上記はA社がB社に出資するというプレスリリースです。内容そのものは典型的なものでわかりやすいのですが、読者の方々には決定的な情報が欠けているのがおわかりになると思います。

まず、記者が記事を書く際には、**A社が「いつ出資したのか」あるいは「いつ出資するのか」という情報が必要**です。しかし、上記のリリースには日付がありません。この情報が不足したままで無理に記事を書いても、デスクから記者が突っ込まれてしまい、書き直しを命じられるでしょう。

もう一つ、このリリースに欠けている情報があります。**A社が「いくら出資したのか」という出資額**ですよね。出資したというニュースで最も重要な情報の一つが出資額です。出資額の大きさはニュースの大小にもつながってきます。「出資額がわからない」ということでは、ニュースの価値判断が難しくなりますし、読者の「知る」ニーズにも応えることができません。


【修正後】

A株式会社は7月1日、東南アジアでスポーツ用品店を展開するB株式会社（本社：シンガポール）に出資をいたしました。出資金額は約15億円（出資比率8・5％）で、特別目的会社「C株式会社」を通じて株式取得を完了しました。

B社は東南アジア5カ国で約30のスポーツ用品店を運営し、テニス、ゴルフ、アウトドア用品などを取り扱っております。自動化された物流システムのほか、ウエアのパーソナルカスタマイズなどによる高い顧客提案力を有し、急成長を遂げています。

A社はこのたびの出資により、B社が有する東南アジアの店舗網やスポーツ関連の顧客訴求力を幅広い分野で積極的に活用いたします。B社のブランド力も活用して当社の東南アジアでの店舗拡大などの成長を加速してまいります。……

いかがでしょうか？　自分が記者だったとすれば、こうした情報がリリースに入っていれば、最低限の情報があるので「記事にできそうだ」と思うでしょう。あとは、「出資により提携内容がどこまで強化されるのか」、「具体的にどんな事業を展開するのか」、「日本から役員を派遣するのか」といったことなどを取材することになります。もちろん、こうした情報がリリースに書いてあれば記者はより楽になります。つまり、記者が「記事にできそうだ」と思えるリリースを作り、周知できれば、広報担当者が自社のニュースをメディアに掲載してもらいやすくなるわけです。

それでは、広報担当者はどうやったら、リリースが情報不足になっていないかを調べられるでしょうか？　ここでは、第3章で実践した「ネタづくりの最強の方法②　記事の執筆を体験してみよう」

が役に立ちます。そうです。**自分で作ったニュースリリースを自分で記事にしてみてください。**

自分で記事にしてみると、「あれ？ 記事にするには出資額が必要だな」「A社がどのくらい権限があるかは、出資比率を書かないとわからないな」などと相次いで疑問が出てきます。さらに、**「いやいや、この出資によって、どんなメリットが両社にあるのかがわかったほうが良い」「顧客のメリットは何だろう」という記事の意義づけにまで考えが及ぶようになれば、より内容の濃いリリースを作れるようになる**はずです。

ここでも、自社内の担当者によるリリースへの無理な要望が立ちはだかることがあります。「記事にしてほしいが、自分たちの言う通りにしてほしい」と情報を出さなかったり、自画自賛の情報をリリースに掲載してほしいと言ってきたりするケースです。

しかし、広報担当者は常に自社とメディアの媒介者です。また、ニュースリリースは、自社と社会をつなぐための大事な手段の一つです。社会の感覚とかい離したような「悪いリリース」は、その会社自体のイメージにも悪影響を及ぼしかねません。

私は広報担当者の大事な仕事の一つに、経営者や広報以外の部署の社員の要望と、社会や記者の常識の落としどころや妥協点を見つけることがあると思います。会社と記者の感覚の落としどころを探り、**社会の感覚を踏まえた「良いリリース」を発表していくことが最終的には自社の名誉を守ることにつながります**。そうしたリリースは、自社を前向きにアピールすることにもなるはずです。

3 記者から見た「良いリリース」を作るコツ

≫「良いリリース」の４条件① 「見出しがつきやすい」

ここまで記者から見た「悪いプレスリリース」の典型的なパターンを紹介してきました。それでは、逆の「良いリリース」とは具体的にはどんなものなのでしょうか？ 答えは簡単です。悪いリリースで挙げたのと逆のパターンだからです。ここでは良いリリースを作るための主な条件、あるいはコツを四つ紹介しておきます。

最初の条件は、「ニュースがどこにあるかがすぐわかり、記事の見出しがつきやすい」リリースです。広報担当者が記事にしてほしいと期待しているリリースでは、ニュースがあることが前提です。こちらは第３章で紹介したネタづくりを参考にしていただければと思います。

もちろん、「悪いリリース」の項で挙げたように、文章の中でどこにニュースがあるかがわからないのでは記者にとって意味がありません。ニュースは必ずリリースの１段落目に明示し、**記者がすぐに「これがニュースだな」と理解できるのが良いリリース**です。

記事は見出しが大事です。これは**リリースも見出しが重要**だということでもあります。記者はまず、リリリースの見出しを読むからです。リリースの見出しは、記者にとっての「仮の記事見出し」

と言っても良いくらいです。読者にとってわかりやすい見出しにするには、具体的な数字や新会社の設立、提携後の事業計画など具体的な情報が必要です。こうしたことを意識し、自分が新聞社の「整理部（見出しや記事のレイアウトをする部署）」の記者になったつもりで、リリースの見出しを慎重につけていきましょう。

≫「良いリリース」の4条件②「必要な情報がわかりやすい場所に入っている」

こちらは「悪いリリース⑤」の逆パターンですね。ただし、必要な情報が入ってさえいれば良いというわけではありません。記者にとっての「良いリリース」にするには、記事執筆に**必要な情報が「わかりやすく」入っていなければなりません**。

例えば、「小売店が全国で多店舗展開を始める」というニュースの場合、リリースには「いつから」「何店舗を」「いつまでに」「どのくらいの資金をかけて」出店するのかが最低限必要です。「地域別に何店舗を出すのか」、「多店舗展開の最初の店はいつ、どこに出店するのか」、「どのくらいの面積の店を出店するのか」、「どんな客層が主なターゲットになるのか」といった情報も必要でしょう。

記者にとっての「良いリリース」は、こうした重要な情報がリリースの最初の数段落にすべて書き込まれています。また、必要な情報を文章で書いた上で、表にまとめているリリースもあります。表にまとまっていると記者にとってもわかりやすく、スムースに記事にできる利点があります。こうした工夫のあるリリースは、時間のない記者にとっても大きなプラスですし、発信者のセンスが良いと思わせることもできるでしょう。記者だけではなく、広報にとっても、良い記事ネタを効率良く記事にしてもらえる可能性が高まり、一石二鳥だと思います。

≫「良いリリース」の4条件③「究極の工夫は難しい用語を使わないこと」

どこの業界にも専門用語はたくさんありますよね。特に製薬やＩＴ関連など、一般の人には難しい用語や業界でしか通用しないような専門用語が多くある業界の場合は、プレスリリースをわかりやすく作るのが大変だと思います。ただ、記者が意味のわからないリリースをいくら作って発表しても、広報担当の自己満足だけで終わってしまうケースが出てきてしまいます。

「良いリリース」の場合は、難しい用語には必ず枕詞や解説文がついています。私が「良いリリース、悪いリリース」をテーマに講演した際に、受講された方が提出してくれたリリース案の一つには、別紙に専門用語の解説がついていました。こうした工夫は、記者にとってもありがたいと言えます。

リリースをわかりやすくするための究極の工夫は、「できる限り専門用語や業界用語を使わないことです。リリースに難しい用語を使おうと思ったら必ず、「この言葉を本当に使わなければならないのか」を自問しましょう。さらに、ほかの業界の難しい用語を使ったリリースを読んでみましょう。あなたは「意味不明」だと思うでしょう。自分の業界の専門用語を使うのは、そのリリースと同じことをやろうとしているわけです。そんな意味のわからないリリースが、他社の社員である記者に読まれたり、取材してもらえたりするでしょうか？　記者から見れば、使わなくても良いのに難しい言葉をわざわざ使っているリリースはたくさん存在します。ここは日本であるにもかかわらず、日本国内で一般的とは言えない外国語をそのまま使っているリリースも多いです。

「難しい言葉はやさしい言葉に言い換える」「外国語は日本語に置き換える」のが原則です。これはリリースの書き手が、読み手であるメディアの方々に対して思いやりを持って接しようとすれば、当然するべきことではないでしょうか？　そうした思いやりのあるリリースが良いリリースとも言えますし、それが記事にされやすいリリースにもなりうると私は考えています。

≫「良いリリース」の4条件④「経済や市場動向などの背景説明や意義づけ」

「良いリリース」の最後の条件は、**背景説明**があることです。第3章で説明した通り、記者が記事を大きくするには「意義づけ」が必要です。このニュースにどんな意味があるのか、政治経済・社会にどんな影響を及ぼすのか、読者にどんな関係があるのか、ということを記者は知りたいのです。

良いリリースには、ニュースの背景となる統計の情報や政策の動きなどが掲載されています。こうした情報が具体的に書いてあれば、どんな経済環境の中でこのニュースが位置づけられるのかが一目瞭然になるわけです。例えば、大企業による企業買収の記事であれば、同じ業界のM&Aの件数の推移や、日米の大企業の買収数の比較などがあると、記事が書きやすくなるかもしれません。

ニュースが及ぼす経済社会や業界への影響は、原則として記者側が考えるべきことです。ただ、経済や市場動向、これまでの業界の歴史や政策の動き、業界に求められている役割などを理解できれば、記者側もニュースの意義づけをしやすくなります。適切な意義づけができれば、記事が大きくなりやすくなりますので、リリースを出す企業や広報担当者にとってもプラスになります。記者が記事の意義づけをしやすくなるような情報や数字を提供するよう意識しましょう。

≫プレスリリースと記者は「一期一会」

プレスリリースを発表する広報担当者に理解してほしいのは、**リリースと記者は「一期一会」**だということです。わかりにくいリリースを出す企業だというイメージがつけば、その企業のリリースは二度と読んでもらえなくなる可能性があることを理解しなければいけません。

記者もサラリーマンです。内容が不十分な出来の悪い記事を書くと、デスクから「ダメな記者」の烙印を押されかねません。そんな烙印を押されたら、叱られるばかりではなく、デスクからの信頼を失ってしまいます。信頼を失えば、中期的に記事を掲載してもらえなくなったり、記事が過度に小さくなったりするリスクがあります。

悪いリリースを無理やり記事にすると、出来の悪い記事になってしまうリスクが高まります。そもそも記事に仕立てることすら難しいかもしれません。ですから、記者はそんなリリースには関わりたくないわけです。さらに言えば、そんなリリースを出す会社にもあまり関わりたくない、と思う記者がいてもおかしくありません。

広報担当者は、記者とリリースは「一期一会」だと考えて、しっかりした内容のリリースを出す必要があります。先ほど「悪いリリース」を出す企業は敬遠されかねないとお伝えしましたが、これは逆に言えば、しっかりした「良いリリース」を常に発表してくれる企業は、記者にとってはありがたい存在になるということです。こうした企業は、小さなニュースしかない時でも、紙面のニュースが足りなくて困った時にネタを使ってもらえる効果が期待できるでしょう。

【実践編】

第6章

脱・「自己満足」最強のネタの売り込み方

記事掲載の前提となる「ネタづくり」が終わったら、いよいよメディアへの「売り込み」です。第6章では、**記者へのコンタクトや売り込みのやり方**を説明します。その本質は、相手（メディアや記者）の気持ちやニーズを理解して、ネタを売り込むこと。私は、この本質こそが「最強の売り込み」になりうると考えています。「そんなのは当たり前だ」と思う方もいるでしょうが、意外にも、きちんとできている広報担当者は多くありません。

N新聞（大手経済紙）記者
C社 広報部社員
お忙しいところすみません 明日発表のリリースをお送りしましたので よろしくお願いします 今回は他社とのサービス面での協力の話です 記事になると思いますよ
おっ!!
今回はなかなか面白いですね ただ紙面が混んでいまして 明日は難しいかもしれないですね 紙面も固まっていて 次の日以降なら大丈夫だと思うのですが
え〜…
面白いネタだから何とかしてくださいよ
5 may calendar
がんばってみますけど…
数日預かれないですかね 独自記事にするために発表を延期できませんか
提携先と明日発表と決めているので 日程を変更すると我々の調整が大変なんです
僕も忙しいので 何とか明日の紙面で掲載してください
そう言われても…
記事を掲載するかどうかは 私だけでは決められないんですよ…
そんなこと言わないで!!
あなたならできるでしょう お願いします!
あっ
そろそろ取材に行かないといけないので 電話を切りますね
それではまた失礼します
えっ!?
ちょっと…
ツー… ツー…
はぁ…

1 記事掲載される売り込みのコツとは

≫強引な売り込みは逆効果

漫画はある日の午後2時頃、記者クラブで記事を執筆していた記者に、企業広報の方から電話がかかってきた場面です。この広報の方、今回は面白いネタ（もちろん、インサイダー情報ではない独自ネタです）を出せたようです。しかし、アンラッキー。残念ながら「是非もの」の記事が多い日で、紙面が混んでいるようです。広報担当は強引に「明日の新聞に掲載してほしい」と主張していますが、掲載される可能性は低いでしょう。

本書の読者の方々ならすでにおわかりの通り、記者は記事を掲載するようデスクやキャップに要請することはできますが、掲載を決定する権限はありません。記事はデスクや部長、局次長など複雑なプロセスをたどって掲載されます。広報担当者の気持ちもよくわかりますが、記事が掲載されないからといって記者を責めても「この広報担当者は事情がわかっていない」などと反感を買うのがオチでしょう。

このケースでの**失敗は、記者側の事情をほとんど考慮せずに、自分の利益ばかりを主張した**ことにあります。私は最強の売り込みの方法は、記者のことを理解することだとお伝えしました。漫画の広報担当は、それとは真逆の行動をしているように見えます。それでは、広報担当者はこの場合、どうすれば良かったのでしょうか？

まず**やるべきだったのは、「記者が今、何を要望しているか」を理解する**ことです。記者は広報担当に「明日の紙面は難しいから、次の日以降に紙面化できないか」と言っているわけです。つまり、明後日以降であれば、記事を掲載することができるかもしれないということです。だとすれば、広報担当は紙面化できる可能性がどれくらいあるかを記者に確認した上で「他社と調整し、発表を遅らせられないかを検討する」のが正解となります。よほどのことでなければ2～3日、発表を遅らせることは可能です。記事にしてもらえるのであればなおさらです。

もう一つは発表を延ばせないケースでの対処法です。**例えば、電子版だけでも記事をすぐに掲載してもらえないかと記者にお願いしてみてはどうだったでしょうか。**紙面には限りがありますが、インターネットは記事の収容能力が紙面より大幅に大きいのが特徴です。最近は電子版で先行してきた日経新聞だけではなく、多くの新聞社で電子版に力を入れ始めています。電子版の購読者数は急速に増えていますから、影響力もどんどん大きくなっています。

電子版だけでも掲載してもらえれば、ひとまず広報担当者としての顔は立ちます。会社にとっても、満点とは言えなくても及第点はあげられるでしょう。紙面はあくまでも新聞社のものですから、自分や自社のことばかりを考えた「独りよがりの売り込み」は、一人の社会人としてもおかしいと言えます。自社のことはもちろん、記者のことも思いやり、落としどころを見つけるのが一流の広報担当者です。

最後に言えるのは、そもそも翌日掲載してもらいたいのであれば、**売り込む時間が遅すぎる**ということです。午後2時に電話をかけても、すでに翌日の紙面構成はあらかた決まってしまっているからです。こちらも記者側の事情を広報担当者が理解していないことが原因となったミスと言えます。

記者側も、「この広報担当者は、そんなことも知らないのか」と思ってしまいがちです。広報担当者は新聞社とは別の会社の人なので仕方がない面もありますが、こうしたメディアの基本知識がないために、お互いの信頼関係が崩れてしまうような悲劇は避けたいところです。

それでは、広報担当者が提携相手に連絡して、発表日を延期するよう努力した場合はどうだったでしょうか？　仮に**調整がうまくいかなかった場合でも、記者は「自分のために、この広報はそこまでやってくれたのか」と感謝する**でしょう。それが、記者との今後の信頼関係の強化につながるわけです。

逆に**「自分が他社と調整するのが面倒だから、記者側が自分に合わせてほしい」という広報を、記者は信頼できる人だと思うでしょうか？**　むしろ「自分のことしか考えない利己主義者」だと思い、「付き合いたくない人だ」と思う可能性が高いでしょう。

これは営業担当者の仕事でも同じことです。それだけではなく、友人や家族、社内の同僚などとの関係構築でも同じことが言えますよね。記者と信頼関係を築き、記事を掲載してもらおうと思うなら、自分の親しい人たちと同じように、互いに思いやりを持って対応をしなければいけないのです。

≫「リークは余裕を持って」が鉄則、できれば発表の1週間前に

もっと良いやり方は、そもそも**広報担当者が記事ネタを記者にリーク（発表前にネタを教えること）するタイミングを前倒しする方法**です。先ほどの漫画では、広報担当者者はネタをリークして、翌日には記事にしてほしいとお願いしています。これではリークをする日が遅すぎます。時間帯も午後2時では、正直言ってほとんどのケースでは掲載するのは絶望的です。記者の立場からすれば、その日に記事が多ければ大きくすることもできませんし、そもそもボツになることもありえます。

なぜ前日だと遅すぎるのでしょうか？　それは、政府によるライフワークバランスや働き方改革の推進とも関係があります。かつては「寝食を忘れて」と言っていいほど長時間労働をしていた新聞記者も、残業時間の短縮を求められています。記者の帰宅時間は従来に比べて格段に早くなっています。このため、新聞社の締め切り時間は従来に比べて大幅に前倒しされているのです。具体的に言えば、私が現場で記者をやっていた時に比べて2時間程度は前倒しされているようです。

翌日の紙面にどんな記事が掲載されるかは、記者が昼前にはキャップやデスクに申請し、夕方前にはほぼ紙面構成が固まっています。デスクもいったん決めた紙面構成をちょっとしたことでは変えたがりません。漫画のエピソードのように、前日の午後にネタをリークしても、取材して記事を執筆しなければならない記者にとっては、あまりにも時間に余裕がなさすぎるのです。

新聞社側も、超大企業の大ニュースが夕方に入ってくれれば、事前に決めた紙面構成を崩してでも記事を掲載することがあります。しかし、そもそも、そんな企業の広報担当には「自社の記事を何とかして掲載してもらいたい」などという悩みはほとんどないでしょう（むしろ「自社を誤解させるよ

うな記事を減らしたい」という守りの広報のほうが大事になってくるでしょう）。

もちろん「攻めの広報」を目指すＢｔｏＢや中小企業の広報担当者も、前向きな記事を掲載してもらいたくても、記者にインサイダー情報をリークすることはできません。しかし、そうでない場合は、できれば**発表の1週間くらい前には、余裕を持って記事ネタをリーク**し、記事を掲載してもらうよう記者にお願いすることをおすすめします。

≫記者が求める売り込みの条件①　「記者が今何を求めているか」

記者が広報担当者に求めている売り込みの条件とは、①**「記者が今何を求めているのか」**、②**「いつも記者が何を求めているのか」を理解して売り込む**ことです。

まず「記者が今何を求めているのか」は、最初のエピソードに関連するものです。これは紙面需給に関係しています。**日によっては記者は、「今、記事が払底しているから、何でもいいからネタがほしい」**という場合があります。こうした場合に記者が連絡すると応えてくれる広報は、非常に頼りになる存在です。

紙面需給に季節性があるのは、第4章で説明した通りです。記事が払底しやすい「夏枯れ」「正月」「大型連休」「週末」などは、広報にとっては記事を掲載してもらうチャンスの時期です。事前に社内でネタを仕込み、ネタ枯れの時期の1週間前には記者に連絡を取っておくと良いでしょう。

また、「今日はベタ記事が足りない」「段ものが足りない」「アタマが足りない」など扱いが限定される場合もあります。広報の方々からは「そこまで面倒見切れないよ」という声が聞こえてきそうですね。
ただ、広報担当者が仕事や新聞の購読、第3章で説明した記事の執筆などを通じて「このネタはこのくらいの扱いになりそうだ」というセンスが身についていると、話は変わってきます。きっと、その広報担当者は、記者から相談を受けた際に「段ものになりそうなネタがありますよ」と教えてあげられるようになるでしょう。広報担当者のレベルがそこまで上がると、記者はその広報担当者を頼りにし、敬意を持つことにもなると思います。そうした**高い能力を持つ広報担当者は、記者の間で「優秀な広報」として有名になり、他社からも取材を希望する連絡がくる**ことも出てきます。

≫記者が求める売り込みの条件②「記者がいつも何を求めているか」

次に大事な条件は「いつも記者が何を求めているのか」を意識することです。もちろん、**記者は常に特ダネや、一定期間預かりの効く**（**すぐに記事にして掲載しなくても良い**）**独自ネタを求めています。**これらは独自のストレートニュースへのニーズです。特ダネはインサイダー情報であることもあり、企業側がリークするわけにはいきません。そもそも、特ダネは記者側が賢明に努力して取材するべきものだと私は思います。

一方、広報担当者がインサイダー情報以外の独自ネタを記者にリークすることは可能です（インサイダー情報に当たるのかどうかについては、自社の専門部署等にきちんと相談して正確に判断する必要があります）。**記者は他社に掲載されていない、あるいはまだ発表していない独自ネタが大好物**です。このため、プレスリリースを出す前に、余裕を持って独自ネタをリークしてあげれば良いでしょう。

私がお世話になっているある日経新聞の記者は「日経新聞の記者の場合は、日経本紙だけでなく、日経電子版、日経産業新聞や日経MJなど多くの媒体を執筆しなければならないので大変。良質の記事ネタを提供してくれる信頼できる企業広報の方はありがたい存在だ」と話してくれました。例えば企業の新規投資や出店、業務提携、新商品や新サービスなど、記事になりやすい独自ネタはたくさんあります。こうした記者が求めるネタの具体例は第3章でたくさん紹介しましたから、参考にしていただければと思います。

また**記者側には、企画記事を執筆する際に必要なネタを教えてもらいたいというニーズもあります**。特に必要なのは具体例です。取材に行くと、背景説明を詳しくしてくれる広報の方はたくさんいらっしゃいますが、具体例を聞くと「知らない」ということが多いです。知らないだけでなく、記者はただ聞いただけなのに「そんなのは記者さんが調べないとダメでしょう。私に聞くことではない」などと説教し始める広報担当者もまれにいます。これは自分が知らない情報を聞かれると、逆切れしてしまうパターンです。または知っていても、業界の常識を一般の常識と勘違いしているパターンです（時々、記者側があまりに不勉強であるパターンもありますが……）。

記者側は誰かに話を聞くのが仕事ですから、広報担当者や被取材者にこうしたことを聞くのは当たり前です。一般の人の目線で知らないことを聞くのが記者の仕事とも言えます。広報担当者は、知らないなら知らないと率直に言うだけで良いのです。知らないということで怒ったり、広報を馬鹿にしたりする記者はほとんどいません。仮にそんな態度を取るのであれば、そのような傲慢な態度を取る記者とはむしろ距離を置いたほうが良いでしょう。

逆に、前述のように自分が知らないことを聞かれて理不尽な説教をする広報担当者からは、記者はどんどん距離を置いていくでしょう。そのため**知っている事例があれば、基本的にはもったいぶらずに教えてあげれば良い**のです。広報担当者が企画記事に必要な具体例を教えてあげられれば、記者から感謝され、その後も頼りにされることは間違いありません。

例えば、記者が「小売業界が在宅療養者に当日宅配」といった企画記事を書くとします。その場合、「どんな企業が当日宅配をしているか」という例が最低二つ、できれば三つは必要です。広報担当者は「自分が知っているB社はこんな試みをしていますよ。我が社の取り組みと合わせれば、記事になるかもしれませんね」とアドバイスしてあげれば記者から感謝されます。いくら抽象的な背景説明があっても、具体例がないと記事は書けません。このため、具体例を調べてくれたり、教えてくれたりする広報担当者は貴重な存在なのです。

「記事になっても、ライバル会社と一緒では仕方ない」と思う広報担当者も中にはいらっしゃるかもしれません。しかし、それは間違いです。**記事にならないよりも、他社と一緒にでも記事になったほうが認知度は上がります**。業界全体の認知度が上がれば、自社の認知度も上がり、業績にもプラスになりうるのです。広報担当者は自社だけの利益を追求する利己主義に陥って、報道の縮小均衡にならないことが大事です。

≫目標は「この広報は記事になるネタを提供する人だ」と思ってもらうこと

私は、対外広報としての**大きな目標の一つは、「この広報は、記事になるネタを安定して送って**

くれる。ここの広報が送ってくるネタは記事になる」と記者に思ってもらうことだと考えています。**記者は、広報担当者を「この人が出すネタであれば掲載できるだろう」という人と、「この人が出すネタだからネタにならない、信用できない」などと心の中で区別**しています。自社に関する前向きな記事の掲載を増やすためには、前者のカテゴリーに区分されることが非常に大事です。

そのためには、広報担当者が記者のニーズを的確に把握することです。先ほど伝えた記者が求めている二つの条件を満たすことが第一歩。また、第3章でお伝えしたネタづくりのコツを自社に応用することができれば、記者がほしいネタを提供できるでしょう。さらに、こちらも第3章でお伝えしたように、自分で記事を書いてみれば、記者が記事を書く際にどんな情報を必要とするのかがすぐに理解できます。いずれも、記者の気持ちを理解して行動することが重要だということを示しています。**多くのメディア掲載を目指す「攻めの広報」を成功させようと思うのであれば、記者の気持ちをできる限り理解して売り込みをかけることが、最強の方法**だと私は考えています。

≫記者の力になろうという姿勢を示すことが成功の近道

このほか、私が記者と接するときに心がけていることは、**「記者の迷惑にならないこと、記者のためにプラスになること」**です。

最初のエピソードに出てきた広報担当者のように、自分の言い分だけを記者に押しつけるのは、何としても避けなくてはいけません。記者から「メディアへの理解のない面倒な広報」だと思われれば、記者はその広報をできる限り避けようとするでしょう。そうなれば、記事掲載を増やす「攻めの広報」が成功するはずがありません。こちらについては、第6章③の「やってはいけない！記者への対応と売り込み方」でご説明します。記者が嫌がる広報や経営者、被取材者の代表例についても、第7章で詳しく紹介します。

加えて、「記者のためにプラスになること」も重要です。前述したように、掲載しやすい記事ネタを出すことや、一緒に企画を考えること、企画で必要な具体例を教えることなどがその大きな一歩になります。また、**「この広報担当者は、いろいろと苦労しつつも自分のために調べてくれている」と記者が思えば、それだけでも感謝の気持ちは強くなる**ものです。

私や私の友人の記者たちの経験から言えば、はじめから記者を警戒したり、不親切に記者からの要請をはねつけたりする広報担当者は少なくありません。その中で、できるだけ記者の力になろうという姿勢を示す広報担当者は、不親切な広報担当者とは比べ物にならない信頼を得られると思います。信頼関係があるかどうかが、広報担当者が記者に記事ネタを売り込んだ時に、実際に掲載してもらえるかどうかの分岐点になることは頻繁にあるのです。

≫記者へのコンタクトのやり方は

広報担当者の中には、記者にどうやってコンタクトして良いかわからないという方もいらっしゃいます。もともとメディアにほとんど取材されたことがないＢｔｏＢや中小企業、あるいはメディアへの関心がなかった企業の場合、記者の名刺のリストがほとんどないというケースもあるでしょう。こうした企業でゼロから広報活動を始めるのは、想像以上にハードルが高いものです。

前述したように、私も広報担当者になった当初は大変苦労しました。ですから、環境に恵まれない広報担当者の気持ちはよくわかります。しかし、こうした企業で広報担当になった場合でも、第一歩を踏み出さなければ進歩はありません。逆に言えば、踏み出せば意外にうまくいくこともあるのではないでしょうか。

一つのやり方は、記者クラブに挨拶に行くことです。記者クラブの連絡先は、メディアの住所や連絡先を記載している『マスコミ電話帳』などに掲載されていることが多いと思います。インターネットで調べればわかるケースもあります。私が現場で記者をやっている時には、記者クラブの受付の方に連絡して、挨拶にくる広報担当者が大勢いらっしゃいました。しかし、最近はこうした行為ができなくなった記者クラブが増えているとも聞きます。挨拶に行く際には、あらかじめ記者クラブの受付などに連絡を取り、ルールを確認した上で実行する必要があるでしょう。

もう一つは、**メディアの代表電話に連絡をして、そのメディアの記者クラブの席の直通番号を教えてもらう**ことです。この場合は記者に直接、電話連絡をしてアポイントが取れれば、会いに行くことができます。記者クラブに所属していない記者の場合は、その記者が通常いる本社の直通番号を教えてもらうか、受付の方から直接電話をまわしてもらうこともできます。

もちろんメールなどで連絡をしてほしいと言われることもあると思います。しかし、それが個人アドレスではなく、会社の代表のアドレスの場合、私の経験では返信がくる可能性は非常に低いです。このため、可能であれば電話連絡で直接話したほうが良いと私は考えています。自分の電話番号を教えて、電話連絡を待つというやり方もありますが、こちらも連絡がくる可能性はやはり低いでしょう。記者も忙しいので、知らない企業広報に連絡を取るメリットはないと考える可能性が高いためです。

≫メディア掲載は連鎖する

メディアに記事ネタを売り込む際、どんなメディアを対象にするかも重要です。どんな規模の企業でも、広報担当者や経営者は大きなメディアに記事を掲載してもらうことを目指し、記事を掲載してもらうと喜ぶ傾向があります。これはある意味では当然です。大メディアほど読者や視聴者が多く、影響力が大きいからです。

一方で、小さなメディアが自社について報道しても、まったく喜ばない経営者や広報担当者もいらっしゃいます。しかし、こうした考え方や行動は間違いです。なぜなら新聞や雑誌、テレビなどの記者の行動パターンを理解していないからです。**記者たちは、取材をする前に、必ずその企業がどんな報道をされているか調べます。**それにより、危ない企業ではないか、取材しても良い企業かどうかを査定しているのです。また、第三者による報道をよく読むことを通じて、その企業のことをきちんと調べてから取材しようとします。

大きなメディアに1回だけ記事が掲載された企業より、小さなメディアであってもたくさん報道されているほうが、どんな企業であるかを調べやすいわけです。企業のことを詳しく調べられるほど、記者側はその企業を安心して取材できます。こうした傾向は大きなメディアの記者ほど顕著です。**大きなメディアほど、自社や他社のメディアに掲載されたことがなく、信頼して良いかどうか**

わからない企業の記事を掲載することに厳しいからです。

つまり、**ほかで多く報道されているほど、大きなメディアで記事を取り上げてもらいやすくなる**ということです。逆に小さなメディアに記事を掲載してもらっていない企業は、大きなメディアにも掲載してもらえない状況が続くことになるのです。

≫業界紙に掲載されたネタは再生産されるケースも

もう一つの理由は、記者が記事ネタを探す際に、必ずほかのメディアの記事を検索するからです。検索の方法は、多くのメディアの過去記事を調べられる「日経テレコン」などのツールを使うことです。**「日経テレコンを最も利用しているのは日経新聞の記者だ」という笑い話があるほどで、記者は毎日のように、こうした検索ツールやインターネットなどで自分の担当企業の関連記事を検索**しています。

全国紙の記者の場合、週末紙面を埋めるための出番原稿を出稿する際には、業界紙などに出ている記事を検索することもよくあります。これはある意味では、記事が足りない時に紙面を埋めるための裏ワザです。業界紙は全国紙に比べれば発行部数が少なく、読者が限られます。仮に同じネタでも、追加取材して内容を洗練させれば、多くの人たちにとっては新しいニュースになる場合があります。デスクや部長もすべての業界紙に目を通しているわけではありませんから、社内でも業界紙に掲載されているネタを追加取材していると気づく人はほとんどいません。業界紙の記事を追加取材しているうちに、さらに新しいニュースが見つかって、特ダネにつながるケースもないわけではありません。

もちろん、全国紙の記者がいつもこうしたことをやっているわけではありませんが、決して珍しい話ではありません。業界紙やネットメディアを含めて、あらゆる情報を集めるのは良い記者の条件の一つでもあります。広報担当者としては、こうした記者の行動を逆手に取って、大きなメディアに記事を掲載してもらえるチャンスを増やせるわけです。

≫ネットメディアの記事をナメてはいけない

こうしたことは、インターネットメディアに掲載されている記事でも同様です。今のところ、ネットメディアは企画記事やインタビュー記事が多く、ストレートニュースは少ないように思います。しかし、**ネットメディアに掲載されているエピソードや統計記事、インタビュー記事などの一部が、大手メディアの企画記事や番組などの一部で参考にされる**場合があります。

また、前述したように記者は取材をする前に必ず、インターネットでその企業を検索して参考情報を得ようとします。検索した際にたくさんネットメディアの記事が見つかれば、有用な情報を得られます。ほかの記者も取材していることがわかりますから、その企業への信頼感は高まり、記事掲載に近づきます。

インターネットメディアは既存の新聞や雑誌、テレビと違い、新興のメディアが多いかもしれません。しかし、記者はこうしたメディアの記事もしっかり調べています。ネットメディアの記者が取材を申し込んできたら、そのメディアが信頼できる場合は、丁寧に対応することをおすすめします。

2 ネタを売り込んだ後の鉄則

≫記事掲載後の広報の態度が、次の掲載への第一歩

「ネタを記者にどう売り込むか」も重要ですが、ネタを売り込んで記事が掲載された後も大事です。私の記者時代の経験では、広報担当の方々の中には、記事が掲載される前は熱心に売り込んでくるものの、記事が掲載された後は知らんぷりする、という方が一定数いらっしゃいました。しかし、そんな広報担当者は、「記事ネタを売り込んだ後の態度こそが、次のネタの売り込みの始まりだ」ということを理解していないように思います。

繰り返しになりますが、記者も皆さんと同じ人間です。人には感情がありますから、取材先に無礼な態度を取られれば、頭にきたり、嫌いになってしまったりすることもあります。嫌いとは言わないまでも好きではない、頼まれても無理して協力したくはない、という人もいるでしょう。**記事を掲載してもらった後の広報担当者の態度がしっかりしているかどうか、きちんと謝意を示せる礼儀正しい人かどうかは、次の記事掲載へ向けたはじめの一歩なのです。**

≫ネタ売り込み後の「広報の作法」とは

ここからは、私が考えるネタ売り込みの後、あるいは記事を掲載してもらった後の「広報の作法」について説明します。まず、自社に関する前向きな記事を掲載してもらったら、記者に対して感謝の気持ちを持つことです。

メディアにお金を支払って掲載してもらう「広告」と違い、「報道」は原則として無料です。企業にとって、**お金を払っている広告は掲載してもらう権利があります**。ビジネスですから感謝するような関係ではありません。一方で**報道は、企業はお金を1円も支払っていません。当然、メディア側に記事を掲載するかどうかの権利があります**。編集権もメディア側にあります。

企業経営者や広報担当者などにとって、報道は結果として自社の認知度や知名度の向上につながります。新しい製品やサービスについての記事が掲載された場合、それをきっかけに製品の売り上げが急増したり、サービス利用者が急増したりすることも多くあります。いわばメディアが無料で自社の宣伝をしてくれるわけです。

もちろん、記者やメディアは企業へのサービスとして報道をやっているわけではありません。読者にとって必要な情報を報じているのに過ぎません。しかし、記事を掲載した後に感謝し、喜んでくれる広報のいる企業と、報道しても知らないふりをして、感謝の意を示さない広報担当のいる企業の2社があったら、どちらをより多く報じようと思うでしょうか? お金を支払わない報道は、記者との人間関係に依存する部分が大きいのが実情です。当然、同じようなバリューであれば、信頼できる、感じの良い広報担当のいる企業のほうのネタを使いたいと思うわけです。

新聞や雑誌の紙面には限りがあります。そのうち、絶対掲載しなければならない記事が半分ある場合、残り半分をどんな記事で埋めるのかはメディア側が決めます。「記者には記事掲載の決定権限がない」と前にお伝えしましたが、**記者が記事を書かなければ、またその記事ネタを推薦しなければ、永遠にそのネタが記事化されることはない**のも事実です。

記事を書いても知らないふりをするような広報担当者は、記事を読んでいるかどうかもわかりません。記者からすれば、いわゆる「恩知らず」な人間に見えます。感謝の言葉や記事確認の連絡もしないような広報のコミュニケーション能力に対して、記者が疑問を持ち、「できる限り付き合わないようにしよう」「今後はこの広報の記事掲載の要望は受けないようにしよう」と思うリスクもあります。当然、似たようなニュースバリューであれば、感謝の態度を示すことのできる広報担当者のほうが、「恩知らず」な広報担当者よりも有利になります。

広報担当者として、記者に感謝の連絡をするのは決して難しいことではありません。一方で、それをしっかりできている人は必ずしも多くはありません。特に経営者や広報部長などは社内では地位が高いからか、そうした謙虚な姿勢を示さないケースもあります。そうした人は「自分は偉いから、安易に他人に感謝できはしない」という気持ちがあるのかもしれません。

もちろん、経営者も役職者もそれぞれ苦労して今の地位を築かれたことでしょう。それは素晴らしいことではあります。しかし、いくら自分が会社で力があるといっても、その力を使えるのはあくまで社内だけです。社外の人である記者は、その役職者や経営者の部下ではありません。また、記者も厳しい入社試験や社内競争を経て現在の担当をしているわけです。当然のことながら、両者は尊重し合う必要があります。

傲慢な態度を取る被取材者に対して、記者やメディアは非常に冷淡になるので、企業側は記事で批判されるリスクも高くなります。広報や経営者個人の資質やメディアへの理解・態度が、企業全体にとってのリスクにもなりうることを認識する必要があるでしょう。

≫記者に感謝の気持ちを伝えるコツ

それでは、記者に対してどのような形で感謝の気持ちを示したら良いのでしょうか？　これは簡単です。**電話またはメール、ショートメッセージなどで連絡すれば良い**だけです。ただし、相手に気持ちが伝わりやすくするコツはあります。

まずは記事が掲載されたことがわかったら、**できる限り早くメール**することです。記者からすれば、記事が掲載された日に連絡がなければ、記事を見たのかどうかがわからず、自分から連絡をするしかありません。何日も経過してから感謝の意を示しても、記者側からすれば、感謝されている実感は湧かないでしょう。

記者によっては、掲載したことをメール等で自ら知らせてくれる方もいます。こうした記者は広報担当者としてもありがたい存在ですし、信頼できる記者だと言えるでしょう。しかし、こうしたメールに対してさえ返信しない広報担当者もいます。こうした行動はご法度です。こうした広報担当者は、記者側から見ると非常に無礼に感じます。

記者からメール等で記事掲載を連絡してくれた場合は、すぐに感謝のメールを返信することが大

事です。すぐに返信できない広報担当者は二つのパターンに分かれます。一つは、そもそもあまり相手に感謝の気持ちを持てない、あるいは面倒くさいと思ってしまうパターンです。こうした方は、正直に言えば、広報や営業など人とのコミュニケーションを取る仕事にあまり向いていないのでしょう。

もう一つは、丁寧なメールを出そうとするあまりに、時間がかかってしまうパターンです。こうした方は感謝の気持ちはあるものの、うまく表現できない、あるいはより良くしようとしすぎて時期を逸してしまうわけです。

しかし、記者に感謝を示すのはもっとシンプルで良いのです。例えば、実際に私がある記者に送った感謝のメールを紹介します。

「○○様
記事を掲載していただき、ありがとうございます！　記事の反響は非常に大きく、問い合わせがきています。引き続きどうぞよろしくお願いいたします。
日高広太郎」

極めてシンプルです。正直言って大した内容ではありません。しかし、記者側から見ると、そんなに長い文章はいらないのです。なぜなら、彼らの目的は①記事を読んだかを確認する、②どんな反響であるかを確認する、③間違いがなかったか確認する——ということだからです。この三つを確認するのには、短い文章で十分です。また、長い文章を読むのは無駄な時間ですから、かえって迷惑だと感じる人すらいます。**感謝の気持ちを示すメールはあくまでシンプルであることが重要**だと思います。

ただし、もしも大きな記事を掲載してもらった場合には、違う対応も必要でしょう。私の場合は、必ず記者に電話をして、感謝の気持ちを直接伝えるようにしています。電話で伝えるのは、①記事を掲載してくれたことへの感謝の気持ち、②社内や経営者も感謝していること、③どのような反響があったか——です。

記者側は毎回電話されると面倒ですが、大きな記事を書いた場合には、メールの定型文での連絡では物足りなく感じるものです。記者にしてみれば「自分の記事はその程度の反響なのか」というわけです。ですから、電話をして広報担当者の感動を直接伝えると喜ばれます。一方で、こうした広報担当者の行動や、自分が書いた記事への反響に感動できない記者は、ある意味で記者としての資質に欠けるのではないかとも私は考えています。

A社（中堅BtoB企業）社長

A社 広報部新人社員

N新聞（大手経済紙）新人記者

キミ！
今日の新聞を読んだかい？
うちの会社の記事がこんなに
小さな扱いなのかね？
ちんまり…
すみません
大手新聞ですから
そう簡単に
大きな記事にはならなくて
我が社は上場している
企業だぞ
売り上げだって
50億円近くあるんだ
記事も大きくて当然だろ
取材にきた記者に
苦情を言っておいてくれ
はい
すみません
もしもし
今日の記事なのですが
扱いが小さいと
社長から怒られまして
うーん…
ああ
先日はどうも
扱いは僕が決められる
わけではないので
それに
掲載するだけでも
大変ですよ
ペコ　ペコ
ボツになりそうなのを
デスクにお願いして
載せてもらったんです
感謝してもらいたい
くらいです

あんな小さな記事で感謝なんかできませんよ
A社の記事
ドーーン
社長は当社のような大きな企業の記事はもっと大きくしろと記者さんに言っておけということでした
気持ちはわかりますが御社の売り上げの10倍以上の企業の記事も今日の紙面では同じくらいの扱いですよ?
A社
B社
C社
そこまで面白いネタでもありませんでしたし記事になっただけ良かったと思ってもらわないと困ります
そんな言い方失礼じゃないですかうちの会社は業界2位ですよ!
どちらが失礼なのですか
御社より大きな企業もたくさんありますし今回のネタでは大きな扱いをするのは難しかったと言っているだけです社長にもそう説明してください
そんな説明社長にしたら僕が叱られます
申し訳ないですが私の知ったことではありませんよ
デスクに頼み込んで何とか紙面に掲載したのにそんなことを言ってくるのであればもう結構です
失礼します。
ムッ

3 やってはいけない！ 記者への対応と売り込み方

≫メディアへの無礼な態度は厳禁

前ページの漫画は、ある会社の広報担当者と大手紙記者のある日のやり取りです。本来であれば、記事を掲載してもらって感謝の気持ちを伝えるべき局面にもかかわらず、非常に険悪な雰囲気で電話が終わってしまいました。今後、この記者がこの会社やその経営者を前向きな記事で取材することはまずないでしょう。**記者にとってみれば、せっかく前向きな記事を掲載したのに文句を言われたのでは、たまったものではありません。**記者が怒るのは当然だと思います。最悪の場合、批判記事の際にあえてこの会社のことを書くリスクすら出てきます。

なぜ、このような最悪の状態になってしまったのでしょうか？　最大の要因は、この会社やその**経営者、広報担当者のメディアに対する理解（メディア・リテラシー）が極端に不足している**ことにあります。

他社である新聞社の担当記者を、まるで自社の社員かのように扱う経営者や広報担当者は一定数います。しかし、当然ながらメディアの側はこうした企業を非常に嫌います。「無知だから仕方がない」と好意的に解釈してくれる記者はまずいません。

企業経営者や広報担当者は、こうした態度を改めなければ、自らが高いリスクを抱えることを理解しなくてはいけません。

大手紙の記者はこの会社よりも大きな企業の経営者とも会っていますし、この会社の所轄官庁の局長や次官に会っていることもよくあります。この会社が属している業界に強い影響力を持っている政治家にも会っているかもしれません。記者はこうした人々とフラットに会って取材しているのです。官庁や政治家の多くは、メディアを味方につけ、情報交換をすることがいかに大事かを身に染みて知っています。このため、記者に敬意を払い、親しく付き合って自分を理解してもらったり、外部に出ていない情報を親しい記者だけに教えてあげたりするわけです。

これだけでも、メディアについて無知なばかりに記者に無礼な態度を取ってしまうことが、どれだけ会社にとってリスクが高い行為なのかわかるでしょう。記者は所轄官庁の担当局長や親しい政治家に、この会社のことをどう話すでしょうか？　記者を敵にまわすことは、批判記事を書かれるリスクがあるばかりでなく、自社の規制をつかさどっている官庁や政治家を敵にまわすことにまでつながりかねません。**メディア・リテラシーが過度に低い会社や経営者は、記者に無礼な対応をするリスクを理解していない**のです。

前述のエピソードはやや極端な例ですが、この類の話はよくあります。読者の方々の中には、「ここまでひどくはないが、これに近いことは今まで経験したことがある」という方もいらっしゃるかもしれません。特に大手紙などの経済記者は、被取材者側が無礼な態度を取らなければ、丁寧かつ礼儀正しく取材することが多いと思います。広報担当者としては企業側、つまり自分のミスで、わざわざ記者やメディアと険悪になり、無駄なリスクを取ることは絶対に避けなくてはいけません。

≫やってはいけない！　つまらないネタの売り込み

第3章の最初のエピソードでもご紹介しましたが、記者にとっては、企業やPR会社から宣伝まがいの記事ネタを掲載するよう求められるほど困ることはありません。第3章のエピソードは、ネタを売り込んできた方が、自社の社長賞を受賞したことを記事にしてほしいというものでしたよね。もちろん、企業側からすれば、できれば宣伝に近いものも記事にしてもらいたいですよね。その気持ちはよくわかります。

では、なぜつまらないネタや宣伝まがいのネタを記者に売り込んではいけないのでしょうか？この章の最初に、最強の記事ネタの売り込み方は、記者の気持ちやニーズを理解して売り込むことだと説明させていただきました。**「やってはいけない」売り込み方は、やはり記者の気持ちやニーズを広報担当者が理解できていないことが原因で起こってしまう**と私は考えています。

新聞社も企業である以上、記者も広報担当者と同じサラリーマンです。つまり、会社員として上司（デスクや部長）に評価される立場です。評価が低ければ希望の部署から異動させられたり、希望の部署に行けなくなったりします。最悪の場合、編集局から異動させられて、自分がやりたい記者の仕事ができなくなるケースすらあります。

そして、記者の評判を非常に悪くする行為の一つが、企業の宣伝まがいの記事を書こうとすることです。こうした記事は、そもそも掲載されません。そのため、掲載もされないような記事を書こうとする、その記者のセンスが疑われるわけです。デスクから見れば、記者がきちんと新聞を読んでさえいれば、こうした記事ネタが掲載されるはずがないことはわかるはずです。その記者は「その程度の努力すらしていないのか」と思われてしまうわけです。

加えて、記者が過度な宣伝ネタを書こうとすることは、新聞社内で「こんな記事を書こうとするということは、まさかその企業と何らかの癒着があるのではないか？」と疑われるリスクにもつながります。新聞社などのメディアは社会の公器ですから、こうした癒着は許されません。企業との癒着などを防止するために、記者の担当を2年程度で変更する新聞社もあるくらいです。つまり、記者にとって企業との癒着を疑われることは、自分のジャーナリスト生命を危機にさらしてしまうかもしれない大ピンチなわけです。

同じく、「記事になりそうもないネタ」を無理に記事にしようとすることも、新聞社内では①記者のセンスへの疑い、②記者の努力不足を問題視、③企業との癒着への疑い——というネガティブな反応を招きかねません。

ですから、こうした「つまらないネタ」を当然のように掲載してほしいと言ってくる広報担当者やPR会社の担当者を、多くの記者は嫌います。また私の経験上、「つまらないネタ」を売り込んでくる広報担当者やPR会社の方は、いつも「つまらないネタ」を売り込んできます。こうした方々は**「記者のニーズ」や「どんなネタが記事になるのか」を勉強したり、理解したりしないために、毎回、同じ失敗を繰り返す**のです。

こうした広報担当者から連絡がくると、記者は当初はやんわり断っていますが、あまりしつこいと、ついには居留守を使ったり、メールを無視したりするようになります。こうした両者の関係には信頼などありません。結局、広報担当者やPR会社の担当者が記者の気持ちやニーズを知らないことが原因で、信頼関係を破壊してしまうのです。

メディアへの理解度の低い社内関係者の要請への対処方法

逆に言えば、記者にいつも掲載できるネタしか出さないようにしている広報担当者は信頼されます。「面白い」「記事になる」ネタを売り込んでくる広報担当者は、たいがいいつも「面白いネタ」を売り込んできます。ですから、売り込みにも耳を傾ける必要があると記者は判断するのです。

このため私は、「まるで宣伝だな」「広告と勘違いしているな」と思える、アレンジしようもない記事ネタを「記者に頼んで掲載してもらってほしい」という企業側からの要請もすべて断るようにしています。もちろん、広報担当者の中には「社内できっぱりと断るのは難しい」と思う方々もいるでしょう。しかし、そのネタをそのまま売り込んでしまえば、記者との信頼関係が揺らいでしまうかもしれません。会社とメディアの間に立って、利害調整をしなければならないのが広報という仕事の難しさの一つです。

こうした難しい状況の場合、一番の解決策は**「その記事ネタはこうアレンジすれば掲載される可能性がありますよ」と、ネタ自体を修正してあげる**ことです。あるいは、「そのネタはストレートニュースでは難しいけれど、企画記事のエピソードの一つとしては掲載される可能性がありますよ」などと言って、記事の載り方を変更するやり方です。こうしてうまくネタをアレンジしたり、掲載方法を変更したりできれば、会社と記者のニーズの両方を満たすことができるでしょう。

≫記事ネタの具体的なアレンジ方法は

記事ネタのアレンジ方法はさまざまですが、これについては第3章の「ネタづくりの最強の方法」が参考になるかと思います。

ここでも参考例を出しておきましょう。例えば、すでに100店舗を出している小売りチェーンA社が、新しくB県に出店するという自社のニュースです。A社はすでにB県に5店舗を展開しています。これでは記事は掲載しづらいのが実情です。客観的に見ると、ニュース性がなさすぎるためです。それでも企業側の担当者は「大きなニュースだから、記事掲載してもらえるだろう」と主張するかもしれません。こうした人は主観的になるあまり、客観的な判断力を失っている面があります。自分の仕事を過剰に評価してしまうことはよくあることですし、それだけ自信を持っていることは悪いことではありません。

では、広報担当者としてはどう対処すれば良いでしょうか？ まず、彼らの主張を無下にせず、この記事ネタをどうアレンジすれば良いかを考えてみることです。

はじめに、この店舗にどんな特徴があるのかを考えてみましょう。例えば、全国約100店舗のうち、最も広い、あるいは最も狭いなどの新奇性はないでしょうか？ その拠点に常駐する社員数は会社で最多ということはないでしょうか？ 例えばリーマンショック以来、出店をやめていたが、リーマン以来のはじめての出店ということはありませんか？

あるいは、この店舗で新しく導入した設備やサービスはないでしょうか？　環境意識の高まりを受けて、その店舗では温暖化ガスを削減する工夫をしなかったでしょうか？　あるいはこの店舗だけで開催する催事などはないでしょうか？　こうした新奇性や特徴があれば、ストレートニュースとして取り上げられる可能性が出てきます。

あるいは、企画記事としての可能性を探ってみましょう。同じ業界でB県やその地方に積極的に店舗展開をする動きはないでしょうか？　あったとしたら、その背景は何でしょうか？　あるいは、リーマンショックや新型コロナウイルスの感染拡大以降は、同じ業界では出店が止まっていたが、最近になって出店が増えているといった新たな動きはないでしょうか？

いずれにしても、小さなネタでも工夫次第で面白くなることはあるものです。「つまらないネタ」を「つまらないネタ」のまま売り込むのは、広報担当者が力不足であることの証です。広報担当者は料理人と似ています。**「つまらないネタ」でもうまく味つけをして、「面白いネタ」に変貌させられる広報担当者こそ優秀な広報**です。

もちろん、どうしても料理できないネタもあるでしょう。その場合は記者には売り込まないことです。**「面白いネタは積極的に売り込み、つまらないネタは面白くして売り込み、面白くできない時には売り込まない」というのが、優秀な広報の基本動作**だと私は思います。

【実践編】

第7章

「誠実＋α」
記者との持続的な信頼関係の作り方

●　●　●

実践編では、記者との中期的な信頼関係の築き方や社内広報について説明します。企業広報と記者との関係構築は「誠実な対応」が前提です。企業広報とメディアは、常に利害が一致するわけではありません。逆に利害が対立することもあるでしょう。そんな時でも誠実に交渉し、落としどころを見つけていくには、記者との強固な信頼関係が必要です。**記者側から見た信頼できる広報担当者の特徴や、具体的な信頼関係の築き方**をお伝えします。

1 記者が求める広報担当者の「誠実さ」とは

≫大投資家でも「速攻メール」、メディアを大事にするワケ

私が新聞記者としてシンガポールに駐在していた際、大事な取材先の一人で、世界的に有名な投資家の方がいらっしゃいました。**彼を取材していて驚いたのは、私がメールで追加の質問をすると、5分以内に本人から返事がかえってくること**でした。彼は私が取材した中でも、誰よりも世界的に有名で、極めて忙しい人の一人だったと思います。それでも、できる限り早く返信して質問に答えてあげようとしてくれる人でした。彼に会った際に、そのことを指摘し感謝したところ、「私はメールをすぐに返すようにしている。それが信条だ。君の手助けになればいいと思っているからね」と笑顔で話してくれました。彼は世界的に著名な大富豪で、年齢も私よりずいぶん上ですが、私に対して一切、偉ぶることはありませんでした。私は、彼の誠実かつフラットな態度に感動したことをよく覚えています。

彼は当時、日経新聞の記者だった私に対して「僕は日経の大ファンだよ」とも言ってくれていました。日経新聞が英フィナンシャル・タイムスを買収した際も、私に直接質問してきて、「日経新聞とフィナンシャル・タイムスは両方、大好きな新聞だから、私もとてもうれしい」と感想をくれ

ました。

彼は誠実な人柄ではありましたが、記者の私にとても良くしてくれたのは、それだけが理由だとは思っていません。**彼はメディアに誠実に対応し、味方につけることが、いかに自分にとって大事かをきちんと理解**していました。私は彼が謙虚かつ誠実に対応してくれるたびに「さすがは大物だなあ」と感じ、尊敬の念を強めました。私自身も彼に敬意を持ち、知らず知らずのうちに「できる限り前向きな記事を書いてあげたい」と考えていた気がします。

私の大事な取材先である大投資家が実践している「速攻メール」は、具体的な「誠実な行動」の一つだと思います。**私自身も記者からのメールについて、5分以内に返信するよう努力**しています。記者が毎日の紙面の締め切りに追われていて、迅速な回答を求めていることを自らの経験として知っているからです。記者に対する迅速な回答を心がけることは、多くの広報担当者の予想以上に大きな効果を生むでしょう。

返信を早くもらえると、記者は相手が自らを尊重してくれていることに感謝します。返信がいつまでたってもないようだと「無視されている」、「軽視されている」などと誤解することすらありえます。これは社内の人間関係でも同じですよね。迅速な返信は簡単なようですが、私の経験では、実際にこうした行動を取っている広報担当者はあまりいませんでした。読者の皆さんは記者から質問がきた際に、どのくらいの時間で回答をされているでしょうか？

に分かれます。

≫「忙しい」は本当？　行動を見直してみよう

私が記者だった際によくあったのは、メールで質問をして1日たっても、広報担当者から何の連絡もないというケースです。こうした広報担当の方に返信が遅い理由を聞くと、回答は大きく二つに分かれます。

一つは「忙しいから」という理由です。しかし、**本当にメールすらできないほど忙しいのでしょうか？**　少なくとも私が知っている広報の方で、1日中1分たりとも時間がないという人はいらっしゃいません。私は仕事柄、著名な政治家や政府高官、大企業の経営者など多くの方々を取材してきました。これらの方々の中でも、シンガポールでお会いしていた大投資家をはじめ、非常に忙しいだろうと思われる人ほど早く返信をくれていた気がします。

「忙しい」という理由でメールに返信できない方は、**本当に忙しいのか、それとも忙しいというのは言い訳にすぎないのかを考え直してみてはいかがでしょうか。**あるいは自分の時間の使い方や、仕事の効率性を見直してみたほうが良いかもしれません。「メールには1日以上かけて返信するのが普通だ」と考えている広報担当の方は、記者と信頼関係を築きたいのであれば、考え方を修正したほうが良いでしょう。

もう一つの理由は、「質問にすぐ回答できないため、社内取材をしていて遅くなった」「じっくり考えてから回答したい」というものです。この場合は、社内取材が進まなければ、いつまでたっても記者に連絡ができません。その間、記者側はそもそも広報担当者がメールを読んでいるかもわからず、イライラしているかもしれないわけです。

たまに、「何日も経過してから連絡したが、記者からは何も不服を言われなかった」という反論をする方がいますが、それは記者が我慢して何も言わなかっただけだったのではないでしょうか。そうした方は「自分はメディア対応の経験が豊富だから、記者の気持ちは十分理解している」などと主張することもあります。

しかし、そうした方は、**記者が直接、自分に対して苦情を言わなくても、陰で自分のことを悪く言っているリスクについて想像力を働かせたほうが良い**と思います。評判の悪い取材先は、実は新聞社内や記者クラブの記者の間で共有されているものです。そうした対応や態度が積み重なれば、記者から「傲慢な人」と認識され、取り返しのつかないことになることも考えられます。もちろん、「記者との強い信頼関係を築く」という本来の目的からも遠ざかるでしょう。

では、広報担当者は具体的にどう対応すれば良いのでしょうか？　私の場合は、**質問に対して即答できない場合、いったん簡単な返信を迅速にする**ようにしています。例えば、「〇〇様　ご連絡ありがとうございます。社内で確認した上で回答します。〇〇日までには回答できると思います。何かありましたら私の携帯までご連絡ください」といった形です。記者側としては、まず広報担当者が自分のメールを確認したということがわかりますから安心できます。締め切りが近づいている場合は、携帯電話に連絡してくるでしょう。

「じっくり考えてから回答したい」もリスキーな考え方です。もちろん、そうした慎重な考え方は尊重したいのですが、記者側はそうした広報担当者の頭の中までは忖度してくれません。**まずは短い「速攻メール」を返信することです。内容は「ご連絡ありがとうございます。確認して回答します」**

というだけでもかまいません。

「自分が記者だったらどうしてほしいか」を考えれば、「ぜひ返信を遅くしてほしい」などという答えは出てこないでしょう。記者との信頼関係を築きたいと思うのであれば、メールへの返信を迅速にすることが第一歩だと私は考えます。

≫「約束を守る」「嘘をつかない」当たり前を実行しよう

「約束を守る」「嘘をつかない」も信頼関係を築くのには大事です。これも「そんなのは当たり前だ」と言う人が多いでしょう。しかし、学生時代は当たり前のように守っていたのに、社会人になったとたんに「会社の事情」「上司の命令」などいろいろな言い訳が出てきて、当たり前のことができていないということはないでしょうか。

会社員の場合、「約束を守る」のは意外に難しいものです。例えば、記者とランチの約束をしていたのに、急にその時間に仕事が入ってしまうということがありますよね。この場合は、ひとまず仕事の予定をずらせないかを検討します。どうしても仕事をずらせない時は、仕方なく記者との約束をキャンセルすることになります。

大事なのはキャンセルの仕方だと思います。**まずはできる限り早く連絡する**ことです。当日、または直前にキャンセルするのは誰が見ても無礼な行為です。こうしたことは、担当が何であれ、社会人としてするべきではありませんよね。

次にキャンセルの際に「申し訳ない」という態度を相手にきちんと示すことです。記者も忙しい中でせっかく確保している時間です。キャンセルするのに「自分は仕事だから当然だ」という態度では、記者側も不快な気持ちになります。まずは言葉で「せっかく時間を取っていただいたのに申し訳ありません」と誠実に謝罪することです。キャンセルする側が本当に申し訳なさそうな態度や言い方をしていれば、よほど変わった人でなければ、「いや、そこまで謝らなくても大丈夫です。気にしないでください」と言わざるを得なくなります。

また、こうした**謝罪の連絡はメールなどで簡単に済ませるのではなく、電話で連絡したほうが良い**と思います。メールでは、どんな態度なのかが相手に伝わらないからです。また、メールで短く「仕事が入ったので明日はキャンセルさせてください」というメッセージが送られてくると、記者側も自分が軽く見られているように思い、不快な気持ちになるリスクがあります。この場合、広報担当者が次にアポイントを取ろうとしても、記者は「忙しい」などと言って応じてくれなくなるかもしれません。

広報担当者が次にやるべきことは、日程をしっかり再設定することです。できれば、キャンセルの電話をした際に、次の日程を調整してしまいましょう。**よくあるのが、キャンセルしたほうが「また連絡します」と言って、その後、連絡してこないケース**です。こちらから連絡すると「あ、忘れていました」などとおっしゃる方もいます。こうした人は多くの記者たちから「不誠実で信頼できない人」認定となります。広報担当者が、信頼関係を強めたいメディアに対して取る態度ではないでしょう。

「嘘をつかない」はいかがでしょうか？　広報担当者として困るのは、記者から質問されたけれど、会社の秘匿情報だから言えないという場合です。この際に**避けたいのは、嘘をついてしまい、記者をミスリード**してしまうことです。決算情報などインサイダー関係は嘘をつくのではなく、「申し訳ないけれど、**インサイダー情報だから答えられない**」と言えば良いかと思います。私の場合は「決算情報は担当が違うので本当に知らない。担当に聞いても、インサイダー情報だから言えないと言うと思います」と答えることが多いです。

また、知っていて、開示できる情報にもかかわらず「知らない」と言う広報の方がいらっしゃいますが、これも記者に「嘘をついた」と言われかねません。時々、マスコミを避けたいがために、開示情報かどうかを調べもせずに「知らない」を繰り返す人がいますが、後々、しっぺ返しをくらうリスクがありますので注意したほうが良いと思います。記者から質問されたことについては誠実に調べた上で、話せることは話し、言えないことは言えないと回答するのが常道です。

≫記者と会う際にはその日の当該メディアを読んでおこう

記者と会う際にできればやっておきたいのが、**その日の新聞、あるいは最新号の雑誌を読んでおく**ことです。テレビの記者と会う際には、最近のその局の番組や、その記者やディレクターの番組をチェックしておくと良いでしょう。

記者と会う際には、必ずと言っていいほど、最近のニュースの話が出ると思います。記者は自分のメディアで報じたニュースについて話すことも多いため、そのメディアを読んでいないと話についていけない場合があります。あるいは、記者が所属しているメディアの企画を話すこともありますが、広報担当者がそのコーナーや企画記事をそもそも知らなければ「不勉強だな」と思われてしまうことがあります。

広報担当者として避けたいのは、記者に会うのにもかかわらず、記者が所属しているメディアを一度も読んだことのない状態です。特に日経新聞や読売新聞、朝日新聞などメジャーなメディアの場合は、コンビニエンスストアなどでも容易に手に入ります。広報担当であるにもかかわらず「読んだことがない」というのは、記者から「怠慢で、不勉強な人だ」と思われても仕方がありません。

一方で購読していなければ読めないような業界紙（書店やコンビニなどに置いていない専門性の高い新聞や雑誌）の場合は、相手の記者も「読んだことがないのは仕方がないな」と思ってくれる可能性が高いと思います。ただ、こうした業界紙などでも、インターネットのニュースサイトを開設している場合が多いので、最低限、電子版だけでもチェックしておきましょう。

こうしたことを地道にやることは必ずしも難しいことではありません。しかし、実際にこうした努力をこつこつとやっている人は少ないのが実情です。だからこそ、記者からすると、こうした広報担当者は良い意味で目立ちます。「この広報担当者は誠実に仕事と向き合っているな」「よく勉強しているな」「できるな、普通の広報とは違うな」などと記者に良い印象を与えることができれば、信頼関係を作る上でプラスになるでしょう。

≫記者の担当業界のことを調べておこう

広報担当者は、自社の業界以外を担当している記者と会うこともあるでしょう。これまで何度かお伝えしてきた通り、記者は自分の担当業界以外の企業や省庁なども横断的に取材することが多いからです。1面などの目立つ企画記事でも、記者が自分の担当外の業界を取材して執筆することもありますので、しっかりした記者とは親しくなっておくようにします。

私の場合は、多くの記者と会って、いろいろな話を聞くことが多いです。マクロの政治経済の動きについての情報交換が役立つこともありますし、その記者がいずれ自社の業界を担当することがあるかもしれないからです。

自社以外の業界を担当している記者と会う際には、私は記者が担当している業界がどんな状況なのかを調べておくようにしています。最も簡単なやり方は、インターネットで調べることです。最近はネットの情報もかなり充実していますので、ある程度のことは調べられます。さらに、可能であれば日経テレコンなどの記事検索ツールを使って、最近の業界関連の記事を調べておけば良いでしょう。

ただし、**記事で調べたからといっても「知ったかぶり」は禁物**です。記者はその業界を担当しているわけですから、自分より詳しいのが当たり前です。あくまでも教えてもらうという態度で臨みましょう。**他の業界を調べるのは、あくまでも記者と話を合わせるためのものです**。話をうまく合わせられれば、記者は「御社とは別の業界なのに、よくご存知ですね」と感心すると思います。記者から「よく勉強している広報担当者だな」とリスペクトしてもらうことが、前向きな記事掲載につながることも多いのです。

他の業界のことを調べたり、記者が所属しているメディアを読んだり視聴したりするのは、完璧にこなすことはできないかもしれません。しかし、可能な限りの努力をすれば良いのです。ここでは、あくまでも記者に誠実に対応することが目標です。記者側に「この人はできる限りのことをやっているのだな」と思ってもらえれば、十分成功です。決して完璧主義にならず、むしろ「こんなメディアもあるのか。面白いな」と思って楽しんでやっていけば、知識も増え、記者との信頼関係も強められます。記者が所属しているメディアや自社以外の業界を予習するのは、広報担当者にとっても知識を豊富にし、考える機会を増やすという意味で自分自身の成長につながり、一石二鳥だと言えます。

この章の冒頭で、世界的に著名な投資家の例を挙げましたが、私が彼の対応に感銘を受けたのは、「こんなに著名な人でも、相手にこんなに丁寧に対応しているのか」と私自身の予想を上回ったからです。記者の予想を上回るような努力をしている広報担当者は、メディアから敬意を払われ、自社の批判記事も書かれづらくなるでしょう。

2

「広報は営業である」会社ではなく自分を売れ

≫営業以上に営業センスが求められるBtoBや中小企業の広報

「広報は営業である」と言うと、「えっ、広報は広報部で、営業は別の部署でしょう」と驚かれるかもしれません。正確に言えば、**「BtoBや中小企業の広報は、営業の側面が大きい」**ということです。記事を売り込むことは、まさに営業活動と言えるからです。

これまでお伝えしてきたように、BtoBや中小企業のニュースについては、メディアからの需要はあまりありません。特にBtoBの中小企業への需要は少ないのが実情です。メディア側からすれば、BtoBの中小企業の記事がなくても、紙面は大企業やBtoC企業の記事で埋めることができますから、熱心に取材する必要もありません。

だからこそ、**BtoBや中小企業の広報担当者は、記事ネタを売り込む「営業」をしなければなりません**。そうでなければ自社の記事はいつまでたってもメディアに掲載されません。こうした苦労は、メディアからの需要が多いBtoCの大企業の広報担当者はあまり経験しないかもしれません。注目度の高い超大企業や、BtoCの大企業の場合は、ただプレスリリースを発表しただけでも、記者のほうから取材をしてくれるからです。

一方でBtoBや中小企業の広報担当者は、自らが努力して道を切り拓く必要があります。苦労も多いと思いますが、それだけにメディアに記事が掲載された際には喜びもひとしおです。**BtoBや中小企業の広報担当は大変な仕事ではありますが、やりがいがあり、仕事を通じて自分の能力も磨ける仕事だ**と私は思います。

≫私の「広報営業」の具体策① 「利」をもって説き、記者とウィンウィンの関係づくりを

私は記事ネタを記者に売り込む仕事のことを**「広報営業」**と呼んでいます。**BtoBや中小企業の広報担当者の場合、この広報営業をいかに上手にやれるかが成功のバロメーター**になります。ここでは、私がやっている広報営業の具体策をいくつか紹介していきます。

最初に紹介するのは、**「利をもって説く」**方法です。「理をもって説く」という言い方がありますが、私の場合は理よりも利を重視しています。つまり、私が売り込んだネタは面白いため、相手の記者側に利益があるという説明を記者にするわけです。記者にどんな利益がもたらされるかというと、「記事が足りない時に紙面を埋められる」「暇ネタを探し回る時間が削減できる」「面白い記事を書いたとデスクに褒められる」といったことです。このため、お金を使う必要はまったくありません。

しっかりした記者やメディアはお金ではなく、面白いネタを求めています。逆に「ネタよりもお金がほしい」「お金を払わなければ記事を書かない」などというメディアや記者とは、私はお付き合いしないようにしています。

きちんとしたメディアや記者に利益を提供する手段は、お金ではなく、面白いネタのはずです。

このため、**広報担当者としては、「つまらないネタはアレンジして面白く」「アレンジできないほどつまらないネタは、自分が社内を説得してそもそも記者に売り込まない」ようにする**必要があります。これにより、自分や自社だけが利益を得るのではなく、相手も利益を得ることができるからです。いわゆる**ウィンウィンの関係が信頼関係の基本**だということです。

もちろん、「理をもって説く」ことも大事です。しかし、**理論や理屈だけでは人はなかなか動きません。議論になって相手を論破したとしても、わだかまりが残る場合もあります。**残るのは自己満足だけで、互いの人間関係にとってはマイナスにしかなりません。自分だけではなく、相手にとっても利益があることが、人を動かす大きな材料になるはずです。

私は営業などほかの業務の担当者についても、「自分さえ良ければ良い」というやり方をする人は、一流ではないと思っています。こうした人は仮に一時的に成功したとしても、長続きはしませんし、周囲からも嫌われるでしょう。このため私は、こうした方とは距離を置くようにしています。

広報担当者にも同じことが言えます。特に記者は、相手の態度や言葉に敏感に反応しますので、「記者を利用するだけ利用してやろう」という人を見抜いて嫌います。もちろん信頼関係など期待できなくなります。記者とウィンウィンの関係を作れるかどうかが、優秀な広報担当者のバロメーターであり、企業とメディアが持続的な信頼関係を作るためのポイントです。

ただし、相手に利益があるという説明をする際の態度には注意する必要があります。広報担当者が「記者側だけにメリットがある」と過度に主張すると、「押しつけがましい」「親切の押し売り」などと相手を不快にさせかねないからです。このため、**私は「記者にも利益があるが、自分にも利**

益がある。掲載していただけるようであれば、本当にありがたい」と自分の感謝を同時に伝えるようにしています。「記者にもメリットがあるが、自分にもメリットがある」と記者に伝え、感謝の態度を示すことで、相手の負担にならないようにしているわけです。

≫私の「広報営業」の具体策② 相手を知り、自分を知ってもらう

第2章の冒頭で「孫氏の兵法」の話をさせていただきました。メディアをよく知り、自分をよく認識することが広報活動を成功に導く第一歩だとお伝えしたと思います。似ていることが、記者との信頼関係構築の際にも言えます。少し違うのは、**「相手を知り、自分を知る」のではなく、「相手を知り、自分のことを相手に知ってもらう」**というところです。

記者とはビジネスだけのつながりでも本来問題はありませんが、持続的に強い信頼関係を築くには、それだけでは足りません。これは広報担当者だけではなく、記者にも営業担当者にも当てはまることでしょう。もちろん広報担当者と記者が過度に親しくなるのは禁物ですが、相手のことを聞き、自分のことも話すことを通じて、互いにわかり合え、より信頼し合えることは多いものです。

ただ、インタビューなど仕事の際にそんな話をしている余裕はありません。このため、**私の場合はたまに記者と食事に行ったり、お茶を飲んだりすることがあります**。こちらからお誘いすることもありますし、記者の方々から誘っていただくこともあります。外で記者に会って、踏み込みすぎない範囲で互いの経歴やどんな考え方をしているのかを話したり、仕事の情報交換をしたりするのは、とても大事なことだと私は考えています。

ただ、広報担当者の中には「記者と会っても、何を話したら良いのかわからない」という方がいらっしゃるかもしれません。**私の場合は、まず天候の話など他愛のない話をした後で、相手がどんな経歴で今の会社に勤務しているかを尋ねることが多い**です。立ち入った質問のようですが、よほどのことがない限り、記者たちはすらすらと答えてくれます。

家族のことなどをいきなり質問すると、ややぶしつけな印象になりますが、相手が記者の場合、これまで生きてきた人生についての質問は比較的、答えやすいようです。ただし、万が一、出身大学など相手が答えたくないようであれば、こちらから深く追求しないようにすることも大事だと思います。相手を傷つけたり、不快にさせてしまったりしては元も子もないからです。

大学や出身地など相手のことを知れば、自分との共通点も見つかるでしょう。同じ出身であればご当地ネタで盛り上がることもできます。同じ大学の出身であればゼミの話などで、同じ高校の出身であれば習った先生の話などができますよね。もちろん、出身地が同じではなくても、旅行で行ったことがあれば「○○市なら行ったことがあります。餃子で有名ですよね」などと話をしやすくなります。相手は自分との共通点を見つけようとしてくれている、と思うだけでも好意を感じ、親しみを持ってくれることが多いのです。

一通り相手の経歴を聞き終えたら、自分がどんな経歴かも話しましょう。ここでも、相手がたいがい共通点を見つけてくれます。**私の場合は自分と相手が話す割合をだいたい五分五分にするよう努め、相手や状況次第でその割合を少しずつ調整**しています。どちらかが過度にしゃべりすぎたり、聞き役にまわりすぎたりすると、どちらにも負担になるためです。

自分の話をする際に注意しておきたいのは、「華麗な経歴ではないと話す価値はない」などと思い込まないようにすることです。話すのは華麗な経歴でなくて構いません。仮に自分が第一志望の大学や高校に入れなかったとしても、それ自体がネタになるのです。

「志望校に入れなくて大学ではやる気が起きなかった」と言えば、相手は「正直で信頼できる人だな」と感じるでしょう。「志望校に入れなかったけれど、大学では頑張って希望する会社に入れた」と言えば、相手は「ハートが強くて、すごい人だな」と敬意を払ってくれるでしょう。そうした挫折の話が、超エリートコースばかりを歩んだ人のサクセスストーリーよりもずっと興味深いというケースはしょっちゅうあります。歴史上の人物の伝記も、たくさんの失敗のエピソードが出てくるのではないでしょうか。それこそが、彼らの魅力になっている面もあるのです。

自分が経験した部活動の話をする場合も「野球部に入っていて、甲子園出場まであと一歩だった」という話も良いですが、「科学部に入っていて、葉っぱの葉脈を取って栞にした」などの話も面白いと私は思います。

記者からは「そもそも科学部って何をやっているの？」「写真部で何を撮影していたの？」などの質問がくると思います。記者が自分で経験したことでなければ、かえって面白い人だと思ってもらえるのではないでしょうか。最近の社会では、いろいろな価値観や趣味を認め合えるようになってきていますし、記者も多くの分野に興味を持つようになってきているように思います。私の知っている記者たちは、ほとんどがどんな話題でも面白がって聞いてくれることが多いです。もちろん、読者の皆さんが挙げた話題に、記者側がまったく興味を示さなければ、別の話題に切り替えるようにすれば良いだけです。

ほかにも、例えば旅行やスポーツなどの趣味でも良いでしょう。親しくなってからであれば、家族についてなどよりプライベートな話をしても良いかもしれません。**嫌われやすいのは、相手の話をほじくり返そうとするが、自分のことは「まあ、私のことはいいじゃないですか」などと言って秘密にするような人**です。まずは記者と一定の距離を保ちながら、自分のこともある程度開示することです。

互いの経歴の話が終わったら、私の場合は、よく今日のニュースの話をします。記者側も時事問題に常に興味を持っていますから、すぐに話に乗ってくるでしょう。話題は必ずしも経済問題に限りません。社会問題やスポーツなどの話でも大丈夫です。

しっかりした記者であれば、必ずニュースに対して何らかの考えを持っています。その人の話をじっくり聞けば、広報担当者にとっても勉強になります。相手の話を聞くだけでなく、自分の考えをしっかり用意しておけば、互いがどんな人間かを知ることができます。また、こうした話は相手の信頼性を測るのにも役立ちます。**独自の考えを持っている、感情に流されず論理的に話ができるということであれば、信頼に足る人であると判断できます。**

ただ、私の場合、支持政党や宗教など一部の話題については自分から話題にしないようにしています。相手と考えが違いすぎると、自分では気づかずに相手を傷つけたり、不快な思いをさせたりしかねないからです。

≫私の「広報営業」の具体策③　趣味が合えば距離はより縮まる

　私が聞いた、ある大先輩の記者時代の話です。その記者は米国に駐在していた時に、中央銀行であるFRB（米連邦準備制度理事会）の理事と時々、釣りに出かけていたそうです。外国人記者がFRBの理事に会うのはなかなか難しく、取材をするのも一苦労です。日本人なのに、そんな人と釣りに行ける関係を作るとは「本当にすごいなあ」と感心した覚えがあります。その先輩記者は、そもそも釣りが趣味ではなかったにもかかわらず、FRBの理事が無類の釣り好きだと知って、自分も釣りを始めたのだと知り、もう一度、感心させられました。

　企業の広報担当者が趣味などを通じて、記者と信頼関係を築くのは、少なくとも日本人記者がFRBの理事と二人で釣りに行けるほどの関係を作るよりもずっと簡単です。もちろん趣味は釣りや野球、ゴルフなどのスポーツに限りません。音楽や絵画、文学など文化的なものでも良いでしょうし、自動車やキャンプ、ガーデニングなどでも良いでしょう。ただしこれは、あくまでも「相手と趣味が合えば」の話です。趣味の話をするくらいであれば問題ありませんが、まったく興味のない分野の趣味に無理に付き合わせてしまえば、相手は不快感を抱くこともあると思います。相手の興味を探りながら話をするのが大事です。

　私は時々、新聞社のコンペなどに呼ばれてゴルフをやることがあります。ゴルフの場合は早朝からほぼ1日、一緒にいて会話をしますから、相手がどんな人間かを観察することができ、相手を知るにはうってつけのスポーツです。同伴競技者が良いプレーをした時に「ナイスショット」などの言葉で褒め、一緒に喜んであげられるか、自分が失敗しても、落ち着いて、にこやかにプレーできるか、など判断基準はたくさんあります。私自身も相手から観察されていると思いますので、できる限り誠実な態度でプレーするよう努めています。

これらの方法はあくまで事例にすぎません。広報担当者はそれぞれキャラクターが違い、それぞれに長所があると思います。記者と親しくなる方法には、すべての人に共通した正解はありませんので、今回挙げたものをすべてやる必要もありません。ただ記者側も、信頼している広報担当者が出してきた記事ネタと、信頼関係のない広報担当者が出してきた記事ネタでは、安心感が違います。自分なりの信頼関係の強化方法を模索し、それを実践していってください。

≫記者との関係は上でも下でもない！ 信頼は盲目的に信じることでもない

広報担当者と記者の立場は、どちらが上でも下でもありません。前向きな記事を記者に無料で書いてもらうからといって、記者を「お客様」のように扱うのは感心できません。なぜなら、広報担当者は記者に対して「面白い記事ネタ」というメリットを提供しているからです。**互いがメリットを提供し合うウィンウィンを実現し、どちらも相手に感謝するのが理想の関係**でしょう。

広報担当者が記者に対して、過度に丁重な扱いをすると、記者側では「何か魂胆があるのではないか？」と疑いを持つリスクもあります。記者は多くの人を取材していますので、不自然な態度を取る人には敏感に反応することがあります。また、広報担当者が記者に対して、過剰に下手に出てくると「この人は記事ネタに自信がないんだな」と思われることもあるでしょう。こうした自信のない態度を取りすぎると、だんだんと記者に見下され、対等な関係を維持できなくなってしまいます。広報担当者と記者で上下関係ができてしまえば、会社までもが軽く見られてしまうリスクがあります。これでは、企業広報としての役目を果たせなくなってしまいます。

一方で、記者を見下すような態度を取るのも絶対に避けましょう。一部の広報担当者から悩みを打ち明けられるのが、自社の経営者がメディアに対して無礼な態度を取ってしまう、あるいは記者を見下すような態度を取ってしまうケースです。広報担当者であれば、自社の経営者に対して、そうした態度を取らせないよう努力することが大事です。インタビューなどの前には念を押しておいたほうが良いでしょう。

もちろん、そうしたアドバイスを一切聞かないような経営者もいるかもしれませんが、その人のことを思うのであれば、その経営者が信頼している外部の人などに助言してもらうようにするなどの工夫が必要になります。いずれにしても、広報担当者としてはメディアを敵にまわしてしまうことが最大の失敗です。自分はもちろん、経営者など取材をしてもらう人には、礼儀正しい態度を取るように事前にしっかり注意してください。

もう1点確認しておきたいことがあります。私は記者との信頼関係の構築が大事だと伝えてきましたが、**信頼とは「盲目的に相手を信じる」ということではありません**。記者も人間ですから、間違うこともあります。記者はあくまでも、利害対立することもある外部の人です。距離を縮めすぎて、盲目的に信じてはいけません。**記者に対しては、見上げず、見下さず、一定の距離を保ち、誇りを持って毅然と対応することが、良い関係を持続させることにつながります**。それに加えて、新聞などの情報をしっかり勉強し、自分のなりの意見を持つことができれば、記者からも敬意を払われるようになると私は思います。

≫広告は無意味じゃない！　報道とのメディアミックスを考えよう

これまでさんざん報道の優位性について説明してきましたが、私は広告に意味がないなどとはまったく思っていません。むしろ**広告は上手に利用すれば、とても価値のあるもの**だと考えています。広告と報道の特性を理解し、有効なメディアミックスを実現させることができれば、企業にとっては最高のＰＲ活動をすることができるでしょう。

企業の広報活動では、知名度（会社の名前だけは知っている）と認知度（会社の名前だけでなく、活動内容やサービスなども知っている）という言葉が使われます。知名度だけが上がっても、認知度が上がらなければ売り上げにはつながりにくいと言われています。

広告は、まさに企業の知名度を引き上げてくれるものです。広告は、釣りに例えれば、魚をおびき寄せるために撒く「撒き餌」のようなものです。広告を継続的にメディアに出すと、企業の知名度は着実に上がっていきます。これは新聞や雑誌の広告スペースの大きさ、テレビＣＭなら頻度やＣＭ内容のインパクトの強さによって、知名度の向上の度合いが違ってきます。いずれにしても、広告を出さないよりは出すほうが知名度は上がりやすくなるでしょう。

ただ、広告だけでは、企業の知名度は上がっても、ビジネスには結びつきづらいという声もよく聞きます。知名度が上がっても、認知度が上がっていないためだと考えられます。これは特にＢｔｏＢ企業から聞く声です（ＢｔｏＣ企業の場合は顧客が個人であるため、テレビＣＭなどで直接、消費者にアピールしやすく、ＢｔｏＢ企業よりも広告効果が高いと考えられます）。

一方で、企業の認知度を引き上げる最も有力な方法の一つが報道です。広告の場合は、その企業が何をやっているかを表現するのが難しい面がありますが、報道では記事の中に、その企業が何をやっているか、どんなサービスを新しく始めるか、などを記者が書いているためです。

広告の場合は、広告というだけで読者が読んでくれない、見てくれないこともあります。テレビで映画などを見ているときに、「ＣＭになったから、この間にトイレに行っておこう」ということは多くの人が経験しているのではないでしょうか？

しかし、報道の場合は読みたい人が読んでいるので、読み手も真剣です。このため企業の認知度が上がり、売り上げにも結びつきやすくなるのです。ただ、報道の場合も、読者が知らない企業よりも知っている企業のニュースのほうが読まれる確率は高いため、**広告などで知名度を引き上げておけば記事も読まれやすくなります。**読者や視聴者が社名を目にし、耳にする頻度を高めることが、社名を浸透させるためには有効です。

つまり、**「広告」と「報道」をミックスして活用し、企業の知名度と認知度を同時に引き上げていくことこそが、企業の売り上げ増につなげる「最強の方法」**だと私は考えています。

3 やってはいけない！　記者が嫌がる広報の代表例

ここからは、記者が嫌がる広報の発言や行動の代表例をまとめていきたいと思います。特に**大手新聞の記者は個人で動いているわけではないので、上司や同じグループの記者仲間に、問題のある広報担当者や被取材者の名前・行動などの情報を共有**します。さらに次の担当者にも代々、こうした情報を引き継いでいきます。つまり、担当記者が代わっても、嫌われている広報担当者はずっと嫌われたままです。会社の顔である広報担当がメディアに嫌われているということは、会社全体が嫌われているのとほぼ同義です。これでは、広報担当としては役目を果たせていないでしょう。一部これまでの内容と重複があるかもしれませんが、こうした嫌われる「NG広報」にならないために、気をつけなければならないことをおさらいしておきます。

≫≫「NG広報」になってしまう条件①　対応が遅い→「ドッグイヤー」の記者に合わせよう

NG広報になってしまう条件に最初に挙げさせていただきたいのが、「質問に対して遅すぎる対応」です。特に大手新聞は毎日紙面がありますから、記者は毎日の仕事に追われているのが普通です。変化のスピードが速いことを、犬の成長が人間より速いことに例えて「ドッグイヤー」などと言いますが、優秀な記者はこれと同様、常に急いでいます。仕事柄、頭の回転の速い人が多いので、広報担当者の対応が遅すぎると嫌がることが多いのです。

人間同士の信頼関係は相手との話題や波長が合うかどうかなどに加えて、スピードが合うかどうか、にもかかってきます。**記者と広報担当者の仕事のスピードがあまりに違うと、信頼関係は壊れやすくなってしまいます**。記者からの質問にはできる限りその日のうちに回答する、できれば数分以内に短い返信をするのを励行すれば、それだけでも広報担当として認められやすくなるはずです。

≫「NG広報」になってしまう条件②　記事を広告と勘違い

記事を広告と勘違いした行動、発言も厳禁です。記者は自らをジャーナリストだと認識していますので、外部の人から「提灯記事を書け」と言われるのが最も誇りを傷つけられます。広報担当者がそう思っていなくても、結果として記者を侮辱することになり、怒らせてしまうことにつながるリスクがあります。

また、どんな記事が提灯記事なのかを理解していない広報担当者もいらっしゃいます。こうした人も自分では気づかずに記者を怒らせてしまうかもしれませんので、注意しましょう。

どんなネタが記事に掲載されやすいのかは、第3章で詳しく説明しましたので繰り返しません。逆に**提灯記事だと記者から取られやすいのは「自分の会社の想いを記事で伝えたい」「自社の言い分を伝えたい」「自社の商品の良さを伝えたい」といった話**です。広報担当者や経営者の気持ちはよくわかりますが、冷静に考えると、その言い分がメディアから「自分勝手」と取られても仕方ないことがわかるでしょう。広報担当者が所属している会社の想いや言い分を、果たして読者は読みたいでしょうか？　逆に言えば、そんな記事をどんどん掲載してくれるようなメディアの記事を読みたいとは私は思いません。メディアにとってみれば、提灯記事を掲載しているようでは、メディアとしての価値がどんどん下がってしまい、最後には読者離れや視聴者離れが起きてしまうわけです。広報担当者は、ジャーナリズムに立つメディアの事情を理解し、提灯記事を売り込むこと自体が、記者やメディアとの信頼関係を壊してしまうということに気づく必要があるでしょう。

もちろん、経営者や広報担当者が自社の提灯記事を書いてほしいと思うのは私も理解できます。その場合はお金を支払って広告記事という形で掲載してもらえば良いわけです。その場合は記事の下側などに「これは広告です」という言葉が入ります。これにより、メディアの信頼性も保たれます。

企業側は、メディアは広報担当者や自社のためにあるのではなく、あくまで読者や視聴者に記事や番組を提供するものだということを理解して行動、発言をする必要があります。広告のためのお金も払いたくないし、無料で提灯記事を掲載してほしい、などと主張してしまうと、こうした企業はどんどんメディアから見放されていくリスクがありますので、注意してください。

≫「NG広報」になってしまう条件③　知ったかぶり→無知の知を徹底しよう

古代ギリシャの著名な哲学者、ソクラテスの名言の中でも最も知られているのは、「無知の知」ではないかと思います。中でも、ソクラテスが賢者とされる人や高名な人を尋ね歩いて問答を繰り返した結果、彼らが「何も知らないのに知っていると思い込んでいる」ことに気づいたというエピソードが知られています。「知らないことを知っていると思い込んでいる人々よりは、知らないことを知らないと自覚している自分のほうが賢く、知恵の上で優《まさ》っている」というわけです。

広報担当者にとっても同じようなことが言えるでしょう。時々遭遇するのが、広報担当者や経営者が「自分はメディアから取材を何度か受けたことがあるから、メディアには精通している」と思い込んでいるケースです。

しかしそうした方々は、たかだか取材を何度か受けたくらいで本当に精通していると言えるのでしょうか？　メディア側から言わせると、そうした人が本当にメディアのことを理解しているケースはほとんどありません。むしろ、こうした**「知ったかぶり」の人ほど信頼関係が作りづらく、嫌われることが多い**と私は感じます。

こうした人の中には、記者がこうした行動や態度をやめるよう要請しても「私は経験があるからわかっている」と強弁して、逆恨みする人までいます。ソクラテスの言う「無知の知」とは真逆のタイプです。思い当たる広報担当者や経営者は、記者との信頼関係を悪化させ、メディアを敵にまわしたくなければ、こうした行動や発言を早くやめることをおすすめします。

これに加えて、時々あるのが、「前に担当していたA記者はよくわかっていたのに」などと現在の担当記者に嫌味を言うタイプです。もちろん、こうした発言はNGです。いくら前の担当記者と親しかったからとはいえ、こんなことを言われたら、現担当記者が不快になるのは当然です。

また、はじめて担当する記者が、最初はそれほど業界や会社のことに詳しくないのは当たり前です。記者はインサイダー問題などを避けるために、1～2年ごとに担当を代わるのが一般的です。

また、記者が取材先と親しくなりすぎて「取材先の会社内の人」になってしまうのも、公正な報道ができるのかという観点から見ると問題です。記者は取材先の業界の人ではなく、あくまで外部の一般の人の視点で取材をしなければ中立・公正なメディアの役割を果たせません。記者がいつまでたっても不勉強なのは問題ですが、担当したばかりの時は、むしろ広報担当者ができる限り多くの情報を提供するよう努力することで、後々、その記者との関係強化につながり、結果として自社のためにもなると思います。

≫「NG広報」になってしまう条件④　記事を「検閲」しようとする

検閲というのは一般に、公権力がメディアの言論活動などに対して思想・内容を審査し、必要があれば、その内容などについて削除や訂正を求め、発表を禁止することを言います。表現の自由や民主主義を守るために、日本では検閲を憲法で禁止しています。

ところが、こうした検閲に近いことをやろうとする企業広報の方を時々見かけます。「原稿を事前に送ってチェックさせてくれ」というわけです。企業は公権力ではありませんが、こうした発言や行動はメディアからは「言論の自由を理解していない非常識な行為」に映ります。このような企業広報と記者が良い関係を作れるとは思えません。

もっとも、広報担当者が「経営者の発言を記者が誤解しているかもしれない」「自社についてどう書かれているのかを確認したい」という気持ちになるのは十分理解できます。ではこうしたケースで、広報担当者はどうしたら良いのでしょうか？

安心してください。解決策はあります。**自社に関係する部分だけを口頭で確認させてもらえば良い**のです。私の場合は「他社の部分は一切話さなくて結構ですから、自社の部分だけ、文脈も含めて口頭で教えてください」とお願いしています。大きなメディアでは、記者が記事自体をメール等で事前に広報担当者などに送ると、問題になり、処分されることもあります。このため私は、記事自体をメール等で送ってほしいなどといった「非常識」な要求をしたこともありません。広報担当者はあくまで「自分は報道や表現の自由は理解しています」という姿勢を維持しつつ、自社が書かれている記事についてだけ、口頭で確認させてもらえば良いでしょう。

≫「NG広報」になってしまう条件⑤　広報の保身のために何でも取材拒否

自社の都合の悪い話になると、とたんに取材拒否で逃れようとする広報担当者も、記者から信頼されません。取材拒否をするような会社の広報担当者から、前向きな記事を掲載してほしいという自社だけに「都合の良い」お願いを受けても、記者は無視するでしょう。それどころか、「情報開示に後ろ向きだ」として批判的な記事を書くことも考えられます。上場企業であれば特に、「説明責任を果たしていない」と見られるリスクもあります。よほど偏向報道をするような記者であれば話は別ですが、基本的には、記者からの取材要請にはできる限り対応していく必要があると思います。

さらに、記者を過度に警戒して開示可能な情報まで隠してしまう広報担当者もたまにいらっしゃいます。記者は鬼ではありません。広報担当者と同じ人間ですので、それほど警戒する必要はありません。むしろ、情報を隠そうとすればするほど、記者側は「何か問題があるのではないか？」と思い、追及してきます。

私も記者時代に、ある省庁で同省が発表したニュースリリースに書いてあることを確認した時に、「知らない」の一点張りで困ったことがあります。最後にはリリースしたことすら「知らない」と言う始末で、仕方なく、その担当者の上司に話して、諭してもらいました。結局、しっかり取材できましたが、こうした状況で互いに信頼関係ができるはずがありません。

企業側がいくら隠そうとしても、記者は社外を含めた多くの関係者に取材をして外堀を埋めてきます。記者に嘘をついたり、開示できる情報を隠したりしても、最後は暴かれてしまうことが多いのです。**開示できる情報はしっかり開示して、取材拒否をできる限り避けるのが、広報担当者が記者と信頼関係を構築するための基本**だと私は考えています。

【実践編】

第8章

「社内広報」と「社内理解」は成功の最後のカギ

● ● ●

広報は「社外向けの仕事」だと思われがちですが、「社内向けの仕事」も大事です。経営陣や広報以外の部署が広報の仕事の重要性を理解し、正当に評価したり活用したりしなければ、相乗効果や持続的な成功は望めません。第８章では、**「社内広報のやり方」や「広報担当者のやる気を失わせる会社の行動」などの具体例**を紹介します。会社と広報が相互理解に努め、相思相愛になることこそが、広報成功の最後のカギなのです。

ご無沙汰しております
どうかされましたか？あまり表情がさえませんね
お久しぶりです
そうですか？まあ元気ですよ
良かったです なんだか悩みでもありそうに見えたものですから
そうですか 悩みというほどではないのですが さすが記者さんですね すぐに見抜かれてしまいましたね
実はほとほと会社が嫌になっていまして…
えっ！そうなんですね 何かありましたか？
我が社が広報活動に理解がなくて困っているんです
先日他部署の部長に『広報なんか経費ばかり使う無駄な仕事だ。君達はいくら売り上げを上げているんだ』なんて嫌味を言われましたよ
ほかに言わないでくださいよ…
はあ？
そもそも広報部はモノを売る部署ではないから売り上げがないのは当たり前でしょう？視野の狭い独善的な人がいるんですね
プン プン
自分だけが働いているとでも思っているのでしょうか？そんなレベルの人を相手にすることはないですよ！

N新聞（大手経済紙）ベテラン記者〈キャップ〉

A社（中堅BtoB企業）広報部長

うちの会社は営業至上主義だから広報に対して冷ややかですよ 記者さんにお願いして大手新聞に記事が掲載されても感謝もなく記事が小さいと言われます 広報活動で結果を出しても評価されずに文句だけ言われるんで…

やってられませんよ…

それにしても
社会常識からかい離していますね 御社の企業イメージにも関わることですから私から社長に言いましょうか？

ザツンと!!

やめて～

嫌がらせを受けるかもしれませんから… この会社にいて頑張っても広報担当者が評価されることはないだろうなって実は転職しようかと…

そうなんですか？ あなたみたいに優秀な広報がいなくなると会社は困りますよ
お願いします!!

実は広報活動を重視している会社からオファーがありますのでこの件は内密に願います！

そうですか…

了解しました 確かにそのほうが幸せかも…

とはいえ あなたが辞めてからでないと広報活動の大事さがわからないんですね 人の頑張りを理解できない企業の記事を書く気にはなれないかなぁ
私が転職したら転職先の取材をお願いしますね
もちろんです！

1 「会社の顔、広報」が自社のイメージを左右する

≫「広報が嫌がる＝メディアから嫌われる」の公式

広報部は「会社の顔」などとよく言われます。なぜなら、**多くの読者と結びついているメディアの方々**（**記者やディレクターなど**）**が、最初に接する企業側の人員が広報担当者**だからです。その次に記者が取材で会うのは経営者ですが、記者の方々が日常的に接しているのはやはり広報担当者です。つまり、**メディアは基本的に広報担当者を通して、その企業を判断する**ことが多いのです。広報はメディアのフィルターを通じて会社と社会を結びつける存在であり、文字通り、会社の顔と言えます。

企業イメージを担うその広報担当者が、自分の会社のことを好きか嫌いかは非常に重要です。漫画のエピソードはとても不幸な事例を示していますが、これに類するケースを時々、見聞きします。経営陣やそこで働く従業員たちが広報の仕事やメディアのことについて無知で無理解であるばかりに、優秀な広報担当者が呆れ、会社を見限ってしまうわけです。こうした場合、会社と広報担当者は互いが損をする「ルーズルーズの関係」になってしまいます。本来、目指すべきウィンウィンの関係とは逆ですね。

考えてもみてください。**メディアに接している広報の方々がいつも暗い顔をして、「広報活動やメディアについての会社の無理解で困っている。不当に評価されている」などと記者に愚痴をこぼしている企業に、果たして記者たちは好感を持つでしょうか？　そんな企業の前向きな記事をあえて掲載しようと思うでしょうか？**　仮にその広報担当者が優秀で人格も優れている場合、メディアが持つその企業のイメージは最悪になるでしょう。

当然、その企業が不祥事を起こした時には、メディアから通常以上に厳しい批判を受けやすくなります。**つまり、「広報が嫌がる無理解な会社＝メディアから嫌われ、イメージが悪化する会社」という公式が成り立ちます**。広報担当者が自社の無理解に不満を持ってしまうような企業のイメージ戦略は、その時点で失敗したも同然なのです。

仮に、広報に対する会社の評価や態度が不当な場合、その広報担当者が記者に自社の不満をこぼしたとしても、ある意味では仕方がありません。**会社全体が広報の仕事を十分理解し、尊重することが、広報戦略やブランディングの成功のためにも重要な要因の一つ**だと私は考えています。当たり前のことに思えますが、実際にはこのことをきちんと理解し、実践できている会社は多くはないのではないでしょうか？

もちろん、広報部を特別扱いしたり、過度に優遇したりする必要はありません。会社には広報以外にも営業、経理、総務、人事、事業、システム関連など多くの部署があります。それぞれが懸命に仕事をしているわけですから、会社はそれぞれを公正に評価し、**それぞれの部署の方々が互いに敬意を払い、協力していくことが大事**です。

特に上場企業のように外部からの信頼が大事な企業は、**間違っても、「売り上げを上げているかどうか」で部署に上下関係を設けてはいけません。**部署や所属している従業員に上下をつけるようなことは、社外の記者たちからは「差別」だと見られかねません。企業イメージは悪化するばかりで、良い意味での企業のブランディングなど「夢のまた夢」となるでしょう。そうなってしまえば、いくらお金を使ってテレビCMを流そうが、素晴らしい会社案内を作ろうが、偽善を疑われたり、反感を持たれたりするばかりで逆効果にすらなりかねません。**「企業イメージの悪化やブランディング戦略の失敗」という会社にとっての大きな痛手が、広報活動を過小評価する無理解な企業の悲惨な末路**だと言えます。

≫「広報に理解のある会社」は営業との相乗効果や生産性が高まる

一方で、広報活動の成果を上手に活用する会社は、企業イメージが向上し、営業活動にもプラスになります。「広報に理解のある会社は生産性が高まる」などと言うと、広報活動を過大に評価しているかのように聞こえるかもしれませんが、決して過大評価だとは思いません。広報活動は単独でも、企業の知名度や認知度、そして信頼性を高めることができます。これに加えて**企業が広報活動を理解し、それを活用すれば、その効果が何倍にも高まる**可能性があるからです。

例えば営業担当者が新規開拓をする際に、「弊社は信用できる会社です」などと口頭でいくら説明しても、信じてもらえないケースを考えてみましょう。この時、日本経済新聞など大手新聞に掲載された記事を営業担当者が持って行き、**「日経新聞が弊社の新商品を記事で紹介してくれました」**

と一言いえば、口頭で抽象的な説明を長々とするよりも、会社の信頼性を示すのに何倍も説得力があります。新聞記事という具体的な証拠があるからです。仮に営業担当者が自社の広告記事を見せても、こうした効果はほとんど得られないでしょう。**地道な広報活動による報道数の増加と、社内の理解や協力がこうした相乗効果を生み出す**のです。

企業の信頼性の担保や向上に寄与するメディアは、日経新聞に限りません。読売新聞や朝日新聞のような別の大手紙や、それぞれの地方で信頼されている地方紙、自社の関連業界で信頼されている業界紙などでも効果があると思います。NHKなどテレビ局による報道の効果も大きいでしょう。こうしたメディアに自社が取り上げてもらえた時の記事などを上手に活用できれば、営業活動にも大きなプラスになるわけです。

私自身も、広報活動を通じて多くの営業担当者から「うちの掲載記事を営業先に見せたら、『すごいね』と言われて新規契約できました」「最近、御社のことをよく記事で見るね、と言われて営業トークのきっかけになりました」などという感謝の声を何度も聞きました。**こうした声こそが広報担当者を奮い立たせ、営業との相乗効果やメディアの好循環を生み、企業の生産性を高めていくのです**。

一方で、経営陣や広報部以外の従業員が広報活動に無関心だったり、軽視していたりする場合はどうでしょうか。そうした人たちはメディアに掲載された記事にも無関心だったり、軽視したりしてしまいます。結果として、掲載された記事に気づかない、記事が掲載されたこと自体を知ろうとしない、といったことが起こります。こうした人は取引相手から「御社の記事が掲載されていましたね」とせっかく言われても、答えることすらできません。**取引先から「自社の記事すら読んでいないのか」と思われて恥をかく上、信頼も失ってしまう**でしょう。こうした経営陣や社員がいることは、会社にとっても企業イメージを損なうという意味でマイナスになってしまうわけです。

ここまで読んでいただければ、広報活動に理解のある企業と、そうでない企業の違いは明らかだと思います。**広報活動を軽視し、不当に評価することは、広報担当者のやる気を失わせるのに加えて、経営陣や従業員が外部からの信頼を失い、会社の生産性を下げてしまうリスクがあります。**一方で広報活動に理解のある企業は、営業などとの相乗効果を活用して業績をどんどん伸ばしていきますから、その差は時間の経過に従って加速度的に大きくなっていきます。

2 「利と数をもって説く」社内広報術 自助努力編

これまでの解説の中で、読者の方々には広報活動を社内で正当に評価、活用して生産性を上げていくことの重要性を理解いただけたでしょう。しかし、広報担当者がただ単に「私は頑張っているから認めてください」と主張しても、効果はほとんどありません。

相手を説得するには具体性が必要です。**広報営業では記者に対して「利をもって説く」とお話ししましたが、社内広報では「利と数をもって説く」ことが必要です**。自分を理解してもらうために努力をしていない広報担当者は、社内で認められず、やる気も失ってしまう。そして会社の生産性が下がる――という悪循環に陥りがちです。黙っていても誰も認めてくれない、理解してくれないのなら、仕事で成果を出した上で、具体的に広報活動の成果や効果を社内で説明するようにしたいものです。ここからは、実際に私が実践した具体策を紹介します。

≫数字で広報活動の成果を「見える化」しよう

前述しましたが、広報担当者がいくら抽象的に「頑張っています」と言ったところで、残念ながら説得力はありません。私自身も**仕事を頑張るのはプロとしては当たり前**だと思っています。このため、いくら「頑張っています」を強調されても、「全員頑張っているわけだから、それは当然。ほかの人と差別化できない」と思ってしまいます。

仕事の成果というのは、どれだけ具体的な結果を出して会社に貢献したかということです。つまり、いくら頑張ったと抽象的に主張しても、結果を出していなければ、一般的には自己アピールにつながりません。それどころか、「頑張っているだけで評価されようという考えは甘い」などと批判されるリスクすらあります。

それでは、具体的に成果を示すにはどうすれば良いのでしょうか？　残業をたくさんすれば良いのでしょうか？　それとも、休日出勤をたくさんすれば良いのでしょうか？　私はこうしたことをおすすめするわけではありません。そもそも最近では、過度の長時間労働をしている人は「要領が悪く、仕事の生産性が低い」と言われる傾向があります。ライフワークバランスの推進という観点からも、こうした働き方は周囲にも悪影響を与えると見られても仕方がないでしょう。もちろん残業時間は出勤簿にしっかりつける必要がありますが、それを社内でアピールすると、「考え方が時代に合わない」と思われてしまうリスクがあります。

だとすれば、広報担当者が多くの人に広報活動を認めてもらうためには、具体的な数字で会社に貢献していることを示す必要があります。つまり、数字によって**仕事の成果を「見える化」する**わけです。これは、広報活動への理解度の低い会社ほど必要なことだと思います。

≫「縦比較」と「横比較」を有効活用する

では、広報担当の方々は、自らの成果を示すために具体的にはどうすれば良いのでしょうか？

まずは「数をもって説く」社内広報術をご紹介します。「営業担当者であれば売り上げや販売数などといったわかりやすい指標がありますが、広報には数字で表せる指標がない」という悲観的な見方もあるかもしれません。しかし、私は広報活動も、きちんと数字を使って仕事の成果を示すことが可能だと考えています。

私がおすすめするのは、「縦比較」と「横比較」を使って、成果を具体的に数字で示すことです。

こう言うと、「縦比較と横比較って何？」と思うでしょう。

まず、**「縦比較」を説明します。**これは、自社の報道件数や広告換算額を、過去から時系列で比較していくことです。私の場合はだいたい10年間くらいをさかのぼって調べ、自分が広報担当になってからと、なる前の数字を比較するようにしました。

過去の報道件数は、日経テレコンのような情報検索ツールや自社ホームページのメディア掲載件数などを見ればわかります。自社が報道されているニュースの数を調べて、過去よりも増えていることを示すことができれば、自分がいかに成果を上げているかを具体的に示せます。

私の場合は前職で、自分が広報担当になる前の報道件数から年間で約80倍の約８００件にまで増やしました。月別や四半期別では約１００倍に増やすことができました。もともと年間9件の報道数しかなかったとはいえ、これだけ増えると社内外で驚かれます。1年目は約３５０件程度でしたから、ここまでにするのに3年かかりました。広報活動の成果は、こうした数字を使って説明することで、少しずつ社内外で認めてもらえるようになります。

数十倍などの極端な成果でなくても縦比較には意味があります。少しでも増えていれば、まずは一定の実績を残せたと言えるからです。具体的に件数が増えている事実を示すことは、抽象的に「頑張っている」「長い時間働いている」などという主張を繰り返すより、何倍も説得力があるでしょう。

次にやるべき「縦比較」は、広告換算額の計算です。まずは、それぞれのメディアが決めている広告料金の表を、新聞社の広告局などに頼んで送ってもらいましょう。これはメディアにとって秘密情報ではありませんので、頼めば嫌がらずに送ってくれると思います。この表には、「記事が何段の大きさで、どの面であれば、どのくらいの価格で広告を掲載できる」といった情報が掲載されています。この広告料金と記事の大きさを比較した上で、広告換算額を算出すれば良いわけです。仮に送ってもらえなかった場合は、同業他社などのデータを参考にして推測します。

もちろん、こうした広告換算額の計算はあくまで推計値です。メディアによっては需給関係によって割引することがあり、正確な計算は不可能です。このため絶対額自体はそれほど重要ではありませんし、それが過大である、過小であるという議論にも意味がありません。**算出した広告換算額は、過去に比べて増えているか、他社に比べてどうなのかを調べることが重要**です。このため、私は割引額を勘案せず、メディアが出している表の数字をそのまま採用することにしています。割引を勘案すると、どれだけの割引率にするかなどが不明で、恣意的な数字になりかねないためです。公正に過去の数字と比べるために、原則として基準は変えないようにしています。

仮に報道件数が増えていなくても、広告換算額が増えているようであれば、報道の大きさや著名

メディアに掲載されたかなどの「質」がこれまでに比べて上がったということです。広告換算額は、仮に広報活動をやっていなければそれだけコストがかかり、利益を圧迫していたこともある程度、示しています。あるいは広報活動によって、会社の信頼性や認知度がその金額分だけ上がったことになります。ある意味で広告換算額は広報部の「売り上げ」であると言っても良いでしょう。このため、広告換算額を社内で発表することは、**「広報部はいくら売り上げを上げているのか」などという「理不尽で無知な言いがかり」を撃退するのにも有効です。件数という「量」と、広告換算額という「質」を縦比較することは、社内広報の大きな一歩なのです。**

それでは**「横比較」**とは何でしょうか？　こちらは、同じ業界のライバル企業のメディア掲載数を調べ、自社と比較する方法です。メディア掲載数は、やはり日経テレコンのような情報検索ツールや、インターネットでの検索、他社のホームページに掲載されている「メディア実績」などで調べます。他社と比べた時の自社の立ち位置を知ることは重要です。他社に比べて実績が上回っていれば、社内での広報活動のアピール材料になり、会社にとっても長所として認識されやすくなります。

こうしたことを言うと、「仮にメディア実績で他社に負けていたらどうしよう」と思う方もいらっしゃるかもしれません。しかし、現時点では実績が下回っていても良いのです。毎年、ライバルとの差を少しでも縮め、中期的に逆転すれば良いのです。当初は負けていたライバルを逆転できれば、むしろ広報活動の具体的な成果として強調できます。

仮にライバル会社の実績を下回っていたとしても、広報担当者が正直に公表することによって社内の信頼も得られます。良くないのは、相手のことを知らないまま、井の中の蛙になってしまうことです。**内向きになれば、成長はありません。まずは自分と相手の実績を正確に知り、自らを高めていくことが大事**です。

≫「利をもって説く」社内広報術とは

次に挙げるのは**「利をもって説く」社内広報術**です。どんなに広報担当者が数で成果を示していても、「自分自身に利益がある」と思わなければ、まったく関心を示さない人たちも社内にはいるでしょう。こうした人たちの広報活動への理解を深めるには、自社が掲載された新聞記事を、営業担当者が取引先や新規開拓先に見せた際の反応を、データとして蓄積することをおすすめします。

例えば、営業担当者から広報担当者が依頼されて、メディアに記事を掲載してもらった自社の新サービスについて考えてみましょう。営業担当者がその記事を取引先などに持って行った際に、相手の反応を広報に連絡してもらいます。その営業担当者から「相手の社長から、○○新聞に御社の記事が掲載されているのか。すごいね、と言われました」「新聞記事を見てサービスに興味を持った会社と新規契約できました」などという声があれば、それをデータとして取っておきます。

多くのデータが集まったら、内容を成果として社内で報告すれば良いわけです。**営業担当など他部署の人たちも、自分に利益があると思えば、広報活動に協力的になります**。ほかにも、著作権に配慮した上で自社が過去に掲載された記事を小冊子にまとめて、それを営業活動や採用活動に使ってもらい、反応を報告してもらう手などがあります。著作権はメディアの法務室など担当部署に問い合わせて申請し、著作権使用料を支払えば、一定の期間は利用が認められます。

もちろん、時には自社の掲載記事を見せても「取引先が反応薄だった」というケースもあるでしょう。相手が自社の事業にまったく興味がない場合などは、掲載された記事にも興味を示さないことがあると思います。しかし、それはそれで良いのです。こうしたデータを蓄積することは、広報活動の成果をアピールするためだけでなく、広報活動を会社の営業活動にどう応用し、活用していくのかを知るために役立つからです。

「利をもって説く」社内広報術は、広報は他の部からの協力を得やすくなり、営業は自らの新規契約数や売り上げを増やすことができます。広報も営業も一挙両得というわけです。それは**会社全体の業績を伸ばしていくことにつながります**。良いことばかりですから、やらない手はありません。

広報部外には時々、「広報活動を利用して営業をやったら、自分の手柄の一部を広報に奪われてしまうのではないか」などと心配する人がいますが、そんなことをする広報担当はほとんどいないでしょう。自分の広報活動が他部署の仕事に役立って素直に感謝され、会社にも適正に評価されれば、それで充実感を得られるものだと思います。広報の仕事は、直接売り上げを上げたり、人を採用したりすることではなく、それを後押しすることだからです。

なお、**広報活動で得た成果である掲載記事は、営業ばかりでなく、人事部の採用活動やIR担当による投資家層の拡大などにも応用できます**。メディア掲載が増えれば、採用市場での自社の存在感や信頼性は高まります。報道数の増加を通じて会社の認知度が向上すれば、株式市場や債券市場などでの投資家層の拡大にも役立ちます。会社として広報活動の成果を活用し、相乗効果を生み出すことは、重要な経営戦略でもあるのです。

3 社内広報の成功は広報部の努力だけじゃダメ

≫経営陣が広報マインドを持つ重要性とは

広報担当者は自ら社内広報をやるべきですが、社内広報は広報部だけでは完成しません。会社側の協力が不可欠です。**特に経営陣が広報活動の重要性を理解し、自ら広報マインドを持つことがとても大事**です。広報マインドというのは、具体的には「前向きな記事を掲載してもらう効果を理解し、掲載してもらえるよう広報部を側面支援する」「広報の話をよく聞き、メディアについてできる限り理解する」「広報活動が重要な役割を果たしていることを理解する」「取材している記者には丁寧な態度で接する」といったことです。

万が一、経営陣が広報活動を軽視する態度を取ってしまえば、広報部以外の従業員は「広報は軽視しても良い」「あまり広報と親しくしないほうが良い」などと思ってしまいます。結果として、広報軽視の悪影響が会社全体に波及してしまい、広報と営業、人事など他の部署との相乗効果を妨げてしまうのです。

多くの人たちに接している記者は、取材すると、広報マインドのある経営陣と広報マインドのない経営陣はすぐにわかってしまいます。広報マインドがなく、社外の人に対しても横柄な態度を取ってしまうような経営幹部は、記者から「内向きで器の小さな人」という印象を持たれてしまいます。記者はさらに、その企業自体についても「こうした内向きの人が幹部でいられる会社」という悪い印象を持ってしまい、記事にも悪影響を及ぼすリスクが高まります。経営陣が広報マインドを持たないのは、社内外で悪いことばかりで、何一つ良いことはないと私は思います。

経営陣が広報マインドをしっかり持っている会社は、こうした問題とは真逆です。**広報担当者もやる気が出て、営業や採用などとの相乗効果が高まっていきます。記者からも評判が良く、前向きな記事が増えていきますので、広報の好循環ができていきます。**批判記事も出にくくなりますので、社内外で良いことばかりです。もちろん、広報担当者を特別扱いする必要はありませんが、広報も他の部署と同様に重要な役割を果たしていることを十分理解し、それを態度や言動に表すことが大事でしょう。

もちろん、**広報活動への評価は公正でなくてはいけません。**成果を出していれば評価はプラスですし、成果を出せなければマイナスであるのは当然です。努力しても長く成果を出せず、広報よりも別の部署のほうが力を出せる人については、本人と話し合って異動してもらう場合もあるでしょう。広報担当者も自分が成果を出せないとすれば、反省し、改善を目指して努力する必要があります。これは広報も他の部署と同じです。

企業として一番良くないのは、広報担当のことをそもそも評価対象とせず、半ば無視するケースです。営業は売り上げで評価するが、広報は実績を出しても無視する、ということでは社会的責任のある企業としての公正さを疑われます。会社側がこうした姿勢を取ってしまえば、広報担当者のためにも、会社のためにもならず、広報部があること自体がむしろマイナスになってしまうことすらあると思います。

≫広報マインドを持つことと越権行為は違う

広報マインドを持つことについて誤解があるといけませんので、付け加えておきます。経営陣や広報部以外の従業員の方々が、メディアや広報に関心を持ったり、広報マインドを持ったりするのは、会社にとってとても良いことですし、広報担当としてはありがたいことでもあります。

ただし、気をつけたいのは、**広報マインドを持つというのは「広報部を差し置いて、広報とは違う部署に所属する自らが勝手に広報活動を実施することではない」**ということです。広報活動やメディアへの対応には豊富な経験とメディア関連の専門知識が必要です。知識や経験、能力などが不足している専門外の人が勝手に広報活動をやると、誤解を招く記事や批判記事などを招くリスクがあります。

メディアに慣れていない人が取材を受けると、意図せざる情報漏洩を引き起こすこともあります。情報漏洩した本人は「記者とは世間話をしただけで、取材を受けたつもりはなかった」と言うことがありますが、そんな言い訳は通用しません。記者やメディアはそんなに甘くないのです。メディアに記事が出た場合、情報を勝手に漏らした人は処分される場合もあります。

広報に相談せずに自らをメディアに売り込んだり、勝手に取材を受けたりする「間違った広報マインド」は、広報担当だけでなく、会社全体に迷惑をかけてしまいます。専門外の人が広報活動まがいのことをするのは、社外の評判も良くありません。記者やディレクターなどから「なぜ広報部以外の人が直接連絡してくるのですか？」などといぶかしがられ、通常の広報活動を妨げるリスクもあります。

もちろん、記者が特ダネを取るために、早朝や夜に大企業の社長や幹部が帰宅するのを待ち構えて取材する（朝回り、夜回りなどと言います）ことはあります。こうした場合も、取材対象の経営幹部らは「どこまでを記者にリークしてよいか」を広報担当らと共有しているケースが多いと思います。経営陣が勝手に企業の秘匿情報を記者に漏らし始めてしまっては、企業として統制が取れなくなってしまうからです。正しく広報マインドを持ち、それを実践するというのは、**PRの専門家である広報部と協力して広報活動を行うこと、広報部の活動を側面支援するということ**です。

念のために断っておきますが、「広報部に断りもなく、勝手に他の部署が広報活動をしてはいけない」という考え方は、いわゆるセクショナリズムをおすすめしているわけではありません。

セクショナリズムは、自分の属する集団の利益・利権などに固執しすぎて、他の部署や他の集団に対して排他的もしくは非協力的になることです。こうしたことを考えると、広報部と協力せず、他の部署が勝手に自分たちだけで専門外の広報活動をやることこそがセクショナリズムと言えるでしょう。**自分の部署の利益だけを考えるセクショナリズムを排し、広報部と経営陣、広報部以外の部署の方々が協力して広報活動をやっていくことこそが成功のカギであり、推奨されるべき姿です。**

≫「広報は専門性がない」は大間違い

広報を単なる「金を稼げないコストセンター」などととらえ、存在を軽視する方々の中には、「広報には資格がいらないから誰でもできるし、専門性がない」と言う人もいます。しかし、本当にそうでしょうか？

例えば、プロ野球選手に資格は必要ありませんが、プロ野球で活躍することがいかに難しいかを多くの人は理解し、活躍している選手に敬意を払っています。著名なプロ野球選手について「野球には資格がないから、専門性がない」などと過小評価する人がいらっしゃるでしょうか？　仮にいたとしても、そんなことを言えば、多くの人から「無知な上に偏見に満ちた人だな」と思われ、軽蔑されてしまうでしょう。**世の中には資格はいらなくても、専門性の高い、難しい仕事はたくさんあります。**

これはプロスポーツ選手に限らず、素晴らしい芸術家やその道に精通している専門家など多くの分野の方々にも言えることでしょう。「資格がないから自分より下だ」などと言うのは、「学歴が低いから自分より下だ」と言うのと同じくらい偏狭かつ低いレベルの考え方だと私は思います。

より一般的に、会社で働いている人たちに目を向けてみても同じです。例えば、営業担当になるのには必ずしも資格は必要ありません。しかし、優秀なセールスパーソンは存在します。経理も資格がなくてはできないという決まりはありません。資格はなくても、優秀な経理担当者はいます。逆に、営業関連の資格は持っているが結果を出せない営業担当者や、会計関係の資格は持っているがあまり優秀ではない経理担当者も存在するのではないでしょうか？

広報も同じで、優秀な人もそうでない人もいます。こうしたことを考えれば、**「広報は資格がい**

らないから専門性がない」などという考えは、大きな間違いだということがわかるでしょう。「広報など誰でもできる」などと軽く考えている人が広報活動をやったとしても、実際には、広報やメディアについての知識も能力もなく、まったく対応できないことにショックを受け、「自分にはとてもできない難しい仕事だ」ということをようやく悟るでしょう。

私は、**広報という仕事はマニュアルで動くことができないだけに、資格さえあればできる仕事（そんな仕事があればですが）よりもノウハウの取得がずっと難しい**と考えています。それは、この本の第1〜7章を読んでいただいた方々には、よく理解していただけることだと思います。

特にBtoBや中小企業の広報は容易ではありません。メディア関連の経験と社内ニュースをわかりやすく説明する能力、営業能力、記者と持続的な信頼関係を構築する能力——優秀な広報担当者になるための条件を挙げれば、切りがありません。こうした経験や能力を身につけるには個人の向き・不向きもありますが、広報活動への熱意やメディアを理解するための努力、一定の時間などさまざまな修練が必要になります。「広報は誰でもできる」などと思っている人がいるようであれば、そうした誤解や偏見は、会社にとっても自分にとっても「百害あって一利なし」であることを認識したほうが良いでしょう。

4 広報のやる気を失わせる会社の三大行動

≫残念すぎる行動① 不適切な評価

ここからは、広報担当者のやる気を失わせてしまう会社の行動を改めてまとめていきます。これから挙げるような会社の対応は、「会社の顔」であるべき広報担当者をがっかりさせ、会社のイメージにも悪影響を与えます。そればかりか、優秀な広報担当者が辞めてしまうリスクにもつながります。何一つ良いことはありません。

こう私がお話ししても、「広報担当者が辞めても、ほかの人を新しく採用するから大丈夫だ」と思われる方がいらっしゃるかもしれません。しかし、その考えこそが広報という仕事を甘く見ている証拠です。**優秀な広報の代わりになる人を見つけるのは、ほかの部署の優秀な人を見つけるよりも難しい**と思ったほうが良いでしょう。メディアに携わっている人材は、他の産業に比べて非常に少なく、メディアと広報の両方を経験している人はほとんどいません。つまり、メディアや広報の専門知識や能力を持っている人は、営業や経理など他の部署と比べて非常に少ないのが現状なのです。

さらに、冒頭エピソードのように優秀な広報担当者が辞めてしまうような会社は、メディアから「広報軽視の会社だ」と見られてしまいます。今はSNSなどを通じた転職市場の情報交換が非常に盛んです。「広報軽視」「広報に対して冷淡」などという情報は筒抜けです。広報に理解がないと言われている会社が採用活動をしても、優秀な広報担当者が新しく入社してくれるでしょうか？最悪の事態を招かないためにも、これから説明する「残念すぎる行動」を取らないようにしたいものです。

残念すぎる行動の一つ目は、広報活動への「不適切な評価」です。参考までに、記事が掲載された際の不適切な評価を列挙していきます。

Ⓐ**「掲載された記事が小さすぎる」↑紙面には限りがあります。**

Ⓑ**「自分が取材でアピールしたことがすべて掲載されていない」↑紙面として面白くない話は削られます。**

Ⓒ**「こんな小さなメディアに掲載されても意味がない」↑メディアにはそれぞれに特有の影響力があります。前向きな記事が掲載されただけでもプラスだと考えましょう。**

Ⓓ**「取材を受けたのに、記事が掲載されなかった」↑気持ちはよくわかりますが、やはり紙面には限りがあります。ネタとしてつまらない場合や紙面需給によっては掲載されません。**

Ⓔ**「記事を掲載してもらうくらい、広報部ではない自分でもできる」↑あなたにはできません。**

これら五つの不適切な評価は、いずれもメディアの知識がない上に、理解しようとしていない姿勢からきています。知識不足は仕方がありません。しかし、理解しようという姿勢は必要です。知識がないのであれば、適切な評価のために、なぜそうなのかを広報担当者に詳しく聞くことです。

理解しようとする意欲や姿勢がないと、会社の広報戦略の失敗リスクが極めて高くなります。

「自分はほかの部署で成果を残しているのだから、記事を掲載してもらうくらい自分でも簡単にできる」などと勘違いしているⒺ**に当たる人は特に要注意**です。こうした自信過剰の人は、単に**前向きな記事を掲載してもらえないばかりか、記者にうまく話を引き出されて、会社の秘匿情報を漏らしたり、誤解を含んだ表現を実名で書かれてしまったりするリスクがある**からです。

仮に「広報など簡単にできる」などと根拠なく思った人がいれば、その時点でその人の広報活動の失敗が決まったようなものです。広報活動を成功させようと思うのであれば、あくまで謙虚かつ誠実にメディアや仕事に向き合い、努力する必要があります。

≫不適切な評価が生んだ「残念すぎるエピソード」

以下でお話しするのは、私が後輩記者から聞いた「残念なエピソード」です。もちろん実話です。私の後輩記者の友人で、新聞社でもある程度活躍していた女性記者が会社を辞めて、ある上場企業の広報課長になったそうです。彼女は当初、張り切って自社の掲載記事を増やそうと努力したそうです。そのかいあって1年後には、年間で約50件もの記事が掲載されました。もともとは年10件以下の掲載しかなかったそうなので、たった1年で数倍に増やしたことになります。広報担当の読者の方々であれば、それがいかに大変なことかが理解できると思います。

彼女は当然、社内で評価されると思っていたのですが、残念ながら結果は違いました。経営陣は時間がたつにつれて高水準のメディア掲載数に慣れてしまい、「うちの会社は上場企業なんだから、このくらい記事が掲載されて当然だ。我々の営業が販売を頑張ったためであって、広報担当者の努力のおかげではない」という態度を取ったそうです。この会社側の仕打ちに失望した彼女は、わざと仕事の手を抜き、メディア掲載数を増やさないようにしたそうです。彼女は私の後輩記者に「この会社では必死に広報活動をしても評価されないから、仕事をするだけ損よ」と話していたということです。

私は記者と広報担当の両方をやってきただけに、彼女の気持ちが良くわかります。かつての惨憺たるメディア掲載の状況を忘れ、高水準のメディア掲載を当然のように思ってしまう人が意外にたくさん存在するのもわかるような気がします。記事がたくさん掲載されて自分が恩恵を受けていても、広報に感謝をするどころか、前述のような不適切な評価をするケースもあるでしょう。こうした事象はフィクションではなく、広報の現場で、現実に起こっていることなのです。

仮に経営陣から適切な評価を得られていれば、私の後輩記者の知人は、さらに頑張って成果を出し、企業イメージを高め、営業との相乗効果が出ていたでしょう。しかし、現実はそうではありませんでした。彼女は会社の理不尽さを嘆き、やる気を失ってしまいました。

会社の顔となるべき広報の彼女が記者に愚痴をこぼしているのですから、企業イメージもガタ落ちです。ほかの部署と同様に、広報活動についても「成果を上げれば、適切に高い評価をする」という当たり前のことを実行することが、いかに大事かを感じさせるエピソードだと思います。

≫残念すぎる行動② 広報の話を聞かない、理解する気のない態度

次に紹介する**会社の残念すぎる行動は、広報の話を聞く気のない態度**を取ることです。広報担当者が社内広報をするのは、単なる自己アピールではありません。メディアに掲載された記事を社内でも周知し、営業や人材の採用に役立て、会社の生産性を向上させるためです。

しかし、こうした広報担当者の説明を真面目に聞かない人も一定数存在します。自分の偏った考えにとらわれ、他人の話を聞こうとしないと、いつまでたっても理解が深まらず、間違った認識で広報活動を評価したり、発言したりしてしまいます。こうした人は、一般社員にも経営幹部にも存在します。

「そんなマイナーメディアに掲載されても意味がない」。このような**大手新聞やキー局など、大きなメディア以外を蔑視するような発言も問題**です。こうした人は、小さなメディアから大きなメディアに報道が波及する「メディアの連鎖」について知らず、理解もしていません。またどんなに小さなメディアであっても、無料で記事を掲載してもらうために広報担当者が苦労していることもわかっていません。知識がないにもかかわらず「知ったかぶり」するのは、最も人望を失う行為だということにも気づいていません。

こうした「無理解な人たち」が社内の多数を占めたり、経営陣の多くがこういう態度を示したりするようであれば、せっかく優秀な広報担当者が社内にいたとしても、仕事をサボタージュ（意図的に仕事の質を低下させ、量を減らすこと）するか、理解のある会社に転職してしまうでしょう。無理解な態度は、会社の生産性の向上を妨げるだけでなく、優秀な広報担当者のやる気を失わせてしまう

のです。そうなれば、その会社は広報を活用できない悪循環にまっしぐらに向かっていきます。

一般の事業会社の経営陣や従業員は、新聞社などに所属して記事を書いたことのない人がほとんどですから、メディアのことをあまり知らないのは当然だと思います。しかし、広報の話を聞いて、理解しようとする姿勢は必要です。特に経営陣は、自らの知識不足を認識し、広報活動やメディアについて理解しようと努めることが大事だと考えてください。

≫残念すぎる行動③　理不尽な言いがかり

「広報部は売り上げがないから、営業担当より評価されるべきではない」。この本で何度も挙げてきた、無理解かつ理不尽な言葉ですね。私自身もこうした言葉を何度も聞いたことがあります。しかしこうしたセリフは、例えば一流の画家に対して「ホームランを打てないから作品を評価しない」と言っているようなものです。あるいは一流のプロ野球選手に「弁護士の資格を持っていないから評価しない」と言っているようなものです。いかにばかばかしく、理不尽な言葉かがわかるのではないでしょうか。

もともと**広報部は売り上げを上げるための部署ではないので、売り上げがないのは当然**です。営業担当は売り上げを上げられるかもしれませんが、広報部のように企業イメージや認知度、信頼性を引き上げるという役割を果たしているわけではありません。

広報担当者は、「営業担当者は、広報活動をやっていないから価値がない」などと言うでしょうか？そんなことは言わないでしょう。どこの部署にも役割がありますから、会社にとってはどの部署も大事です。広報部の役割とされていない売り上げについて議論し、評価しないなどというのは筋が通りません。

「広報は人件費だけがかかるコストセンター」「広報は何をやっているかわからない」「広報は暇だろう」など、担当者を傷つける理不尽な言いがかりはいくつもあります。それなりに多くの社員がいれば、こうした無知・無理解な人が一定数いることもあるでしょう。しかし、こうした理不尽な言葉を投げつけられたり、それをかばってくれる人がいなかったりすると、広報担当者は会社への信頼を失ってしまいます。**進んで会社の良い面をアピールするべき広報部の方々が、会社や社内の人たちを信頼できないようでは、会社のイメージがいずれ悪化してしまう**のは自明のことです。ましてや、広報活動の成功など望むべくもありません。

≫定期的な説明や広報NEWSの配信を活用

広報担当者にとっては、仕事に集中できる職場環境が整っているのが理想です。しかし、一部の企業ではこうした無理解がはびこっているケースもあるでしょう。こうした場合に広報担当者はどう対応したら良いのでしょうか?

まずは、**広報担当者の方々が成果を出したり、経費節減に努めたりした上で、社内広報を通じて自らを理解してもらうようにするのが前提**です。成果を出していないようでは評価されないのは仕方がないということになります。しかし、努力して成果を出している場合は、数字を使ってしっかり社員の前で説明すれば、わかってくれる人たちは必ず増えていきます。

私がおすすめするのは、**定期的に社員たちの前で、広報活動の成果を報告する機会を作る**ことです。朝礼でも、社内会議でも良いでしょう。実際に、私自身も報道数の増加や広告換算の金額を多くの社員が集まる会議で発表した際には、多くの反響がありました。一部の方々からは「広告換算で広報の成果を示すのをはじめて見ました」「とてもわかりやすく、広報活動がいかに大事かを理解できました」などといった声をいただきました。

もちろん、社員全員に理解してもらうことは容易ではありません。社内広報を頑張っても、過度な期待は禁物です。しかし、理解する人たちが少しずつ増え、それが多数派になれば、もともとはメディアや広報活動への理解度が低い会社でも職場環境が改善されていくでしょう。社内広報の努力を続ければ、まず広報活動を理解する人が増え、次には広報に頼る人が出てきます。

私自身も営業担当や採用担当から「広報活動の成果を活用したい」「こうしたネタがあるので記事掲載をお願いできないか」との協力要請が増えてくるにつれ、やりがいが出てきたのを覚えています。広報担当者にとって、経営者や他の部署の従業員から頼りにされることは何よりうれしいことなのです。

メディアに掲載された際に、その都度、社内メールで掲載記事の情報を流すのも一つの手段です。広報活動の成果を頻繁に示すことができることに加えて、有名メディアに自社の記事が掲載されているにもかかわらず、社員が気づいていないという状況も防ぎやすくなります。

私の場合は「広報ＮＥＷＳ」と名づけて、ほぼ毎日、掲載記事の情報を全社員に配信するようにしました。すると、それを読んだ社員たちから「取引先から記事を読んだという連絡がきました」「家族から記事を見たと喜ばれました」などの連絡がくるようになりました。

このほかにも、「定期的に広報物を活用するための勉強会を社内で開催する」、「積極的に他部署の人たちと交流する」、「自社のホームページやSNSで掲載記事を紹介する」などのやり方があると思います。どのやり方でなければいけないというきまりはありませんし、複数の方法を併用して社内理解を深めていくやり方もあります。自分に合った方法で社内広報に努め、理解を深めていけば、職場環境は少しずつ改善されていくでしょう。

社内広報や社内の広報活動への理解の深め方については、私自身が最も悩み、試行錯誤してきました。これまでも親しいＢｔｏＢや中小企業の広報担当者の方々から「広報活動への社内理解が低く、困っている。どうしたら良いか」という相談をいただいたことが多くありました。これまで私が提案させていただいたように、広報活動の成果を具体的に数字でアピールしたとしても、会社によっては「自慢をしている」など、一部の無理解な声に苦しむ人もいらっしゃいます。

こうした残念な職場環境で働いていらっしゃる場合、この章の冒頭エピソードに登場した広報担当者のように、広報活動に無理解な会社から、理解のある会社を探して転職する手もあります。しかし、まずはその前に**自分で努力して社内の人たちに理解してもらおうという姿勢や創意工夫をすることが、自社のためにもなり、その人の次の職場や新しい人生での成功にもつながる**のではないかと思います。社内広報の結果、理解が深まれば、そのまま働くのも良いですし、仮にそうでなければ転職するのも良いでしょう。

いずれにしても、**「社内広報」という簡単そうに見えて本当は非常に難しい仕事を粘り強くでき**

る方であれば、広報活動に理解のある会社に転職された時に、きっと大きく飛躍できることでしょう。

巻末特別対談

野澤 直人氏（ゲスト）×日高 広太郎氏（本書著者）

【二人の関係】

司会　まずはお二方がお知り合いになった経緯などお話しください。

日高　私が野澤さんの著書『【小さな会社】逆襲の広報PR術』を読ませていただいたことがきっかけです。私が初めて広報の仕事をやることになった時に、何冊か広報の本を読んで予習したんですが、その中で一番自分の考えに近いな、と思ったのが野澤さんの本です。たまたま近いタイミングで野澤さんが主催する無料セミナーがあったので、お会いしてみたいなと思って、そこに伺ったのが最初です。

野澤　日高さんが私のセミナーにきていただいて、最後に質疑応答のコーナーがあるんですが、何かめちゃくちゃ鋭い質問をしてくる人が一人いるんですよ。こいつ何だ!?　ただ者じゃねえぞ、というのが僕の第一印象です（笑）。

日高　確か、日経新聞の話でしたね。

野澤　そうそう。で、これはもう、僕よりも詳しい人がセミナーにきている！　と思ってよくよく聞いてみたら、もともと日経新聞で記者をやっていましたということで、その後なるほどなーと。そんなきっかけで、その後も何度か個別にお会いしたりして仲良くなったんです。

日高　その後、野澤さんが私と対談する形のセミナーを何度も企画してくれました。いつかは一緒に何か広報の仕事をしましょう、という話になりましたが、当時の私はまだ独立するつもりはなかったし、何か提携関係でも……といった夢物語のような話をしていたら、本当にそうなった。

野澤　そう、今回の対談で実現しましたね（笑）。

日高　今回、こうして一緒に対談をさせていただいて、本当に良かったなと思います。

【BtoB広報の「難しさ」と「相性の良さ」】

司会　それでは早速、本書の内容に関してもお聞きしていきます。本書では、BtoB企業の広報ノウハウについて詳細に述べていただいています。こうしたBtoB広報というのは、BtoC企業の広報に比べて、実際にどの辺りが特に難しいのか、という点から伺います。

日高　社外では、メディア側がBtoBの企業に興味・関心を持ちづらい、という点が挙げられます。
メディアの読者や視聴者は基本的には個人です。メディア自体がＢ to Ｃ企業なんですね。Ｂ to Ｂ企業は、自分たちの顧客の興味・関心からややずれてしまいます。これがメディア側の事情です。小さなＢ to Ｂ企業はもちろん、かなりの大企業であっても、なかなかメディアに関心を持たれづらい。これがＢ to Ｂの広報特有のつらさです。

司会　とにかく興味・関心を持たれづらいと。

日高　その通りです。それがメディア側の事情、外部要因ですが、同時に社内でも、広報活動への理解度が低いケースが多いことも挙げられます。メディア露出がもともと少ないので、社内でも理解が深まるチャンスが少ない。
大きく言うと、この2点が難しいところです。

司会　Ｂ to Ｃの企業では、逆に広報に対する理解度は高いのですか？

日高　多くの広報の方々と接していると、Ｂ to Ｃの企業では広告や報道でメディアに露出すると直接、顧客からの反応が返ってきやすいようです。このため、Ｂ to Ｂ企業に比べて社内の理解も高まりやすいと言えるでしょう。

司会　今回の書籍でも、この外部要因と内部要因の二つについてはかなり手厚く解説していただいています。

日高　そうですね。メディアと上手に付き合っていくには、自らの立ち位置を認識し、メディアを理解する必要があります。記者から信頼を得られれば、前向きな記事が掲載されやすくなります。一方、メディアに不信感を持たれれば前向きな記事は掲載されないのに、何か問題が起これば批判記事を掲載されやすくなるというケースもあると思います。

野澤　それは怖い！

日高　特に会社をリードする経営陣は、広報活動に無理解であっては大きな損をすることになると考えています。

司会　野澤さんはどうお考えですか？

野澤　そうですね……僕はＢ to ＣとＢ to Ｂでは、広報のやり方や基準はまったく別物だと考えたほうが良いんじゃないかと感じています。ちょっと説明しづらいんですが、片方のやり方を、もう一方にそのまま持っていくとなかなかうまくいかない。
Ｂ to Ｂ企業の広報の方々自身も勘違いしていることが多いのですが、Ｂ to Ｂ企業の広報では、必ずしもＢ to Ｃ企業と同じ量のメディア露出や報道を確保する必要はないはずです。そうしなければ、と思っている方が多いのですが、いや、そこはそもそも別物ですから同じ基準で考えなくても良いでしょう、と僕は考えています。

なぜならBtoBとBtoCでは、事業の特性が全然違うからです。そこから考えたほうがいいと思うんですね。

例えば、お客様が企業の商品を買う時の「意思決定」です。BtoCの場合、一般に商品の単価も安いし、ある意味で衝動やノリで買うことも多いですよね？　仮にコンビニでジュースを買うとして、そんなに深く考えません。「何か、うまそうだな」とか、それくらいで買うわけです。

ところがBtoBでは、商品の価格も高くて、何百万円とか、時には何千万円、何億円とかします。そのために意思決定が非常に慎重に行われるわけです。BtoBでは信用や信頼が超大事。発注側からすると、商品自体の良さに加えて、ちゃんとした会社が売っているかどうかもとても大事なのです。

コンビニでジュースを買って、そのジュースのメーカーが仮に明日倒産しても、消費者には全然関係ありません。買って終わりなので。ところがBtoBでは、顧客が何千万円のシステムや機械を買ったとたんに製造元が倒産してしまったら、とんでもない大問題です。だからこそBtoBでは、会社の信用や信頼が大事になる。それを担保できるという意味で、BtoB企業にこそ広報が必要で、むしろBtoCの会社よりも広報活動に向いているのではないか、とさえ僕は感じますね。少し話がずれてしまいましたが……。

日高　BtoB企業は報道との相性が良いと感じます。顧客企業の信頼を得るのが最優先事項の一つだからです。自然な形で信頼を得られやすい前向きな報道がたくさんあれば、顧客企業からの信頼も得やすくなります。

逆にBtoCの会社には、テレビCMみたいなマス広告は非常に有効な面があります。顧客にダイレクトに影響を与えられるからです。

野澤　僕が言いたいこともまったく同じです。BtoCとBtoBでは事業特性が違うので、適した広報のやり方も違うのが当たり前なんです。ここまでに挙げた意思決定や、商品単価や顧客層の人数がまず違う。300万人に150円のものを売るのと、数十社に1億円のものを売るのではやり方は変わって然るべきです。加えて言えば、取引の長さも違います。BtoCでは多くの場合買ったら終わりですが、BtoBではむしろ買っていただいてからが長い。そういう事業の特性の違いにより、広報のやり方も変えなければならないのです。

日高　今の話に一つだけ付け加えますが、ＢtoＣでもＢtoＢでも、広報活動を通じて自社の前向きな報道をたくさんしてもらうのに越したことはない、というのは同じです。どちらも報道で信用力を高められるのは共通しているからです。

本書著者の日高広太郎氏

【メディアに載っているのは常連ばかり？】

司会　ということは、ＢtoＢ企業は今後、もっと広報活動に投資していくべきですね。

日高　まったくその通りです。ただ、その時に注意したいのは、いくらお金を支払っても、それで報道を買えるわけではない、メディアを支配できるわけではないということです。企業の広報担当者や経営陣は、「信頼できるメディアが掲載する記事は、１本たりとも買うことはできない」と認識する必要があります。

メディアの世界では、あるＢtoＢの企業は何度もメディアに掲載され、別の企業はまったく掲載されないということもよくあります。

野澤　うん、そうですね。

司会　そうなんですか⁉

日高　記者側の視点で言うと、何度も記事掲載している会社には信頼や信用があります。一方、初めて報道記事を載せる会社は、記者側も信用し切れない。「自社の前任記者や、ほかのメディアが記事を掲載したことがないというのは、何か理由があるのではないだろうか」などと記者が考えてしまうわけです。

また、何度も記事掲載している会社は、メディア対応に慣れていますから、質問にきちんと答えてくれることが多い。一方、慣れていない企業は「質問にきちんと答えない」、「自社内でしか通用しない用語を使い、何を言っているのかわからない」など記事になりづらい対応が比較的多いように思います。

【媒体を増やすか、掲載数を増やすか】

野澤　今の話に補足します。BtoB企業の広報の立場からすると、記事を掲載してもらえる可能性が高いターゲット媒体の数が、BtoCの場合に比べると少ないのは間違いありません。アプローチすべき媒体の数が少ないので、結果的に報道される記事の数も少なくなる。これはもう、ある程度は仕方がないのですが、その状況の中で報道件数を増やそうと思うなら、一つの媒体でいかに頻繁に記事を載せてもらうか、ということがとても大事になります。そこは、記者さんたちの利害とも一致するかもしれません。

日高　私は、BtoB企業であっても、信頼できる媒体であればどんな媒体でも前向きな記事を載せてもらいたいし、狙っていくべきだと考えています。信頼できるメディアには、それぞれ多くの読者がいます。BtoB企業の取引先が読んでいるかもしれないわけです。前職では100社以上の多様な媒体に記事を掲載していただきましたが、一見、仕事と無関係に見えるメディアを読んで、お声がけしてくださるお客様も意外にたくさんいらっしゃいました。ただし、これは報道についてであって、コストのかかる広告については「選択と集中」が必要だと思います。

ゲストの野澤直人氏

野澤　僕もそれはまったく否定しません。ただ、ターゲットがずれる媒体では記事掲載へのハードルが高いのは間違いないので、費用対効果で取捨選択することはあって然るべき、という立場ですかね。

どちらの方向性への取り組みも進めつつ、特に自社の業態に合うドンピシャのターゲット媒体では、何度も繰り返し記事掲載をできるよう働きかけていくべき、というのが僕の意見です。ここは、日高さんとは少し意見が違うかも。

日高　B to B企業では、ターゲットが広い大手メディアに記事を掲載してもらうのはなかなか難しいです。ただ、それを可能にするノウハウも、本書で紹介したつもりです。

司会　専門的なネタを一般化する方法は、本書を読んでいてとても参考になりました。

日高　今回の本で公開したノウハウは、どれもB to B広報の方々の参考になると思いますが、特に多くの方にとって役立つのは、そうした「ネタづくり」の方法だと思います。そういえば、先日、野澤さんのセミナーでお話しした内容でも、ネタづくりの話については参加者のニーズが大きかったですね。

野澤　ええ、そうでした。

日高　ネタづくりって、慣れないとシステマティックに作っていくのはすごく難しいです。でも、コツがわかれば、きっと大きく前に進めると思いますので、本書を役立てていただけると嬉しいです。

野澤　ここまでをまとめると、B to Bはターゲットが狭くてたくさんの媒体に取り上げてもらうのは難しいけれども、そこをいかに取り上げてもらうか。加えて、同じ媒体でどれだけ頻度高く掲載してもらうか。その両睨みが大事ということになるでしょうか。

日高　そうですね。いかに多様な媒体に掲載されるか、と同時に、中核となる媒体にいかに繰り返し載せてもらえるか、両睨みで努力していく。メディアも、同じネタばかりでは載せてくれませんから、多様なネタづくりも重要です。

野澤　広報が上手にできている会社は、B to Bの会社でも、日経新聞に3か月に1回くらいは取材をしてもらって記事掲載されています。毎月は流石に無理かもしれませんが、それくらいできれば上出来だと思っていいでしょう。

日高　本当に手前味噌で恐縮なのですが……私は前職で、日経新聞にほぼ毎月、自社の記事掲載をしていただいていました（笑）。

野澤　それは相当難しい！　でも、うまくやればそのレベルも無理ではないということですね。

【環境変化の中で増大する広報の重要性】

司会　非常に参考になる話をありがとうございます。次は、最近の広報全般の動きやトレンドに関しても少し教えていただけませんか？

野澤　そうですね……B to B企業に関するところで言えば、ここ数年で広報やブランディングの重要性が非常に増してきています。以前にも増して、必要不可欠なものになってきている。僕はそう感じています。

そう感じる理由は、二つの大きな環境変化があるからです。

一つはやっぱり、新型コロナウイルスの流行です。コロナ禍によって対面営業がしづらくなりました。B to B企業では、今どんどん営業のやり方が変わっているんです。

以前は実際にお客様を訪問して、挨拶して、一緒にお茶を飲んで、御用聞きをしたり、時々は接待してご飯を食べたりお酒を飲んだり、麻雀したり、ゴルフに行ったりして関係性を作って受注を取っていました。良くも悪くも、B to Bの営業とはそういうものでした。これもB to Cの企業との違いの一つと言えますが、それはともかく、コロナの流行でそうした対面営業がとてもやりづらくなってしまった。

司会　コロナウイルスの流行が長期化して、最初はとても無理だと思っていた非接触型の仕事のやり方にも、実際に多くの企業が慣れてきましたね。働き方や、仕事のやり方自体が変わってきている実感があります。

野澤　そうです。だから、対面営業のようなある種の「地上戦」がしづらくなってきたので、その分、広報などの「空中戦」の重要性が増してきたんです。以前はB to Bでは対面営業をしっかりやれば契約が取れたので、広報なんていらない、というケースもかなりあったのですが、そうも言っていられなくなってきています。

そして、もう一つの環境変化はDX、「デジタルトランスフォーメーション」です。B to Bマーケティングの世界では、デジタルへのシフトが進むと、顧客が企業に問い合わせの連絡を入れたり、営業担当に接触したりした時点で、すでに意思決定プロセスの6割から8割が終わっている状態になる、と言われています。

例えば企業が何かのシステムを作ってもらおうとする場合なら、今はもう、請け負ってくれそうな会社をネットで4~5社くらいピックアップしたら、あらかじめ評判や実績をいろいろと調べて、社内である程度候補を絞った上で連絡しますよね？　B to B企業側の営業担当者が出てくるのは、それ以降です。

こういう状況では、最初の問い合わせが発生する前に、いかに発注先の候補リストに入れてもらうようにするか、というのがめちゃくちゃ重要です。

そしてそのためには、やっぱり広報やブランディングで「どこかで見たことがある会社だな」とか、「新聞に載っていたから、この会社は信用できそうだ」というネット上の判断材料を増やしていくことが非常に重要になります。

コロナ禍とＤＸ、この二つの大きな環境の変化もあって、広報をきちんと行うことがＢ to Ｂ企業にとってもますます重要になってきたな、というのが、ここ最近の僕の感触です。

日高　おっしゃるとおりですね。実はコロナの流行の前から、少しずつＢ to Ｂ企業でも広報に対しての考え方が変わってきていました。

少子高齢化で市場が縮小していく中で、数が限られているお客様にいかに自社の商品を知ってもらって、買ってもらうかを重視する傾向がＢ to Ｂ企業でも出てきました。

そうした大きな流れに、コロナ禍とＤＸという大きな環境変化が加わり、加速させたと言えるでしょう。

【間違った取り組みに流れるケースが多い】

日高　広報やブランディングの一環としてＣＩ（コーポレートアイデンティティ）などを確立しようという動きもあります。しかし、まったく知名度がないＢ to Ｂ企業がＣＩにお金をかけても、なかなか効果を感じられないというケースをよく聞きます。

野澤　あるあるですね（笑）。

日高　ＣＩが悪いわけではありませんが、特にＢ to Ｂ企業は信用や信頼を築くことが最優先ではないかと思います。

野澤　いや、僕も日高さんと多分、同じ考えですよ。特にＢ to Ｂ企業であれば、ＣＩでロゴを変えたりしてもほとんど意味はないですよ。商品デザインを統一するとかも。Ｂ to Ｃならまだしも。

Ｂ to Ｃではお客様はイメージで商品を買いますからね。かっこいいデザインなども、重要です。

日高　Ｂ to ＢとＢ to Ｃは、広報のメリットについては共通していますが、効果的なブランディングや広告の手法についてはかなり違いがありますね。Ｂ to Ｃでは、ＣＩやデザインにお金をかけることが個人のお客様の購買意欲を高めるケースがあると思います。例えば、お菓子のパッケージをとってみても、美味しそうなデザイン、興味を惹かれる名前などがありますよね。

野澤　そうですね。

日高　「このデザインはA社だな」と、ひと目で判断できるロゴやパッケージも、ＢtoＣでは重要です。企業相手に大きな取引をすることの多いＢtoＢ企業は、信用や信頼がより大事です。ＣＩはもちろんやっても良いですが、報道を増やす広報活動も同時に実施することが必要です。広告も報道とのメディアミックスという考えのもとに実施する必要があります。

　広告だけやっていれば大丈夫と思っていると、お金を使ったが、企業の認知度がほとんど上がっていないということになりかねません。

野澤　そういうケースは、広告代理店さんの営業トークにやられてしまっている場合も多いんじゃないですか？　僕はそう思うな（笑）。広告代理店さんにお金さえ払えば、テレビＣＭでも街頭広告でも商品ロゴでも、何でも上手にやってくれますからね。目に見える成果物があって、何かした気にはなります。

　もちろん、そこにも特有のノウハウや難しさはありますから、広告代理店さんを一方的に非難するつもりはありませんが……。

【広報活動の利点・目標】

野澤　話は少し変わりますが、広報活動の「目的」というものを認識することも大事だと僕は思います。

　ＢtoＢ企業が広報を行うことの最大の目的は、最大公約数的には、やっぱり「営業支援」ではないでしょうか？　広報活動によって、営業部門が契約を受注し、売上を上げることの側面支援をしたいわけです。

　では、広報がその目的を達成するために、具体的にはどんなところで力を発揮できるのか？　広報は、どこに一番効くのか？

　僕がさまざまなクライアントさんからお話を聞いている感じでは、一番効いているのは、購買決定の最終プロセスではないか、というのが率直な感触です。

　何らかのＢtoＢの商品を購入しようとする時、顧客企業の担当者は大抵、最後に経営会議のような会議に稟議をかけて、購入への承認を得る必要があります。ＢtoＢですから、金額が大きな商品ですからね。それこそ数千万円、数億円になることもあります。そこで「こういう商品で、A社の○○、B社の◇◇、C社の□□など選択肢が三つくらいあります。性能はそれぞれコレコレで、価格はいくらいくらです。今回は、A社の○○を発注しようと考えています」と担当者が説明をします。

その時、社長さんや役員さんに、担当の方が聞かれるそうなんです。「○○君、このA社は本当に大丈夫?」と。そこで「聞いたことがない会社だけど、どういう会社?」となると、かなり雲行きが怪しくなります。一方で、日経新聞などのメディアで何度も取り上げられていると、「あぁ、この会社の記事ならこの間、私も新聞で見たよ。最近よく聞く会社だよね」となって、すんなり話が決まるらしいです。

司会 社内の上層部対策に効く?

野澤 そうそう。顧客側企業の担当者が社内で理解を得るためには、販売側企業について、メディアでたくさん報道されている事実が非常によく効くのだそうです。

日高 私も現場の営業員とたくさん話をしてきました。彼らがよく言うのは、「自社が報道されている新聞の現物を持って行くと、新規のお客様にも信用されやすい」ということですね。営業支援では、新規開拓という意味でも広報活動は非常に効果的だと思います。

例えばある県に自社が進出する場合、有力な地元紙に記事が掲載されると、営業の強い味方になります。私の場合、自社の記事が掲載されている地元紙を持った営業員がはじめてのお客様を訪問したところ、「その記事が契約の決め手になった」と喜んでくれたことが何度かありました。

野澤 そういうこと、実際にあるんですよね。

司会 地方紙もあなどれません。

日高 場合によっては全国紙よりも地方紙や業界紙のほうが大事だということもあります。報道を通じて、会社の信用と信頼を関接的に作り出せるのが広報という仕事です。キーワードは信用と信頼です。この二つはビジネスで最も大事なことだと私は思っています。広告はお金を出せば自社に都合の良いことをアピールできますが、それだけでは、信用と信頼を作るのはなかなか難しいのです。

野澤 以前は、その部分を対面営業で培っていたんだけど今はなかなかできないから、広報が重要になる。

日高 本当にそうですね。

野澤 実際、営業員も助かるでしょうね、広報にそういう営業支援をしてもらえると。

日高 営業員からは、こっそり「助かりました」と言われたことが何度もありました。

野澤 営業員あるあるですね。歩合制などで、確実に自分の手柄にしなければならない事情があるから、往々にして「こっそり」になる(笑)。

日高 日経新聞など有名メディアで自社に関する比較

的大きな記事が出たりすると、自社の社員の何人かから「親から電話がかかってきて、褒められた。認められた」と教えてもらえることもあります。彼らのモチベーションが上がったのがよくわかり、私も嬉しい気持ちになりました。

野澤　それに関連して言うと、営業支援に加えて、人材に関する部分も広報の大きな利点・目的となり得ます。日高さんが今おっしゃったように社内のモチベーションアップもできますし、加えて「採用」にも非常に良い効果があります。

日高　確かに、採用への効果は大きいです。

野澤　ＢtoＢでは、業績に比べて知名度が低いですよね。業界内で有名であれば十分なので、一般の方には知られていないし、知られる必要もさほどない。そうなると、新卒でも中途でも採用にものすごく苦戦することが多いんです。

会社の業績が伸びてくると、どんどん人手が足りなくなります。営業がうまくいっている企業ほど多くの人を採用しないといけないのに、知名度がないので採用で苦労する、という現象がよく起こります。

ＢtoＢの優良企業ほど採用での苦労が多くなるという この問題を、広報なら解決できる可能性があるんです。

日高　広報活動を活性化し、多くのメディアに自社に関する記事が掲載されると、採用への応募人数が増えるというのはよくあるケースです。

これは、ＢtoＢ企業の広報で、無闇にターゲット媒体を絞るべきではないと私が考える理由でもあります。業界紙や専門誌だけでなく、さまざまなメディアに幅広く記事掲載されたことによって、自社の採用へ応募を考える人たちにダイレクトに影響を与えることができたからです。ターゲットを絞った業界紙や専門誌だけでは、読んでいない方も多かったでしょう。

野澤　自分が採用試験を受けようとする会社について、今時は誰でもネット検索ぐらいはしますからね。

日高　自社の名前で検索した時、多くの前向きな報道記事のリンクが出てくる状態を作れれば、入社に興味を持つ方々は増えると考えられます。

実はこれは対メディアでも同じです。記者も取材を考えた時には必ず社名でネット検索をしますから、検索結果にたくさんの記事があれば「あれ、他紙がこんなに取材しているなら、自分も取材してみよう」と考えますし、逆に一つも報道記事が出てこなければ「報道記事がないな。この会社は危ないかもしれない」となります。これは記者時代の私自身もそうでした。

野澤　採用の話に戻すと、優秀な人材ほど引く手数多ですから、そういう人材にどう働きかけるかが大切です。ところが無名なＢ to Ｂ企業への転職には、どれほど会社の業績が良くても、結婚している方なら配偶者ブロックが、新卒採用の場合なら親ブロックが入りがちです。この二つのブロックを回避できるほとんど唯一の方法が広報です。報道をたくさん獲得できていれば、「一般にはあまり知られていないけど、日経新聞なんかでもこんなに報道されている、知る人ぞ知る優良企業なんだよ」と、転職者や新卒者が家族を説得しやすいですから。

日高　「えっ、この会社のこと知らないの？」と、逆マウントまで取れるかもしれません（笑）。

野澤　採用支援と営業支援の広報では、細かい戦術上のアプローチは少し違ってくるかもしれませんが、Ｂ to Ｂ広報の利点・目的としては、この二つは非常に大きいでしょうね。

【これから取り組む企業へのエール】

司会　最後に、これからより積極的な広報活動に挑戦してみようと考えているＢ to Ｂ企業の方々に、アドバイスをお願いします。

日高　私からは、仮に今、自信を失っている、あるいは自信のない方、経験のない方だったとしても、あきらめず、第一歩を踏み出してほしいということを伝えたいですね。私自身も最初は、何も成功への手掛かりがなく、苦しい思いをしました。広報経験もなく、引継ぎもほぼありませんでした。自信も経験もなく、試行錯誤する中で光が見えてきたように思います。Ｂ to Ｂの広報は確かに少し難しいけれども、自分たちにもできることだと考えてください。Ｂ to Ｂ企業でもやり方次第では大きな成果を上げられます。

もちろんやみくもに努力するのではなく、本書を参考にしていただき、より効果的な努力を積み重ねてください。必ず成果は出ると私は確信しています。

今はどんなに有名な企業でも、かつては無名な企業でした。少しずつでも地道に頑張っていれば、いずれ、その成果は加速していきます。

野澤　前にも少し触れましたが、Ｂ to Ｂ企業にとっては信用や信頼を高めることは経営上、非常に重要な要素です。そして、それらを高められる取り組みが広報です。外部環境もどんどん変わっています。これらのことを総合的に考えれば、Ｂ to ＣよりもむしろＢ to Ｂの会社のほうが、より広報に力を入れるべきだと僕は考えます。

ところが一般的には、広報をしっかりやれているBtoB企業というのは、それほど多くありません。

日高　広報部自体はどこの会社にもありますけど、そこに力を入れている会社は残念ながら多くないように思います。

野澤　そうですね。そうすると、広報にしっかり力を入れている会社と、入れていない会社では、今後すごく差がついてきます。

だから今、もし自社の競合企業があまり広報に力を入れていなかったとしたら、これはめちゃくちゃ大きなチャンスです！　ここで一気に差別化して、競合を出し抜けるかもしれませんから、広報をどんどんやったほうが良いでしょう。

一方で、競合が広報にすごく力を入れていて、自社はまだそれほどでもなかったとしら、これはめちゃくちゃピンチです！　ヤバいと思ったほうが良い。すぐにでも自社も広報に本気に取り組まないと、一気に差をつけられてしまうかもしれません。

……ということで、結論は、いずれにしても広報をしっかりやったほうが良い（笑）。これが僕からのアドバイスです。

日高　今のお話に一言付け加えると、競合が広報に力を入れている状況は、実はチャンスでもあるんです。特に自社が属している業界自体がマイナーな業界である場合、競合の広報活動が業界全体を有名にしてくれる効果があるので、その波に便乗することが可能です。

司会　いずれにせよ、広報をもっとやりましょうと（笑）。

野澤　みんなでやりましょう（笑）。

日高　やらない手はありませんね（笑）。本書や野澤さんのご著書を参考にして、どんどん広報活動を実践していってください。読者の皆さんの幸運と成功をお祈りしています!!

（終）

【対談者プロフィール】

野澤 直人（のざわ・なおひと）

株式会社ベンチャー広報 代表取締役／株式会社ガイアックス 執行役

明治大学政治経済学部卒。経営情報サービス会社を経て、マスコミ業界に転身。某ビジネス誌の編集責任者として、５００名以上のベンチャー企業の経営者にインタビューする。その後、海外留学関連のベンチャー企業に転職。広報、人事、新規事業の立ち上げ等に従事。広報ＰＲの業務を戦略的に活用し、同社を業界トップに導くまでの一翼を担う。２０１０年、独立して中小・ベンチャー企業やスタートアップに特化したＰＲ会社、株式会社ベンチャー広報を設立。２０１４年には株式会社ガイアックス執行役にも就任。著書『【小さな会社】逆襲の広報ＰＲ術』（すばる舎）は、広報業界で好評を得て異例のロングセラーとなっている。

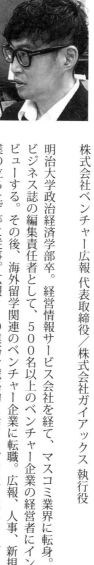

【著者プロフィール】

日高　広太郎（ひだか・こうたろう）

１９９６年慶大卒、日本経済新聞社に入社。東京本社の社会部に配属される。その後、小売店など企業担当、ニューヨーク留学（米経済調査機関のコンファレンス・ボードの研究員）を経て東京本社の経済部に配属。財務省、経済産業省、国土交通省、農水省、日銀、メガバンクなどを長く担当する。日銀の量的緩和解除に向けた政策変更や企業のＭ＆Ａ関連など多くの特ダネをスクープした。第一次安倍内閣時の独ハイリゲンダムサミット、鳩山政権時の米ピッツバーグサミットなど多くの国際会議で日経新聞を代表して同行取材、執筆。東日本大震災の際には復興を担う国土交通省、復興庁のキャップを務めた。シンガポール駐在を経て東京本社でデスク。２０１８年に東証一部上場のＢ toＢ企業に入社し、広報部長。２０１９年より執行役員。年間のメディア掲載数を就任前の80倍超、月別、四半期別では１００倍超に増やし、認知度向上に貢献した。２０２２年に広報コンサルティング会社を設立し、代表に就任。クライアント企業のメディア掲載数を急増させている。

—お問い合わせ先　kohosubarubook@gmail.com

※できるだけ返信しておりますが、すべてのお問い合わせに答えられるわけではありません。あらかじめご了承ください。

BtoB 広報 最強の攻略術

2022年 5月26日 第1刷発行

著　者 —— 日高 広太郎
発行者 —— 徳留 慶太郎
発行所 —— 株式会社すばる舎
〒170-0013 東京都豊島区東池袋3-9-7 東池袋織本ビル
TEL　03-3981-8651（代表）03-3981-0767（営業部直通）
FAX　03-3981-8638
URL　https://www.subarusya.jp/
マンガ —— 高橋 穂香
DTP —— 株式会社シーエーシー
装　丁 —— 菊池　祐（ライラック）
編集担当 —— 菅沼 真弘（すばる舎）
印　刷 —— 株式会社光邦

落丁・乱丁本はお取り替えいたします

ISBN978-4-7991-1048-5